KB023922

# 주가조작
## 모르면
## 주식투자
### 절대로 하지 마라!

# 주가조작 모르면 주식투자 절대로 하지 마라!

개정 1쇄 2021년 2월 20일

지은이   안형영
펴낸이   장영재

펴낸곳   미르북컴퍼니
전화     02-3141-4421
팩스     02-3141-4428
등록     2012년 3월 16일(제313-2012-81호)
주소     서울시 마포구 성미산로32길 12, 2층 (우 03983)
전자우편 sanhonjinju@naver.com
카페     cafe.naver.com/mirbookcompany

ISBN 979-11-6445-426-6   13320

어디에서도 가르쳐주지 않은
**작전 세력에 속지 않는 주식투자 노하우**

# 주가조작
# 모르면

# 주식투자
## 절대로 하지 마라!

**안형영** 지음

미르북
컴퍼니

# 작전주에 당신의 인생을
# 저당 잡히지 말라

시장이 열광하고 있다. 코스피 지수가 전인미답의 3000고지를 넘어섰다. 그동안 마이너스만 맛봤던 많은 주식투자자들이 코로나 19가 휩쓴 이 시기에 달콤한 수익을 맛봤다. 기관과 외국인조차 공포에 떨고 있을 때 개인투자자(개매)들은 시장이 공포에 떨 때가 투자 적기라는 역사적 교훈을 몸소 실천했다. 마치 동학 농민 운동을 통해 세상을 바꾸려 했던 민초들처럼 동학 개미들은 주식 시장의 패러다임을 바꿨다.

이제는 국내 주식시장도 모자라 미국과 중국 등 외국 주식 시장에 투자하는 서학 개미들도 등장했다. 시장의 골리앗으로 군림했던 기관과 외국인들의 수익률을 서학 개미들도 어렵지 않게 찾아볼 수 있다. 동학 개미와 서학 개미의 성공 신화를 보고 많은 주린이(주식 어린이)들이 주식 시장에 뛰어들고 있다.

그러나 한켠에서는 여전히 '왜 남들은 버는데 나는 여전히 마이너스 수익률일까' 하며 고개를 갸웃거리는 투자자들도 많다. 혹시 자신만의 투자 철학과 통찰력으로 시장을 파악하고 투자하기보다는 주변에서 좋다고 하니 투자한 것은 아닌지 자문해보아야 한다. 자신의 주식 보유항목에 속칭 '잡주'

내지는 '작전주'가 있는지도 들여다보는 것은 어떨까. 정석 투자를 하자는 마음 한켠에는 돈만 벌면 되지 하는 사악한 마음이 또아리를 틀고 있고 있는 건 아닐까?

주식 투자를 하겠다고 마음먹은 당신이라면 이 마음을 떨쳐내야 한다. 잡주와 작전주에 당신의 인생을 저당 잡혀서는 안 된다.

주식 때문에 울고 웃는 사람들이 많다. 왜 그럴까? 어떻게 하면 주식투자를 잘할 수 있을까? 비법은 주가조작에 있다! 바른 투자, 원칙이 있는 투자를 하라. 그러려면 먼저 증권시장의 이면, 속고 속이는 것이 당연한 그 세계를 좀 더 냉철하게 들여다봐야 한다. 지금 막 주식투자에 입문하려는 예비 투자자와 꾸준히 노력하는 개미투자자에게 세상에 공개되지 않은 7개의 사건 파일을 전한다. 가상과 현실을 넘나드는 희대의 주가조작 이야기 속에서 성공투자 비법을 배울 수 있다. 자, 이제 본격적으로 주식 이야기를 나눠보자.

충북 청주시 흥덕구의 한 아파트에서 S(59세)씨가 목을 매 숨져 있는 것을 어머니가 발견해 경찰에 신고했다. 경찰은 S씨가 '빚 때문에 힘들다. 가족들에게 미안하다'라는 요지의 유서를 남긴 점과 유족의 진술 등을 토대로 정확한 사망 경위를 조사하고 있다.

단 두 문장의 짤막한 기사. 하지만 드러나지 않은 우여곡절이 많다. S씨는 누구나 부러워하는 치과의사였다. 그런 그가 자살이라는 극단적인 선택을 한 원인은 무엇이었을까? 바로 주식이었다. 필자가 표면에 노출되지 않은 사정을 알 수 있었던 것은 S씨와 잘 아는 친구가 이런 속사정을 귀띔해주었기 때문이다. 친구 또한 주식투자로 많은 손실을 입었던 터라 동료의 죽음에 자못 충격이 컸다.

주가조작에 대한 글을 한창 쓰고 있던 2011년 1월 말쯤 소액주주 대표라는 사람으로부터 전화가 왔다. 그는 대주주의 횡령으로 회사가 상장폐지된 지 1년이 지났는데도 횡령 고소 사건이 해결되지 않는다고 필자에게 하소연했다. 머리에 하얀 눈이 내린 초로의 남성. 그를 직접 만나고 보니 고소사건보다는 상장폐지된 회사의 소액주주 대표까지 맡으며 동분서주하는 사연이 궁금했다.

그는 공직 생활을 마감하고 부동산 중개업을 하다가 주식을 알게 됐다고 했다. 부하직원인 실장이 주식으로 짭짤한 수익을 올리는 것을 보고 자신도 따라서 투자하기 시작했고, 호재가 수두룩하다는 실장의 말에 솔깃하여 한 상장업체에 큰돈을 투자했다고 털어놨다. 그는 퇴직금은 물론 은행 대출까지 받아서 주식에 투자했다. 다행히 그 종목은 LED와 태양광 진출 뉴스가 나오면서 주가가 급등했다. 그런데 갑자기 대주주의 횡령 사건이 터지면서 회사는 상장폐지됐고, LED 계약 체결도 없던 일이 됐다. 투자했던 수억 원은 온데간데없고 통장은 깡통계좌가 되어버렸다. 그는 빚더미에 앉아 서울을 떠나 강원도 월세방에 살고 있다며 긴 탄식을 내뱉었다.

우연히 알게 된 구조조정 전문가는 말이 구조조정 전문가지 기업사냥꾼(Raider)이었다. 이 사람은 상장폐지 위기에 놓인 회사를 인수한 뒤에 구조조정을 한다며 주가를 부양하거나 인수한 회사의 알토란 같은 자산을 빼먹는 게 주업이었다. 사채업자의 자금으로 회사를 인수했으니 자신의 돈은 한 푼도 들이지 않은 무자본 M&A(Mergers and Acquisitions, 경영 환경의 변화에 대응하기 위해 기업 업무 재구축 수단으로 행하는 기업 매수 및 합병)였다.

그는 강남에서 밤의 황제로 통했다. 회삿돈으로 매일 밤 고급 룸살롱을 제집 드나들 듯했고, 회사 명의로 빌린 최고급 외제 자동차를 타고 다녔다. 그야말로 돈을 물 쓰듯 써댔다. 개인 투자자의 피땀 어린 돈은 '작전' 세력에게는 눈먼 돈이었다.

주식을 둘러싼 풍경들. 결코, 남의 일이 아니다. 주식하는 사람치고 대박의 탐욕에 사로잡히지 않는 투자자를 찾기란 어렵다. 작전 세력은 그 심리를 악랄하게 이용한다. 하지만 결과는 항상 투자자의 참패다. 개인 투자자는 깡통계좌를 부여잡고 뒤늦게 후회한다.

필자 또한 기자 생활을 하면서 솔깃한 정보를 듣고 '듣보잡' 주식에 투자해봤지만 결과는 참담했다. 심지어는 가족과 친구에게 귀띔해주었다가 엄청난 손실을 입게 한 적도 있다. 탐욕이 눈과 귀를 막고 이성을 잠들게 했다.

고백하자면 주식투자 경험이 10년이 넘었고, 주가조작에 대한 책을 쓴 필자도 여전히 잡주와 작전주의 치명적인 유혹에 흔들릴 때가 많다. 아니 한때는 솔깃한 정보에 눈에 멀고 귀가 먹어 작전주에 열광할 때가 있었다. 하지만 결과는 참담했다. 심지어는 가족과 친구에게 귀띔해 줬다가 엄청난 손실을 입게 한 적도 있다. 탐욕이 눈을 멀게 하고 귀를 먹게 했다. 그래서 지금은 함부로 누군가에게 주식을 추천하지 않는다.

그런 의미에서 이 책은 참회록이다. 10년 전 그런 마음으로《주식투자, 주가조작부터 배워라》라는 책을 썼다. 한국 거래소와 검찰을 출입하면서 세상을 떠들썩하게 했던 대표적인 주가조작 사건을 정리했다. 기업 사냥꾼과 명동 사채업자, 그리고 주가 조작 사건을 담당했던 검사들로부터 뒷얘기를 들었고, 언론에 공개되지 않은 세세한 사항까지 파악해서 반영했다.

10년이 지났지만 주가 조작의 세계는 그리 크게 변하지 않았다. 자원 개발이나 녹색 성장 테마주가 바이오와 그린 뉴딜 테마주 정도로 바뀌었을 뿐이다. 재벌가나 연예인의 자리를 고급 차를 뽐내며 개미들을 홀리는 이희진이나 슈퍼 개미 등이 채웠을 뿐이다. 돈이 돌고 도는 세계에서는 인간의 탐욕을 노린 덫은 여전히 많다. 그런 점에서 이 책에서 제시한 주가 조작 사례들은 여전히 유효하다. 시장의 흐름을 반영하고자 1장에서는 최근 벌어진 슈퍼개미의 주가 조작 사건을 새로 추가했다.

책의 구성을 보면 주식 초보자가 쉽게 이해할 수 있도록 주요 주가조작 사건을 소설로 정리했다. 골격은 실제 사건을 기반으로 했지만, 소설은 소설일 뿐이다. 사건 편에서는 소설의 소재가 된 실제 사건의 줄거리와 일자, 종목 그림을 첨부했다. 소설과 실제 사건을 비교해보는 재미를 느낄 수 있을 것이다.

해결 편에서는 소설에 나오는 용어나 복잡한 작전의 구조를 이해하기 쉽도록 설명하고자 했다. 주식투자에 대한 기본적인 지식부터 주가조작의 복잡한 구조까지 독자들이 이해하기를 바라는 마음을 담았다.

각종 규정은 부록 편에 실었다. 글을 읽다 의문이 생기는 점이 있으면 부록을 참고하면 된다.

몇 년 전만 해도 누군가 나에게 주식투자를 해야 하느냐고 물으면 내 대답은 '하지 마라'였다. 주식에 쏟아 붓는 시간과 노력에 비해 개미들의 수익률이 초라하기 때문이다. 그러나 저금리 시대에 월급쟁이들이 할 수 있는 재테크라고는 부동산과 주식투자 정도다. 부동산은 정부의 규제가 쏟아지면서 쉽지 않은 영역이 됐다.

주식에 막 입문했거나 주식투자에 뜻을 두고 있는 투자자, 주식투자를 활발히 하는 투자자라면 한 번쯤 이 책을 읽었으면 하는 바람이다. 금융 범죄에 관심이 있는 예비 법조인에게도 흥미로운 내용일 것이다.

세 살 버릇 여든까지 간다는 속담은 주식투자에도 그대로 적용된다. 속칭 잡주에만 투자했던 개인 투자자는 우량주에 투자하지 못한다. 하루에 최대 30% 수익을 내는 종목에 투자하던 투자자가 찔끔찔끔 움직이는 우량주에 투자하는 것은 감질나는 일이다.

피 같은 돈이 고스란히 작전 세력의 주머니로 들어간다는 사실을 알면서도 파블로프의 개처럼 HTS(Home Trading System, 온라인을 통해 주식 매매를 하는 시스템) 주문 창에는 항상 잡주가 입력된다. 그만큼 습관은 무섭다. 한 사람의 일생을 송두리째 앗아갈 수 있는 작전 세력의 무서움을 이 책을 통해 느꼈으면 한다.

혹자는 주가조작에 악용될 만한 잡주는 아예 쳐다보지도 않으면 되는 것 아니냐고 반문할지도 모른다. 그러나 주식 투자자라면 한번쯤은 위험한 유혹에 빠지게 된다. 솔깃한 정보를 듣고 투자해 이익을 봤다면 손쉽게 돈을 벌 수 있다는 생각에 잡주의 늪으로 빠지게 되고, 큰돈을 잃었다면 본전 생각에 역시나 늪에서 헤어 나올 수 없다.

세상에 공짜는 없다는 생각, 주식투자는 도박이 아니라 사업이라는 건전한 생각만이 주가조작의 유혹을 뿌리칠 수 있는 강력한 무기다. 부디 이 책을 읽는 모든 독자가 인간의 저열한 본성을 자양분 삼아 먹고사는 주가조작 세력의 무서움을 뼈저리게 느꼈으면 한다.

이제는 주식투자를 빼놓고는 재테크를 논할 수 없는 시대가 됐다. 그렇다면 당하지 않고 투자할 수 있는 힘을 길러야 한다. 자신만의 통찰력과 투자 철학으로 두둑한 수익을 내기에 앞서 작전주의 늪에 빠지지 않길 바라는 마음뿐이다. 다시 한번 말하지만 주변의 솔깃한 말에 흔들려선 안 된다. 자신만의 근거 있는 판단이 중요하다.

오래전 나온 책을 다시 낼 수 있는 기회를 준 친구이자 미르북스 대표인 장영재 대표에게 감사드린다. 언제나 나의 편에 서서 아낌없는 지원을 해준 평생의 반려자, 김은혜에게도 역시 고맙다는 말을 전하고 싶다.

2021년 2월
서울 용산에서 안형영

차례

# 장기적인 가치투자로 승부하라

저평가 주식을 찾는 유용한 지표 중 하나가 PBR(주가 순자산비율)이다. 이는 한 기업의 주당순자산에 비해 주가가 얼마나 되는지를 보여주는 지표다. PBR이 1이라는 것은 기업의 시가총액과 자산이 같다는 의미다. 당장 기업을 청산하더라도 시가총액만큼의 자산이 있다는 말이다. 이 때문에 PBR을 청산가치라고도 하고, PBR이 1보다 낮으면 주가가 저평가됐다고 볼 수 있다. 적정 PER를 계산하는 것은 전문적인 애널리스트들도 하기 힘든 일이다. 따라서 투자자들은 자신만의 노하우와 통찰력으로 끊임없이 주식의 적정 가치를 평가해보는 노력이 필요하다.

부자와 가난한 사람 사이의 유일한 차이점은
시간을 어떻게 사용하는지에 있다.

— 로버트 기요사키

# 몰락한 슈퍼개미

## 슈퍼개미

"감사합니다. 개인투자자에서 시작해서 이제 슈퍼개미라는 칭호까지 받게 됐네요."

연단에 서 있는 박민식은 감개무량했다. 1997년 외환위기 직후 빈털터리였던 그는 10년 만에 주식시장에서 슈퍼개미로 불렸고, 이제는 그를 따르는 추종자까지 생기면서 행복 주주 포럼을 발족하게 됐다. 오늘은 그 발족식이 열렸다.

박민식에게 1997년은 그야말로 바닥을 찍은 해였다. 이사로 일하던 중소기업이 망했고, 빚보증으로 사재까지 털어야 했다. 그렇게 무일푼으로 남대문 시장에서 모자 노점상으로 나서 "골라 골라."를 외쳤다.

악착같이 일한 덕에 1년 만에 3,000만 원을 모았고, 이 돈을 종잣돈으로 주식투자에 나섰다. 외환위기로 주식이 폭락하면서 본질 가치를 밑도는 주식이 수도 없이 많았다. 투자자들은 여전히 공포에 떨고 있었지만, 그렇기에 기회가 있을 것이라고 판단했다.

그의 판단은 적중했다. 외환위기 2~3년 만에 주가는 회복했고, 그 와중에 테마주들은 수십 배씩 급등했다. 이제는 장기투자할 종목을 찾아야 할 때였다.

그때 눈에 띈 것이 바로 일승신약. 고령화 사회가 될수록 제약업종은 부가가치가 높아질 수밖에 없었다. 특히 일승신약의 부채 비율은 100% 이하인 데다 유보율도 1,600% 이상으로 업종 평균 500%를 크게 웃돌았다. 삼성물산과 삼성중공업의 지분도 가지고 있어 현금성 자산만 3,000억 원이 넘었다. 그런데도 시가총액은 2,000억 원에 불과했다. 주가수익비율(PER)도 10배에 불과해서 업종 평균보다 한참 낮았다. 저평가가 분명했다.

그렇게 일승신약에 베팅을 했다. 지분율은 4.99%만 유지했다. 5%가 되면 지분율을 신고해야 하는 '5%룰'을 피하기 위해서였다. 그런데 문제는 일승신약의 배당이 쥐꼬리였다는 점이다. 순이익이 280억 원이나 됐지만, 전체배당금은 10억 원에 불과했다. 박민식은 자기 돈으로 신문에 광고까지 내면서 일승신약의 저배당에 대한 부당성을 지적했고, 그러면서 그는 주식시장에서 소액주주 운동의 개척자, 슈퍼개미로 이름이 나기 시작했다. 그리고 이제는 주주 포럼까지 문을 열게 된 것이다.

## 가치투자와 주가조작 사이

"형철아, 괜찮은 종목 찾았다. 빨리 사무실로 와라."

박민식의 목소리는 한껏 들떠 있었다. 일승신약 주주 운동으로 일약 스타 덤에 오른 뒤 새로운 종목을 찾던 중이었다. 그가 찾은 종목은 해성산업.

"뭐가 그리 급해서 호출이야. 얼마나 괜찮은 종목이길래."

박민식의 고등학교 친구 윤형철은 가쁜 숨을 몰아쉬면서도 기대감을 감추지 않았다.

"이 종목 좀 봐. 대주주 지분율이 64%야."

"정말이네. 실적도 괜찮고, 조금만 매집하면 되겠다."

박민식과 윤형철은 대박을 친 일승신약이 떠올랐다. 해승산업은 여러모로 일승신약과 닮아 있었다.

해승산업은 건물관리 용역과 부동산 매매를 주업종으로 하는 종목이었다. 최대주주와 특수관계인이 65%의 지분을 보유하고 있었다. 시장 유통 물량은 35%에 불과했다. 총 180만 주 가운데 하루 거래량은 많을 때는 15만 주, 적을 때는 4,000주에 불과했다. 자산은 1,200억 원에서 해마다 증가해서 2014년에는 1,400억 원에 달했다. 자산 대부분은 부동산이었다. 부채비율은 10%, 영업이익과 당기순이익은 큰 변동 없이 일정했다.

민식에게는 투자 대상을 고르는 나름의 기준과 철학이 있었다. 우선 3년 이상 장기 투자, 재무제표와 주가수익비율(PER), 주가순자산비율(PBR)을 따져 저평가된 종목 찾기, 합리적인 투자를 위해서 3인 이상을 모을 것 등이었다.

여기다 주식 유통물량이 적어서 거래량이 적고, 당기순이익이 매년 안정적인 경우에는 주식을 매집하면 주가가 상승하고, 자신이 시장지배력까지 확보할 수 있다는 것을 일승신약 투자를 통해 깨달은 터였다.

# 마스터 플랜

"형철이는 고등학교 동문들에게 이 종목을 강력 추천해주고, 김동식 씨는 포럼 회원들과 동문들 계좌를 잘 관리해주면 좋겠어요."

행복 주주 포럼 사무실. 박민식이 빙 둘러 앉아 서너 명의 사람들에게 해승산업 매집 계획을 설명했다.

"그리고 안 집사님은 교회분들에게도 이 종목 투자하면 괜찮다는 얘길 좀 해주세요."

민식은 같은 교회를 다니는 안 집사에게도 똑같은 얘길 꺼냈다.

일승신약에 이어 투자할 종목은 이미 해승산업으로 결정한 터였다. 이제는 주식을 대량 매집하고, 주가를 부양한 뒤 빠져나오는 수순만 밟으면 되겠다 싶었다.

"그런데 매집 후 엑시트까지 얼마나 걸릴까요?"

신민증권에서 투자자 모집과 계좌 관리를 해주는 김동식이 턱을 매만지며 질문을 던졌다.

"4, 5년 정도 걸릴 거예요."

"4, 5년이요? 너무 오래 걸리는 것 같은데요."

"가치투자를 표방하는데 우리가 단타를 칠 순 없잖아요."

"그사이에 변수들이 너무 많은 것 같아요."

"어차피 해승산업은 당기순이익이 매년 일정하고 자산만 증가하는 회사라 크게 문제가 없어요."

동식은 민식이 투자 기간을 길게는 5년까지 본다고 하자 혀를 내두르며 고개를 저었다. 변수가 너무 많은 게임이었다.

"주가가 불안정하면 수급팀을 붙일 테니까 걱정하지 마세요."

민식은 고개를 젓고 있는 동식을 안심시켰다.

## 매집

"나눠드린 책자를 보시면 해승산업에 대해서 자세히 나와 있습니다. 박민식 대표가 대박을 터트렸던 일승신약과 비슷한 주식이라는 건 금방 아실 거예요."

형철은 행복 주주 포럼 회원들에게 해승산업 설명 책자를 나눠 주고 투자를 권유했다. 플랜을 짰으니 이제는 포럼 회원들과 매집에 들어가면 될 일이었다.

"말씀드린 것처럼 저희는 장기적인 가치투자를 지향하는 모임입니다. 단기간에 급등하길 바라시는 것은 안 되고요. 십시일반 투자하다 보면 좋은 날이 올 겁니다."

형철은 자신이 넘쳤고, 책자를 들여다보는 회원들 또한 이미 목돈이라도 만진 냥 흥분해 있었다.

"이거 우리 친척들한테도 좀 사라고 해야겠는걸."

"그러게, 자산주에다 박민식 대표가 미는 종목이면 시간이 문제지 오르지 않겠어."

포럼 회원들이 한껏 들뜬 목소리로 얘길 나눴다.

"아 참, 하나 잊은 게 있네요. 혹시 계좌 관리가 힘든 회원분들 계시면 여기 신민증권 김동식 팀장에게 부탁하면 됩니다."

형철은 마치 깜빡했다는 듯 동식을 소개했다.

"안녕하십니까? 김동식입니다. 아직 계좌가 없으신 분들은 저희 증권사 계좌를 터서 거래를 하시면 됩니다. 혹시 다른 증권사 계좌가 있는 분들도 저희 증권사로 옮기시면 제가 해승산업 특이 사항이 있을 때마다 연락을 드리겠습니다."

동식은 자신의 명함을 회원들에게 뿌리면서 계좌를 옮겼을 때 생기는 혜택을 설명했다.

## 수급팀

강남의 금수만복 복집. 윤형철은 낯선 남자 두 명과 마주 앉아 있었다.

"기간과 가격대를 얼마 정도 생각하십니까?"

"6개월 정도에 오늘 종가에서 플러스 마이너스 10% 정도선이면 될 듯합니다."

낯선 남자들은 알 듯 말 듯한 질문을 던졌고, 형철은 이미 약속이라도 한 듯이 답을 건넸다. 형철은 박민식으로부터 장기투자자인 이형필의 대리인 역할을 하는 사람을 만나보라는 지시를 받고 이 자리에 나온 터였다.

민식은 교회 교인들과 고등학교 동문 모임, 그리고 행복 주주 포럼 회원들까지 동원해서 해승산업 주식 유통 물량 중에서 60%까지 확보했다. 주가도 2년 새에 5,000원대에서 3만 원대까지 올랐다. 그러나 요새 들어 주가가 오르면서 차익 매물이 심상치 않게 나왔고, 기껏 힘들여 관리해온 주가가 출렁거리고 있었다. 자칫 잘못했다간 공든 탑이 무너질 위기였다. 종가 관리가 필요했다.

그때 생각한 것이 수급을 조절해줄 기술자들, 이른바 수급팀이었다. 민식은 수급 조절을 고민하던 차에 장기 투자자인 이형필로부터 시장에서 이름 난 수급 기술자가 있다는 얘길 들었고, 고등학교 친구인 형철에게 이들을 만나서 수급 조절을 요청해보라고 지시했던 것이다.

서울 관악구의 허름한 사무실. 노트북 모니터를 쳐다보는 윤동만은 콧노 래를 부르며 누군가와 전화 통화를 하고 있었다.

"내가 3만 1,500원에 5,000주 던질 테니까. 곧바로 받으라고."

"오케이, 스탠바이 하고 있을게."

수화기 너머로 들려오는 목소리 또한 경쾌했다. 형철로부터 해승산업 종가관리 의뢰를 받은 동만이 통정매매를 하고 있었다. 종전 체결가보다 500원 높은 가격이지만 5,000주를 내놓자마자 매수 체결이 됐고, 주가는 곧바로 3만 1,000원에서 3만 1,500원으로 상승했다.

커피로 목을 축인 동만은 HTS(홈트레이딩 시스템)에 다시 3만 2,000원에 2,000주를 매수 주문했다. 아직 3만 1,500원 매도에 150주가 있는데도 가 격을 더 높여 매수 신청을 한 것이다. 주가는 여지없이 3만 2,000원으로 직 행했다. 이른바 고가 매수였다.

## 행복한 나날

박민식은 커피를 음미하면서 하늘을 쳐다봤다. 유난히도 맑은 하늘이었 다. 2009년 하반기부터 해승산업 주식을 5,000원대부터 사모아서 이제는 300만 주를 보유하고 있었다. 그야말로 슈퍼개미였다.

그동안 호재성 뉴스와 공시도 많이 나왔다. 의도한 것은 아니었다. 다만 그런 뉴스와 공시가 나올 때마다 인터뷰로 인연을 맺은 기자들에게 귀띔만

해줬을 뿐이다. 기자들은 슈퍼개미가 일러준 얘기를 흘려듣지 않았고, 호재성 공시는 증폭됐다.

얼마 전에는 대기업 삼민전자의 계열사인 삼민테크윈이 반도체 부품 사업부를 해승산업과 그 계열사들이 지분 60%를 취득했다는 공시가 나왔다. 이 공시가 나오면서 주가는 5만 5,000원에서 사흘새에 5만 9,000원으로 뛰었다. 시가총액만 400억 원이 늘었다. 대기업의 계열사가 내놓은 반도체 부품 사업부라는 게 부각됐기 때문이었다.

하지만 민식이 생각해도 알다가도 모를 일이었다. 해승산업이 인수한 지분은 5%에 불과했다. 반도체 부품 사업부의 1년 매출액과 영업이익은 각각 2,800억 원과 140억 원 수준. 이를 지분율로 따져보면 해승산업에 반영되는 영업이익은 7년에 불과했다. 그런데 시가총액이 한순간에 400억 원이 뛴 것이다.

이미 민식이 투자지표로 삼는 PER(주가수익비율)는 50배가 넘어가면서 거품이라는 신호를 보내고 있었다. 해승산업이 성장성이 좋은 주식도 아니라는 것을 민식은 너무나도 잘 알고 있었다. 민식이 교회 교인들과 고등학교 동문, 행복 주주 포럼 회원 들을 동원해 매집한 주식이 유통 주식의 60%에 해당하다 보니 매수세가 조금만 붙어서 주가는 연일 불기둥을 연출했다. 민식은 이제 탈출할 때를 기다리고 있었다.

## 돌발 상황

"하한가만 좀 풀어주시면 됩니다."

"하한가 물량이 너무 많이 몰려 있어서 쉽지는 않겠는데요."

"풀어주시기만 하시면 14억 원을 드리겠습니다.."

민식은 다급한 목소리로 맞은편에 앉은 기술자 윤동만 일행에게 요청했다. 해승산업 주식은 그동안 소리 소문없이 오르면서 8만 원대 중반까지 치고 올라왔다. 민식은 쾌재를 부르며 매도 시기를 조율하던 터였다. 그런데 갑자기 매물이 쏟아져 나오면서 사흘 연속 하한가를 기록하고 있었다. 여전히 하한가에 매도 물량이 꽤 걸려 있어서 하한가가 풀릴 기미가 보이지 않았다. 민식은 동만에게 이른바 '하한가 풀기'를 요청했다.

동만은 차트를 보면서 속웃음을 짓고 있었다. 손 안 대고 코 풀 수 있는 형국이라고 해야 할까. 가만둬도 하한가는 곧 풀릴 듯했다. 그런데 다급한 민식이 하한가 풀기를 요청했으니, 일단 들어주는 척하고 하한가가 풀리기만을 기다리면 될 일이었다.

'14억 원이 넝쿨째 들어오겠구나.'

동만은 의중을 들키지 않으려 애써 눈살을 찌푸리며 혀를 차댔다.

"쉽지 않지만 노력해보겠습니다."


## 추락과 배신

"아닙니다. 해승산업 주식이 저평가됐다고 생각해서 투자한 것이지, 제가 무슨 시세 조종을 합니까. 교인들이나 동문들한테도 얘길 하긴 했지만, 좋은 주식이라 추천할 것뿐입니다."

서울남부지검 증권범죄합동수사단 조사실. 혐의를 추궁하는 수사관에게 박민식은 진땀을 흘리며 해명하고 있었다. 수사관은 어이가 없다는 듯, 서류를 내밀었다.

수급을 맡았던 윤동만의 진술서였다. 윤동만은 민식의 부탁을 받고 고가 매수와 통정매매를 했다고 자백했고, 진술서를 쥔 민식의 손에는 땀이 흥건했다. 빠져 나갈 수 없는 터널에 들어온 듯했다.

"당신 윤동만한테도 속았어. 당신이 하한가 풀어달라고 윤동만한테 14억 원 건넸지. 윤동만이 한 게 없어."

수사관은 딱하다는 듯 민식을 쳐다보며 수사 기록을 내보였다. 윤동만은 민식에게 6일 만에 하한가를 풀었다며 14억 원을 받아갔다. 그런데 수사기록에는 윤동만이 한 게 하나도 없었다. 하한가가 풀릴 때가 돼서 풀린 것뿐이었다.

지난 5년이 주마등처럼 지나갔다. 아니 인생의 나락으로 떨어졌던 외환위기 때가 생각났다. 그때가 인생의 하한가를 친 때라고 생각했다. 그런데 민식은 또다시 하한가를 치면서 추락하고 있었다. 차이라고는 그때는 빈털터리였지만, 지금은 주식부자라는 점뿐이었다. 그러나 이제는 자유를 박탈당한 죄수가 돼야 할 판이었다. 백만금이 무슨 소용이랴. 회한의 눈물이 뺨을 타고 흘렀다.

# 사건의 진실

'몰락한 슈퍼개미'는 한때 소액주주 운동을 주도했던 슈퍼개미 표형식 씨의 주가조작 사건을 소재로 했다. 표씨는 중견기업의 임원으로 근무하다 회사가 무너지고, 연대보증까지 문제가 되면서 그야말로 길바닥에 나앉았지만, 다시 노점상에서 200억대 주식 자산가로 이름을 떨친 입지전적인 인물이다.

그는 일성신약 지분을 4.99% 보유하면서 일성신약의 배당금 분배에 항의하는 소액주주 운동에 앞장섰다. 또한 그만의 투자원칙인 3·3·3을 주창해 많은 주식 투자자에게 영감을 제시했던 인물이다.

3년 이상의 장기투자, 재무제표와 주가수익비율과 주가순자산비율, 3인 이상의 지인들과 합리적으로 투자한다는 원칙이었다. 이런 원칙을 토대로 표씨는 2007년 행복한 주주 포럼을 발족하면서 개인투자자에게 귀감이 되는 인물이 됐다.

그러나 2018년 서울남부지검 증권범죄합수단은 충격적인 소식을 전했다. 바로 표씨 등을 주가조작 혐의로 구속기소했다는 내용이었다.

검찰은 표씨 등이 2011년 11월부터 2014년 9월까지 해성산업 주가를 인위적으로 끌어올리는 방식으로 298억 원의 부당이익을 챙겼다고 판단했다.

해성산업이 재무구조가 튼튼하지만 유통주식 수량이 적다는 점을 이용해서 교회 교인들과 고등학교 동문, 그리고 행복한 주주 포럼 회원들을 다단계식으로 모집해 주가조작을 했다는 것이다.

검찰은 표씨 등이 주식 매집, 주가 부양, 처분이라는 전형적인 주가조작 방식을 활용했다고 봤다. 이들이 해성산업 주식 유통 물량의 60%를 확보했고, 고가 매수, 통정매매 등의 방식으로 주가를 관리하면서 호재성 뉴스와 공시를 이용해 주가를 부양하고, 일정 시점에 처분했다는 것이 검찰의 판단이었다.

1심 재판부도 크게 다르지 않았다. 재판부는 표씨 일당이 2011년 11월(2만 원대 중반)부터 2014년 8월(8만 원대 후반)까지 주가조작을 했다고 판단했다. 주가조작 기간만 무려 2년 6개월이 넘는다. 재판부는 표씨가 일명 '수급팀'을 동원해 해성산업 주가를 부양시키려 했다고 판단했다. 고가 매수나 통정매매(두 사람 이상이 미리 주식의 가격과 물량을 짜고 매매해서 가격을 올리는 행위) 방식으로 주가를 안정시키거나 올리려 했다는 것이다.

하지만 해성산업 주가는 2014년 9월 들어서 6일 연속 하한가를 거듭하면서 2만 원대 중반까지 떨어졌다. 이 시점에서 표씨는 30~40만 주에 달하는 주식을 1주만 남기고 모두 처분해 막대한 시세차익을 남겼다는 것이 재판부의 판단이었다.

이때 하한가 풀기 수법도 등장한다. 재판부는 표씨가 하한가를 풀기 위해서 기술자들에게 하한가를 풀어주는 대신 14억 원을 주기로 했다는 검찰 수사 내용을 인정했다.

그런데 이 기술자들은 하한가를 풀 능력이 없는데도 시간이 지나면 하한가가 풀릴 것으로 판단하고는 14억 원을 받아 챙겼다. 실제로 6일 만에 하한가는 풀리고, 이 기술자들은 자신들의 '하한가 풀기'가 효과를 발휘했다며 표씨 일당을 속였고, 결국 수사 과정에서 이런 사실이 드러나 사기죄로 징역형을 선고받았다.

재판부는 표씨가 주가조작의 유혹에서 벗어나지 못한 이유를 표씨의 투자행태와 소액주주 운동에서 찾았다. 표씨가 일성신약 소액주주 운동을 하면서 대주주 지분이 많아 주식 거래량이 적고, 당기 순이익이 안정적인 회사의 주식을 대량 매집하면 시장 지배력을 갖을 수 있다는 점을 알게 됐다는 것이다.

## 해성산업 사건 일지

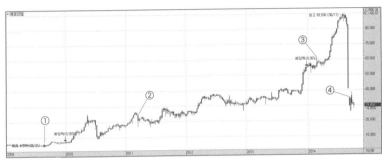

(그림 1-1) 해성산업

| | |
|---|---|
| **2007년 10월 4일** | 행복한 주주 포럼 발족. |
| **2009년 8월~2011년 11월** | 해성산업 주식 매집. ① |
| **2011년 11월~2013년 11월** | 해성산업 종가관리. ② |
| **2013년 4월** | '해성산업, 비즈니스 호텔 진출 수혜' 호재성 뉴스. |
| **2014년 4월** | '현금왕 해성산업, M&A시장 노크' 호재성 뉴스. ③ |
| **9월** | 해성산업 주식 1주 남겨놓고 매도. ④ |

## 재무재표는 기업의 건강검진표, 허약한 기업을 솎아내라

슈퍼개미 표형식 씨가 내세운 3·3·3원칙은 그의 주가조작 전력에도 여전히 유효한 투자 원칙이다. 무엇보다 재무재표도 알지 못하고, 확인해보지도 않은 채 한 업체에 투자한다는 것은 도박에 가깝다.

재무제표는 한마디로 기업의 가계부라고 할 수 있다. 이해를 돕기 위해 개인의 예를 들어보자. 나부자 씨는 2020년 12월이 끝나자 자신의 재산 현황을 파악해보기로 했다. 2020년 말 1억 원이었던 재산이 얼마나 늘었는지, 한 해 동안 얼마나 벌고 썼는지 궁금했기 때문이다. 확인해보니 일단 현금 500만 원과 예금 4,000만 원, 그리고 아파트 1억 원이 수중에 있었다. 그런데 아파트에는 은행에서 빌린 5,000만 원이 포함돼 있었다. 그렇다면 나부자 씨의 재산은 얼마일까? 답은 1억 4,500만 원이다. 부채도 재산에 포함되기 때문이다. 결국 재산=자기돈+부채인 것이다. 그런데 한 해 동안 얼마나 벌었는지를 파악해보니 번 돈은 5,000만 원이었고, 쓴 돈은 3,000만 원이었다. 나부자 씨가 순수하게 번 돈은 2,000만 원이다. 기업의 재무제표도 규모와 내용만 조금 복잡할 뿐 이런 식이다.

재무제표는 재무상태표(대차대조표)와 손익계산서, 현금 흐름표, 주석 등으로 구성돼 있다. 대차대조표는 일정 시점의 기업의 재산 현황이다. 기업이 자기 돈과 빌린 돈을 얼마나 많이 보유하고 있는지 보여준다. 기업의 재산을 자산 또는 총자산, 그리고 자기 돈을 자기 자본 또는 자본, 빌린 돈을 부채라고 한다. 나부자 씨처럼 자산=자기 자본+부채다.

> **(총)자산 = (자기)자본 + 부채**

이에 따라 재무상태표를 작성할 때도 자산, 부채, 자기자본 순으로 작성한다. 그리고 부채와 자기자본을 합하면 당연히 자산총합과 같아진다.

기업이 보유하고 있는 현금과 토지, 투자 주식 등이 자산으로 잡힌다. 자산은 1년 이내에 현금화할 수 있는지에 따라 유동자산과 비유동자산으로 나뉜다. 횡령 통로로 악용되는 단기 대여금은 1년 이내 회수할 수 있다는 판단으로 빌려준 돈이기 때문에 유동자산으로 분류된다.

> **자산 = 유동자산 + 비유동자산**

부채도 1년 이내에 상환해야 하는 유동부채와 상환 기간이 1년 이상인 비유동부채로 나뉜다. 만약 자기자본에 비해 부채가 많다면 회사가 부실하다는 증거다. 일반적으로 자기자본보다 부채가 2배 이상 많으면, 즉 부채비율 (부채/자기자본×100%)이 200% 이상이면 부실기업으로 본다. 다만 금융권은 다르다. 금융권은 일단 이자가 싼 자금을 조달해 대출해주면서 그보다 더 비싼 이자를 받아 수익을 내기 때문이다. 흔히 예대마진이라고 하는 것이다. 따라서 은행은 제조업체에 비해 부채비율이 크다.

> **부채 = 유동부채 + 고정부채**

기업의 자기자본은 자본금과 자본잉여금, 이익잉여금(결손금)으로 이루어진다. 자본금은 주주들이 처음 투자한 종잣돈이다. 그리고 만약에 유상증자를 하면 자본금은 증가하게 된다. 만약 액면가 이상으로 유상증자를 하면 자본잉여금이 발생한다. A기업의 자본금이 10억 원이고 액면가가 5,000원 이라고 치자. 만약 A기업이 주당 1만 원에 1만 주를 발행하는 1억 원 규모의 유상증자를 했다면 액면가 5,000원×1만 주에 해당하는 5,000만 원은 자본금으로 잡힌다. 하지만 나머지 5,000만 원은 자본잉여금이 된다. 만약에 재무제표를 봤는데 자본잉여금이 많다면 액면가보다 높게 자주 유상증자를 했다는 의미다.

> **자기자본(자본) = 자본금 + 자본잉여금 + 이익잉여금**

자기자본에서 가장 중요한 것은 이익잉여금이다. 이익잉여금은 회사가 얻은 순이익 중에서 주주에게 배당금을 주고 남은 잉여금이다. 이익잉여금이 해마다 늘어난다는 것은 회사가 매년 이익을 낸다는 것이다. 반면에 회사가 적자가 나면 결손금이 쌓인다. 결손금이 쌓이면서 자본잉여금과 자본금을 갉아먹는 것을 자본잠식이라고 한다. 기업 입장에서는 결손금이 쌓이는 게 좋을 리가 없다. 그럴 땐 결손금과 자본잉여금을 상쇄처리하게 된다. 그걸 감자라고 한다. 만약에 결손금이 자본잉여금과 자본금을 모두 갉아먹으면 자본잠식률은 100%가 된다.

| 연결 재무상태표 | | |
| --- | --- | --- |
| 제52기 3분기말    2020.09.30 현재 | | |
| 제51기말    2019.12.31 현재 | | |

(단위 : 백만 원)

| | 제52기 3분기말 | 제51기말 |
| --- | --- | --- |
| 자산 | | |
| 유동자산 | 203,634,913 | 181,385,260 |
| 현금및현금성자산 | 26,566,097 | 26,885,999 |
| 단기금융상품 | 89,694,025 | 76,252,052 |
| 단기상각후원가금융자산 | 1,684,068 | 3,914,216 |
| 단기당기손익-공정가치금융자산 | 596,122 | 1,727,436 |
| 매출채권 | 40,379,873 | 35,131,343 |
| 미수금 | 3,600,224 | 4,179,120 |
| 선급금 | 1,548,872 | 1,426,833 |
| 선급비용 | 2,764,979 | 2,406,220 |
| 재고자산 | 32,442,857 | 26,766,464 |
| 기타유동자산 | 3,225,556 | 2,695,577 |
| 매각예정분류자산 | 1,132,240 | 0 |
| 비유동자산 | 172,153,829 | 171,179,237 |
| 기타포괄손익-공정가치금융자산 | 10,744,456 | 8,920,712 |
| 당기손익-공정가치금융자산 | 1,299,256 | 1,049,004 |

| | | |
|---|---|---|
| 관계기업 및 공동기업 투자 | 7,982,462 | 7,591,612 |
| 유형자산 | 124,777,408 | 119,825,474 |
| 무형자산 | 18,980,799 | 20,703,504 |
| 순확정급여자산 | 8,220 | 589,832 |
| 이연법인세자산 | 4,478,036 | 4,505,049 |
| 기타비유동자산 | 3,883,192 | 7,994,050 |
| 자산총계 | 375,788,742 | 352,564,497 |
| 부채 | | |
| 유동부채 | 73,046,405 | 63,782,764 |
| 매입채무 | 11,688,180 | 8,718,222 |
| 단기차입금 | 15,856,252 | 14,393,468 |
| 미지급금 | 10,187,472 | 12,002,513 |
| 선수금 | 1,153,605 | 1,072,062 |
| 예수금 | 946,591 | 897,355 |
| 미지급비용 | 21,703,839 | 19,359,624 |
| 당기법인세부채 | 4,660,113 | 1,387,773 |
| 유동성장기부채 | 754,610 | 846,090 |
| 충당부채 | 4,638,290 | 4,068,627 |
| 기타유동부채 | 1,056,017 | 1,037,030 |
| 매각예정분류부채 | 401,436 | 0 |
| 비유동부채 | 26,606,149 | 25,901,312 |
| 사채 | 997,764 | 975,298 |
| 장기차입금 | 2,017,847 | 2,197,181 |
| 장기미지급금 | 1,830,595 | 2,184,249 |
| 순확정급여부채 | 628,175 | 470,780 |
| 이연법인세부채 | 18,362,110 | 17,053,808 |
| 장기충당부채 | 813,492 | 611,100 |
| 기타비유동부채 | 1,956,166 | 2,408,896 |
| 부채총계 | 99,652,554 | 89,684,076 |

| 자본 | | |
|---|---|---|
| 지배기업 소유주지분 | 267,942,140 | 254,915,472 |
| 자본금 | 897,514 | 897,514 |
| 우선주자본금 | 119,467 | 119,467 |
| 보통주자본금 | 778,047 | 778,047 |
| 주식발행초과금 | 4,403,893 | 4,403,893 |
| 이익잉여금(결손금) | 267,024,912 | 254,582,894 |
| 기타자본항목 | (4,398,825) | (4,968,829) |
| 매각예정분류기타자본항목 | 14,646 | 0 |
| 비지배지분 | 8,194,048 | 7,964,949 |
| 자본총계 | 276,136,188 | 262,880,421 |
| 부채와자본총계 | 375,788,742 | 352,564,497 |

표 1-1 ) 삼성전자 재무상태표

　삼성전자 재무상태표를 보면 자산(부채+자기자본)이 2019년(51기) 352조 원에서 2020년(52기)에는 3분기까지 375조 원을 기록했다. 3분기 현재 자산이 23조 원 늘어난 것이다. 부채는 89조 원에서 99조원으로 약 10조 원 늘었고, 자기자본에서는 다른 항목은 그대로지만 이익잉여금이 254조 원에서 267조 원으로 13조 원 증가했다. 부채 증가액 10조 원과 이익잉여금 13조 원을 합치면 자산 증가액 23조 원과 같다.

　손익 계산서는 일정 기간 동안 기업의 수익 현황이다. 재무상태표(대차대조표)가 시점 기준이라면 손익 계산서는 기간 개념이다. 손익계산서는 크게 매출액, 영업이익, 당기순이익으로 나뉜다. 매출액은 상품이나 제품을 판매한 총액이다. 그런데 상품이나 제품을 만드는 데도 비용이 든다. 이를 원가라고 한다. 매출액에서 원가를 빼면 매출총이익이 된다. 매출총이익에서 판매관리비를 빼면 영업이익이 나온다. 판매관리비는 인건비와 건물 임대료, 접대비 등이 포함돼 있다. 기업들은 인건비 등을 부풀려 비자금을 조성하곤 한다.

기업은 영업활동 이외에도 부동산이나 주식 투자를 하기도 한다. 이렇게 고유한 영업활동과 관계없는 수익이나 비용을 영업 외 손익이라고 한다. 한동안 중견기업들을 울렸던 환헤지 상품인 키코로 인한 손익이 바로 영업 외 손익으로 잡힌다. 이렇게 영업이익에서 영업외손익을 뺀 걸 경상이익이라고 한다. 키코에 가입한 중견기업들은 영업이익은 났는데도 영업 외 손실로 경상이익이 마이너스(-)로 돌아서기도 했습니다. 그리고 마지막으로 경상이익에서 자산을 처분하거나 구입한 특별손익을 더하거나 빼면 세전순이익이고, 세전순이익에서 법인세와 주민세를 빼면 최종적으로 당기순이익(순손실)이 남는다.

아래는 삼성전자의 2019년 3분기 손익 계산서다. 전년 같은 동기에 비해 매출액은 늘었지만 원가와 판관비는 전년과 비슷한 수준이어서 영업이익이 증가(7조 7,000억 원 → 12조 3,000억 원)한 것을 알 수 있다. 당기순이익도 6조 원대에서 9조 원대로 늘었다.

현금 흐름표는 기업의 현금 조달 내역과 현금의 운용영역을 보여준다. 기업이 돈맥경화에 걸리지 않고 잘 운용되는지 파악할 수 있다. 외상 매출이 많은 기업은 영업이익이나 당기순이익이 양호할 수 있지만 실제로 기업에는 현금이 부족할 수 있고, 심각한 경우에는 흑자 도산이 날 수도 있다.

| | 연결 손익계산서 | |
|---|---|---|
| 제52기 3분기 | 2020.01.01 부터 2020.09.30 까지 | |
| 제51기 3분기 | 2019.01.01 부터 2019.09.30까지 | |

(단위 : 백만 원)

| | 제52기 3분기 | | 제51기 3분기 | |
|---|---|---|---|---|
| | 3개월 | 누적 | 3개월 | 누적 |
| 수익(매출액) | 66,964,160 | 175,255,480 | 62,003,471 | 170,516,121 |
| 매출원가 | 39,970,476 | 106,683,368 | 39,993,890 | 108,685,026 |
| 매출총이익 | 26,993,684 | 68,572,112 | 22,009,581 | 61,831,095 |
| 판매비와관리비 | 14,640,446 | 41,625,237 | 14,231,689 | 41,222,856 |
| 영업이익 | 12,353,238 | 26,946,875 | 7,777,892 | 20,608,239 |
| 기타수익 | 495,382 | 1,101,167 | 496,993 | 1,178,934 |
| 기타비용 | 436,883 | 1,861,777 | 305,145 | 875,159 |
| 지분법이익 | 225,585 | 372,451 | 110,499 | 252,672 |
| 금융수익 | 2,328,991 | 7,889,952 | 2,796,372 | 7,864,491 |
| 금융비용 | 2,122,207 | 7,078,013 | 2,255,883 | 6,316,107 |
| 법인세비용차감전순이익(손실) | 12,844,106 | 27,370,655 | 8,620,728 | 22,713,070 |
| 법인세비용 | 3,483,413 | 7,569,953 | 2,333,064 | 6,201,245 |
| 계속영업이익(손실) | 9,360,693 | 19,800,702 | 6,287,664 | 16,511,825 |
| 당기순이익(손실) | 9,360,693 | 19,800,702 | 6,287,664 | 16,511,825 |
| 당기순이익(손실)의 귀속 | | | | |
| 지배기업의 소유주에게 귀속되는 당기순이익(손실) | 9,266,814 | 19,645,377 | 6,105,039 | 16,277,059 |
| 비지배분에 귀속되는 당기순이익(손실) | 93,879 | 155,325 | 182,625 | 234,766 |
| 주당이익 | | | | |
| 기본주당이익(손실) (단위 : 원) | 1,364 | 2,892 | 899 | 2,396 |
| 희석주당이익(손실) (단위 : 원) | 1,364 | 2,892 | 899 | 2,396 |

표 1-2 삼성전자 2019년 3분기 손익 계산서

현금 흐름표는 크게 영업활동과 투자활동, 재무활동으로 나누어 정리한다. 영업활동은 +, 투자활동은 −가 바람직하다. 영업활동이 +라는 것은 영업활동을 하면서 투입한 현금보다 벌어들인 현금이 많다는 의미다. 투자활동이 마이너스라는 점은 연구개발비로 현금이 투입되고 있다는 의미, 재무활동 +는 유상증자나 사채발행 등으로 기업에 자금이 조달됐다는 의미로 해석할 수 있다.

| 연결 현금 흐름표 | | |
|---|---|---|
| 제52기 3분기 2020.01.01 부터 2020.09.30 까지 | | |
| 제51기 3분기 2019.01.01 부터 2019.09.30까지 | | |

(단위 : 백만 원)

| | 제 52 기 3분기 | 제 51 기 3분기 |
|---|---|---|
| 영업활동 현금흐름 | 40,772,425 | 25,665,775 |
| 영업에서 창출된 현금흐름 | 42,818,005 | 35,438,488 |
| 당기순이익 | 19,800,702 | 16,511,825 |
| 조정 | 31,439,071 | 26,398,410 |
| 영업활동으로 인한 자산부채의 변동 | (8,421,768) | (7,471,747) |
| 이자의 수취 | 1,539,740 | 1,686,007 |
| 이자의 지급 | (296,614) | (439,802) |
| 배당금 수입 | 203,899 | 203,469 |
| 법인세 납부액 | (3,492,605) | (11,222,387) |
| 투자활동 현금흐름 | (34,929,523) | (21,462,218) |
| 단기금융상품의 순감소(증가) | (12,967,852) | 3,834,827 |
| 단기상각후원가금융자산의 순감소(증가) | 1,714,405 | (492,304) |
| 단기당기손익-공정가치금융자산의 순감소(증가) | 1,192,630 | 286,474 |
| 장기금융상품의 처분 | 8,259,277 | 2,500,701 |

| | | |
|---|---|---|
| 장기금융상품의 취득 | (5,256,013) | (8,004,950) |
| 상각후원가금융자산의 처분 | 906,108 | 195,809 |
| 상각후원가금융자산의 취득 | 0 | (825,027) |
| 기타포괄손익-공정가치금융자산의 처분 | 32,100 | 1,000 |
| 기타포괄손익-공정가치금융자산의 취득 | (161,161) | (52,762) |
| 당기손익-공정가치금융자산의 처분 | 28,597 | 52,462 |
| 당기손익-공정가치금융자산의 취득 | (74,730) | (112,056) |
| 관계기업 및 공동기업 투자의 처분 | 0 | 12,149 |
| 관계기업 및 공동기업 투자의 취득 | (76,980) | (9,778) |
| 유형자산의 처분 | 276,143 | 372,561 |
| 유형자산의 취득 | (26,979,206) | (17,482,933) |
| 무형자산의 처분 | 7,027 | 3,992 |
| 무형자산의 취득 | (1,891,145) | (829,061) |
| 사업결합으로 인한 현금유출액 | (49,420) | (971,911) |
| 기타투자활동으로 인한 현금유출입액 | 110,697 | 58,589 |
| 재무활동 현금흐름 | (6,333,279) | (9,079,433) |
| 단기차입금의 순증가(감소) | 1,551,624 | (1,340,893) |
| 사채 및 장기차입금의 상환 | (672,755) | (513,914) |
| 배당금의 지급 | (7,221,135) | (7,225,202) |
| 비지배지분의 증감 | 8,987 | 576 |
| 매각예정분류 | (44,710) | 0 |
| 외화환산으로 인한 현금의 변동 | 215,185 | 1,140,365 |
| 현금및현금성자산의 순증감 | (319,902) | (3,735,511) |
| 기초의 현금및현금성자산 | 26,885,999 | 30,340,505 |
| 기말의 현금및현금성자산 | 26,566,097 | 26,604,994 |

표 1-3 삼성전자 현금 흐름표

주석은 대차대조표와 손익계산서의 항목을 자세하게 설명해주는 설명서다. 대차대조표에 단기 대여금이 100억 원이라고만 적혀 있다고 치자. 그렇다면 주석에는 단기 대여금을 누구에게 얼마씩 빌려줬는지가 자세하게 나온다.

기업의 실적과 경영 현황을 보여주는 재무제표는 1년 전과 비교하는 게 정석이다. 직전 분기와 비교하는 것은 별로 의미가 없다. 왜냐하면 산업별로 계절적 요인이 있기 때문이다. 만약에 에어컨 판매를 주로 하는 회사가 있다고 치자. 이 회사는 여름이 성수기고, 겨울은 비수기다. 당연히 매출도 계절에 따라 들쭉날쭉할 수밖에 없다. 따라서 2020년 1~3월까지의 매출액과 그 해 4~6월까지 매출액을 비교하는 것은 다소 무리가 있다. 제대로 비교하려면 2019년 1~3월까지 매출액과 비교해야 한다. 그래야 이 회사의 매출액 성장률을 파악할 수 있다. 물론 계절적 요인이 별로 없는 산업의 경우에는 직전 분기와 비교해도 무방하다. 재무제표는 이처럼 기업의 경영성과를 측정하는 기초 자료가 된다.

이런 내용을 일일이 다 확인할 필요는 없다. 증권사 HTS와 포털사이트에서는 재무제표를 간단한 그래픽으로 보여준다. 네이버 메인창에서 삼성전자를 치고 스크롤을 내리다 보면 이런 내용을 볼 수 있다. 여기서 재무정보를 클릭한다. (그림 1-2)

종목분석과 재무분석을 차례로 클릭하면 아래에 포괄손익계산서와 재무상태표와 현금 흐름표 등을 볼 수 있다. (그림 1-3) (그림 1-4)

그림 1-2 삼성전자

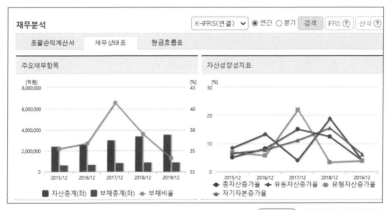

그림 1-3 삼성전자 재무상태표

그림 1-4 삼성전자 포괄손익계산서

# 주식 찾는 투자지표, PER와 PBR은 낮을수록 좋다

주식도 다른 투자 상품과 마찬가지로 쌀 때 사서 비싸게 팔 때 수익이 극대화된다. 따라서 저평가 주식을 찾아야 하고, 저평가 주식을 찾는 지표는 다양하다. 그 가운데서 가장 대표적인 것이 바로 주가 주식비율(PER)과 주가 순자산비율(PBR)이다.

기업의 가치는 어떻게 평가할까? 시가총액이 가장 기본적인 개념이다. 시가총액은 주식 수×주가다. 삼성전자는 2020년 12월 현재 시가총액이 약 440조 원이다. 주식 수는 약 59억 주인데, 주가는 7만 3,000원 정도다. 당연히 주가가 오르면 시가총액(기업가치)도 오른다.

기업은 이윤 창출이 목적이다. 따라서 꾸준히 당기 순이익이 증가할 때 시가총액도 증가한다. 당기 순이익은 그대로라면 시가총액도 변동이 없다. 그런데 당기 순이익이 2배가 됐는데, 주식 수도 2배가 됐다면 어떻게 될까?

A기업의 시가총액이 100억 원이고, 주식 수는 100주, 그리고 주가는 1억 원이라고 하자. 당기 순이익이 2배가 됐으니 시가총액은 200억 원이 된다. 주식 수는 200주로 늘었으니 주가는 그대로 1억 원이다. 많은 기업들이 유상증자나 전환사채 발행 등을 통해 자금을 조달하고, 그렇게 되면 주식 수는 늘어난다. 따라서 주가를 평가할 때는 1주당 당기 순이익이 어떻게 되는지를 따져봐야 한다. 주당 단기순이익을 EPS(Earning Per Share)라고 한다. 주당 순이익이 늘어난다는 것은 회사가 날로 좋아진다는 의미다.

> 주당 순이익(EPS) = 당기 순이익 / 발행주식 수

이제 현재의 주가가 주당 순이익 대비 높은지, 낮은지를 알아야 한다. 이때 필요한 것이 바로 주가 수익 비율, PER(Price Earning Ratio)다. 주가 수익 비율이라는 명칭처럼 주가가 주당 순이익 대비 얼마나 되는지 체크하는 지표이고 다음과 같이 계산한다.

> ## PER(주가수익비율) = 주가 / EPS(주당순이익)

PER가 10이면 주당 순이익이 그대로 유지된다면 현재 주가가 되려면 10년이 걸린다는 의미다. 만약 PER가 50이라면 50년이 걸리는 셈이다.

흔히 PER가 10미만이라면 저평가라고 하기도 하지만, 이는 맞는 얘기가 아니다. 한 종목의 PER가 높은지 낮은지는 업종 평균과 비교해야 한다. 바이오 종목의 경우에는 PER가 100배가 넘기도 하지만, 전통 제조업의 경우에는 PER가 5정도밖에 안 되는 경우도 있다. 기대 수익률이 높고, 성장주일수록 PER가 높다. 스포츠와 비교하면 이강인 선수처럼 나이가 어리지만 잠재력이 높은 선수에 대한 기대감이 높은 반면, 은퇴 직전인 선수에 대한 기대감은 평균 이하이다. PER라는 것은 종목에 대한 기대감이라고 해도 무방하다.

삼성바이오로직스의 PER를 확인해보자. 네이버 메인창에 '삼성바이오로직스'를 입력하고, 증권정보에서 재무정보를 클릭하자. 종목분석→기업 현황을 보면 삼성바이오로직스의 PER가 149.32이고 업종PER는 109.48이다. 업종 평균보다 삼성바이오로직스가 고평가됐다고 해석하면 된다.

그런데 주가는 선행지수이다. 주가는 일반적으로 한 기업의 6개월 후의 가치, 심할 때는 1년 또는 2년 후의 가치를 보여준다. 따라서 기업의 주가가 향후 오를지, 내릴지 판단하려면 1~2년 후의 당기 순이익을 예측할 수 있어야 하고, 여기에다 적절한 PER를 주면 향후 주가를 어느 정도 예측할 수 있다.

PER=주가/EPS라는 점은 앞에서 설명했다. 여기서 다음과 같은 식이 나온다.

> ## 적정 주가 = 예상 EPS*PER

애널리스트들은 다양한 지표와 분석을 통해 특정 기업이 향후 얼마만큼의 당기 순이익을 낼지 추산한다. 그리고 적절한 PER를 부여해서 예상 주가를 제시한다.

네이버에서 예상 EPS를 찾아보자. 메인창에 삼성바이오로직스를 입력하고, 재무정보 → 종목분석 → 컨센서스를 입력하자. (그림 1-5)

(그림 1-5) 삼성바이오로직스 재무정보

그리고 아래 선택창에서 K-IFRS(연결)과 PER를 선택하고 검색을 눌러 보자. 아래 2020년 말부터 3년 동안의 예상 EPS가 나오는 것을 볼 수 있다. 그리고 PER는 그동안 나왔던 PER의 평균 정도를 주거나, 성장성이나 영업 이익율이 높다면 좀 더 줘서 적정 주가를 계산하면 된다.

2021년 12월말 기준 예상EPS는 5,420원이다. 여기다 PER를 200을 주면 주가가 108만 4,000원 정도 되고, 100을 주면 5만 4,200원이 된다. (그림 1-6)

저평가 주식을 찾는 데 유용한 또 다른 지표는 PBR(주가 순자산비율)이 다. 이는 한 기업의 주당순자산에 비해 주가가 얼마나 되는지를 보여주는 지표다.

| 재무연월 | 매출액<br>(억원) | YoY<br>(%) | 영업이익<br>(억원) | 당기순이익<br>(억원) | EPS<br>(원) | BPS<br>(원) | PER<br>(배) | PBR<br>(배) | ROE<br>(%) | EV/EBITDA<br>(배) | 주재 무제 표 |
|---|---|---|---|---|---|---|---|---|---|---|---|
| 2016.12(A) | | | | | | | | | | | IFRS연결 |
| 2017.12(A) | | | | | | | | | | | IFRS연결 |
| 2018.12(A) | | | | | | | | | | | IFRS연결 |
| 2019.12(A) | | | | | | | | | | | IFRS연결 |
| 2020.12(E) | 10,748.9 | | 2,688.6 | 2,273.0 | 3,435 | 64,369 | 233.46 | 12.46 | | 125.90 | IFRS연결 |
| 2021.12(E) | 13,142.0 | 22.26 | 3,753.5 | 3,586.0 | 5,420 | 69,734 | 147.98 | 11.50 | 8.08 | 99.12 | IFRS연결 |
| 2022.12(E) | 14,871.8 | 13.16 | 4,616.1 | 4,589.5 | 6,936 | 76,306 | 115.62 | 10.51 | 9.50 | 83.90 | IFRS연결 |

* (A)는 실적, (E)는 컨센서스

(그림 1-6) 삼성바이오로직스 예상 EPS

> 주가 순자산비율 = 주가 / 1주당 자산

PBR이 1이라는 것은 기업의 시가총액과 자산이 같다는 의미다. 당장 기업을 청산하더라도 시가총액만큼의 자산이 있다는 말이다. 이 때문에 PBR을 청산가지라고도 하고, PBR이 1보다 낮으면 주가가 저평가됐다고 볼 수 있다.

예상 EPS와 적정 PER를 계산하는 것은 전문적인 애널리스트들도 하기 힘든 일이다. 따라서 투자자들은 자신만의 노하우와 통찰력으로 끊임없이 주식의 적정 가치를 평가해보는 노력이 필요하다.

### 작전 세력을 이기는 주식투자 비법 ①

1. 재무제표는 기업의 건강검진 결과서라고 할 수 있다. 재무제표를 보면서 기업이 병을 앓고 있는지 알아내야 한다.

2. PER는 낮을수록 저평가됐다는 의미다. PER는 업종 평균과 비교해야 한다.

3. PBR도 낮을수록 저평가됐다는 의미다. 1보다 낮으면 당장 청산하더라도 기업의 순자산이 시가총액보다 많을 정도로 저평가된 것이다.

# 거품을 동반하는
# 테마 주를 경계하라

한국 증권시장에서 테마 주는 유난히 극성을 부린다. 엔터테인먼트, 바이오, 자원 개발, 신재생 에너지, 태양광, 녹색 성장, 우주 항공, 원자력발전, 코로나19, 구제역 등 이루 다 헤아릴 수 없을 정도다. 테마 주가 극성을 부리는 이유는 간단하다. 테마를 이용해 벼룩의 간이라도 빼먹으려는 세력이 있기 때문이다. 테마는 항상 거품을 동반한다. 기업 실적이나 내실과는 별개로 특정 소재를 바탕으로 주가가 단기간에 급등하고, 결국은 제자리로 돌아온다는 점을 명심하라.

돈을 잃는 것은 적게 잃은 것이다.
그러나 명예를 잃은 것은 크게 잃은 것이다.
더더욱 용기를 잃는 것은 전부를 잃는 것이다.

― 윈스턴 처칠

# 미다스의 손

## 방계

　왕좌를 거머쥔 자만을 기억하는 것이 권력의 속성이다. 권력을 맛본 사람들은 꿔다놓은 보릿자루처럼 존재감 없이 지내는 것보다 호사가들의 도마 위에 올라 난도질을 당하는 게 차라리 낫다고 생각하곤 한다.

　구민승, 그의 마음속엔 조바심이 똬리를 틀고 있었다. 삼성그룹과 어깨를 나란히 하는 국내 굴지 LC그룹의 일가. 그러나 적통의 후손도 아닌 방계라 명함도 내밀지 못하는 신세였다. 자신 또한 부모를 잘 만나 넉넉하게 사는 블러드 엘리트(Blood elite)지만, 답답함은 가시지 않았다. 그가 원하는 것은 화려한 데뷔식이었다. 재계에 이름을 날리며 자신의 존재를 알려야 풀리지 않는 답답함을 시원하게 날릴 수 있을 것 같았다.

　데뷔식을 위해 활용할 수 있는 건 자신이 대주주로 있는 물류 회사인 범현로지스틱스와 자회사 범현여행. 범현로지스틱스는 그와 그의 어머니 지분을 합치면 100%. 주식회사지만 실제로는 개인 회사나 마찬가지였다. 그리고 범현여행은 범현로지스틱스가 대주주였다. 구민승, 범현로지스틱스, 범현여행으로 연결되는 구조였다.

구민승은 얼마 전부터 범현여행을 증권시장(줄여서 증시)에 상장(거래소에서 거래가 이루어지게 하는 것)시키는 방안을 연구하고 있었다. 화려한 데뷔식은 물론 자금 조달에도 숨통을 틔울 수 있기 때문이었다. 무엇보다 '재벌'이라는 간판은 성공의 보증수표가 되어줄 것이다. 개인 투자자들은 재벌이란 달콤한 유혹에 빠져들 게 뻔했다. 재물은 개미.

하지만 범현여행의 실적이 문제였다. 한국거래소의 상장 심사를 거쳐 증권시장에 데뷔하기에는 매출액과 순이익이 형편없었다. 남은 방법은 우회상장(상장된 기업을 인수해 상장 효과를 누리는 것)뿐이었다. 껍데기만 남은 회사의 경영권을 인수해 범현여행과 합병시키겠다는 복안이 섰다. 결심은 점점 굳어졌다.

## 입성

"휴, 이제야 끝났군요."

구민승이 계약서에 사인을 하고는 긴 한숨을 내쉬었다.

"그러게요. 증권시장 입성을 축하드립니다."

미디어튜브 대주주인 임성진이 손을 뻗어 구민승에게 악수를 청했다.

첫 협상이 결렬된 지 석 달여 만에 가까스로 의견 일치를 보았다. 그동안 구민승은 우회상장에 필요한 셸(실적이 저조해 사실상 껍데기만 남은 상장업체)을 찾는 지루한 마라톤을 해왔다. 미디어튜브 대주주는 지분의 100%에 해당하는 금액을 경영권 프리미엄으로 요구했다. 구민승으로서는 받아들이기 힘든 제안이었다. 금액 차이로 수차례 결렬됐지만, 구민승은 쉽게 놓치고 싶지 않았다. 그만큼 적당한 셸을 찾기가 어려웠기 때문이다. 결국 인수 자금을 마련할 때까지 기다려달라고 애원하다시피 한 끝에 경영권을 넘겨받는 계약을 맺었다.

이젠 구체적인 인수 방법을 세울 차례. 곧바로 부티크로 향했다. 미디어 튜브를 그에게 소개했고, 수개월 동안 인수 작업을 함께 했던 오재성 부장이 사무실에 대기한 채 그를 기다리고 있었다.

"일단 유상증자(신주를 발행함으로써 자금을 새로 조달하여 자본금을 늘리는 일)에 참여하고, 신주인수권부사채(발행 기업의 주식을 매입할 수 있는 권리를 부여한 사채)를 인수하면 될 듯싶어요. 그래도 넘겨받을 대주주 지분이 좀 적으니까 일부는 장외에서 매수하시면 될 것 같고요. 아마 비우호 지분일 겁니다."

오재성은 물 흐르듯 구체적인 인수 방식을 제시했다.

"신주인수권부사채까지 인수할 필요 있나?"

구민승은 사채 인수에 회의적이었다.

"유상증자 참여할 때 보호예수(일정 기간 동안 주식을 팔지 않는 것)를 걸어야 금융감독원의 승인이 잘 떨어집니다. 그런데 보호예수 걸리면 1년 동안 주식을 못 팔거든요. 반면에 신주인수권부사채는 일단 물량 받으면 언제든 팔 수 있어요."

"그렇군."

구민승이 고개를 끄덕였다.

"그럼요. 주가가 오르면 투자 비용은 빨리 회수해야 하지 않겠습니까? 신주인수권부사채만한 게 없어요."

오재성의 설명은 명쾌했다. 증권시장에서만 수십 년 잔뼈가 굵은 베테랑답게 복잡한 인수 과정을 일목요연하게 풀어나갔다. 구민승은 오 부장의 제안대로 A4 용지에 인수 방법을 적어 내려가기 시작했다.

1. 미디어튜브 대주주 지분을 장외에서 매수한다.
2. 비우호 지분을 장외에서 인수한다.
3. 미디어튜브 제3자 배정 유상증자에 참여해 신주를 인수한다.
4. 미디어튜브에서 발행하는 신주인수권부사채를 최소 150만주 인수한다.

인수 방법을 다 써 내려갈 때쯤, 그의 펜 끝이 멈칫했다.

'인수 자금.'

어림잡아 봐도 인수에 필요한 자금만 300억 원에서 400억 원. 그의 수중에 있는 돈은 50억 원. 자신의 회사인 범현로지스틱스를 끌어들이더라도 인수 자금은 감당하기 힘든 금액이었다. 하지만 이미 인수하겠다고 말을 꺼내놓은 마당에 물러설 수도 없었다. 이미 주사위는 던져졌다.

## 구세주

공항을 빠져나오자마자 하늘을 찌를 듯 솟아 있는 마천루가 산줄기처럼 펼쳐졌다. 자본주의의 첨병이 총성 없는 전쟁을 벌이는 곳, 홍콩이다.

자동차를 타고 달려오기를 한 시간여, 크레딧 스위스 지점이 눈앞에 펼쳐지자 구민승의 가슴은 주체할 수 없이 뛰었다. 어릴 적부터 삼촌이라 불렀던 인물, 믿을 사람이라곤 그밖에 없었다.

"구민승 씨 되십니까?"

호리호리한 체구에 말쑥하게 차려입은 한국인이 말을 건넸다.

"네, 그렇습니다만……."

구민승은 읽고 있던 신문을 내려놓으며 짧게 답했다.

"이쪽으로 오시죠."

호리호리한 한국인이 그를 VIP실로 안내했다.

방에 들어서자마자 구민승은 머리가 희끗희끗한 50대 남성에게 한달음에 다가가 악수를 청했다.

"삼촌, 저 왔습니다."

"그래, 오느라 고생했다."

재미 교포 사업가 조평선. 아니 항간에는 과거 정권의 재산관리인으로 더 잘 알려진 인물. 하지만 그에게는 어렸을 적부터 부모와 둘도 없이 친하게 지냈던 이웃사촌이었다.

"그래, 중요한 일이라도 있는 거니?"

조평선은 구민승이 예정에도 없던 홍콩행을 감행한 이유가 궁금했던 터였다.

"이번에 범현여행을 우회상장하려는데, 자금이 부족하니 도와주세요."

구민승은 다짜고짜 우회상장 계획을 꺼냈다.

"계획은 세웠니?"

구민승은 소파에 앉자마자 우회상장 계획을 속사포처럼 쏟아냈다. 말쑥하게 차려입은 한국인은 그가 이야기하는 내용을 적어 내려갔고, 조평선은 지그시 눈을 감은 채 이야기를 경청했다.

구민승은 먼저 조평선이 차명으로 소유한 홍콩계 펀드와 크레딧 스위스 계좌를 빌려달라고 요구했다. 자신이 미디어튜브 유상증자에 참여할 때 조평선의 홍콩계 펀드도 함께 투자하게 할 요량이었다. 외국인이 투자에 참여했다는 뉴스를 흘려 개미들을 들끓게 하기 위해서였다. 하지만 엑시트(투자금을 회수하는 절차)가 문제였다. 조평선의 자금과 홍콩계 펀드로 주가를 한껏 밀어올릴 수는 있지만, 감시의 눈을 피해 빠져나오는 게 관건이었다.

"삼촌, 그리고 제가 신주인수권부사채를 인수하면, 그걸 주당 4만 원에 사주세요."

구민승이 나름대로 준비한 엑시트 계획을 꺼냈다.

"너무 비싼 거 아니냐. 지금 주가가 7,000원대인데……."

조평선은 미심쩍은 듯 양미간을 찌푸렸다.

"아닙니다. 그래야 주변에서 의심하지 않습니다. 제가 일단 삼촌에게 신주인수권부사채를 팔아서 투자 자금을 회수할게요. 4만 원에도 해외 펀드가 투자했다면서 개미들이 미친 듯이 들어올 겁니다. 그러면 삼촌께서 빠져나오시는 거예요."

조평선은 그제야 고개를 끄덕이며 엷은 미소를 지었다. 긍정의 표시였다.


## 이중플레이


"황 상무, 250개만 준비해둬."

구민승이 대주주로 있는 범현로지스틱스 회장실. 구민승은 자신의 신복인 황 상무에게 250억 원 조달을 지시했다. 조평선의 자금으로는 총알이 부족했기 때문이다. 그렇다고 수중에 자금이 있는 것도 아니었다. 방법은 자신이 대주주로 있는 범현로지스틱스에서 빌리는 것. 하지만 말이 대여일 뿐, 뚜렷한 담보도 제공하지 않은 횡령이었다.

그는 황 상무를 돌려보내고, 휴대전화를 들었다.

"저, 구민승입니다. 일전에 9,000원에 매수하겠다고 했는데, 장내에서 7,000원대 중반에서 8,000원대로 팔아주실 수 있겠습니까?"

미디어튜브 대주주 임성진과는 다른 배를 탄 이현철이었다. 다름 아닌 비우호 지분 보유자.

"그럼 차액은 어떻게 하시려고요?"

이현철은 이해할 수 없다는 듯 되물었다.

"아 그건, 당연히 보전해드려야죠."

구민승은 휴대전화에 대고 미디어튜브 지분 10%를 가지고 있는 이현철에게 귓속말하듯 속삭였다. 미디어튜브 최대 주주의 지분은 20% 남짓이었다. 모두 인수한다 해도 경영권 확보에는 조마조마한 지분율이었다. 그래서 추가 지분 확보가 필요했고, 최대 주주의 비우호 세력인 이현철의 지분을 인수하기로 작정하고 있었다. 그는 얼마 전 이현철에게 미디어튜브를 인수합병(M&A)할 것이라며 보유 지분 10%를 주당 9,000원에 넘기라고 제안했고, 이현철도 승낙했다. 그렇다면 장외에서 지분 매매 계약을 맺으면 될 터였다. 그런데 구민승이 갑자기 장내에서 이현철에게 지분 매도를 요청한 것이다. 9,000원보다 낮은 가격에 팔아 생긴 손해를 모두 보전해 주겠다고 약속했으니 이현철로서는 거절할 이유도 명분도 없었다.

하지만 구민승, 그가 무슨 생각을 하는지 알 수 없었다. 어차피 장외에서 지분을 인수하든, 장내에서 인수하든 구민승이 지급해야 할 금액은 주당 9,000원. 그런데 그가 굳이 장내에서 인수하려고 하는 건 무슨 꿍꿍이일까.

"시작해주시죠."

장이 끝나기 2시간 전, 구민승은 이현철에게 매도를 요청했다.

직전 체결가는 8,190원. 이현철은 8,000원에 매도 주문을 냈고, 조금씩 가격을 낮췄다. 구민승도 미리 사두었던 주식에 매도 주문을 넣었다. 물량이 쏟아지면서 주가는 아니나 다를까 곤두박질쳤다. 장 종료 20분을 남겨둔 3시 10분 현재, 체결가는 7,500원.

구민승은 쾌재를 불렀다.

"접니다. 7,600원에 8만주 매수해주세요."

그가 전화를 건 사람은 홍콩에 갔을 때 그를 조평선에게 안내했던 호리호리한 남자. 바로 크레딧 스위스 직원이자 조평선의 재산 관리인인 김용선이었다.

"어, 이상한데요. 체결이 안 됩니다."

김용선의 목소리는 다급했다.

"뭐라고요? 그게 무슨 소립니까?"

구민승은 수화기를 바짝 입으로 당기며 허둥댔다.

"전산에 문제가 있나봅니다. 매도(주식을 팔아넘김) 주문을 일단 취소하세요. 지금 체결이 안 됩니다."

잘못하면 저가에 매도 주문한 수량을 누군가 거둬갈 수도 있는 상황. 구민승은 바로 이현철에게 전화를 걸어 매도 주문 취소를 요청했고, 이현철은 물량을 다시 거둬들였다. 등골을 타고 진땀이 흘렀다. 그나마 물량을 뺏기지 않고 주가가 7,300원으로 떨어진 채 장이 끝난 게 다행이었다.

이제 남은 건 정규 장이 끝나고 단일가로 체결되는 시간 외 시장(오전 9시에서 오후 3시 30분까지의 정규매매 거래시간 이전 또는 이후 매매하는 제도). 구민승은 이현철에게 블록딜(가격과 물량을 미리 정해놓고 특정 주체에게 일정 지분을 묶어 일괄 매각하는 지분 매각 방식)을 요청했다. 그리고 김용선에게 다시 전화를 걸어 시간 외로 나온 물량을 사들이라고 지시했다.

주식시장에서 한순간의 실수는 곧 막대한 손실을 가져온다. 하마터면 저가에 물량을 빼앗길 뻔한 아찔한 순간을 모면하고, 비우호 지분까지 모두 회수했다. 구민승이 거둬들인 물량은 29만주, 평균 매수 가격은 7,300원. 전체 물량의 9%에 달하는 수준이었다. 다시 그의 얼굴에 미소가 서렸다.

'이제 유상증자 가격을 낮출 수 있겠군.'

구민승은 들릴 듯 말 듯한 목소리로 중얼거렸다. 장외에서 주당 9,000원에 비우호 지분을 모두 매수할 수 있었는데도 굳이 장내 매수를 고집한 구민승. 그는 거래 가격을 토대로 결정되는 유상증자 가격을 낮추려고 장내에서 주식을 사들였던 것이다.

## 결전의 날

"제3자 배정 유상증자(회사에서 지정한 사람에게 유상증자를 하는 것)와 신주인수권부사채 발행이 이사회를 통과했음을 알립니다."

미디어튜브 이사회가 구민승의 제3자 배정 유상증자 참여와 신주인수권부사채 인수를 승인하는 순간이었다. 이로써 구민승은 사실상 미디어튜브 인수를 확정했다.

유상증자 참여자는 구민승을 비롯해 홍콩계 펀드인 글로리초이스차이나,

스카이에셋, 그리고 크라운 그랜드. 유상증자 물량은 150만주, 유상증자 가격은 7,000원으로 결정됐다. 물론 홍콩계 펀드는 조평선이 실제 주인이었다. 그리고 신주인수권부사채는 구민승이 180만주를 주당 8,300원에 전량 인수하는 것으로 매듭지었다.

오후가 되면서 주가는 천정부지로 치솟기 시작했다. 공시 전이었지만 이사회 결의가 끝나자마자 전염병처럼 구민승의 증권시장 입성 소문이 퍼졌다. 주가의 기세는 마치 상어가 먹이를 삼키듯 거침없었고, 쏟아지는 물량은 상어의 입속으로 순식간에 사라졌다. 말할 것도 없이 상한가(주가가 가격 제한 폭인 15%까지 오르는 것). 구민승의 증권시장 입성을 알리는 축포였다.

## 탈출

구민승은 계약대로 유상증자에 참여한 지 일주일 만에 미디어튜브 신주인수권부사채 1주당 8,300원에 180만주를 사들였다. 또 미디어튜브 최대 주주에게서 지분 20%에 해당하는 82만주를 80억 원에 사들였다. 이로써 인수 작업은 마무리됐다.

주가는 연일 고공 행진이었다. 유상증자 참여 전날 7,300원으로 끝났던 주가는 13거래일(9월 28일~10월 18일) 동안 상한가 행진을 계속한 끝에 3만 8,000원까지 급등했다. 개미들은 살 수 있는 물량이 없다며 아우성이었다.

'이제는 빠져나갈 시간이군.'

구민승은 혼잣말로 중얼거렸다.

오후 무렵, 공시가 나왔다. 구민승이 가지고 있던 미디어튜브의 신주인수권부사채 180만주 중 절반인 90만주를 주당 4만 5,000원에 홍콩계 회사인 카인드익스프레스에 매각한다는 내용이었다.

엄청나게 오른 주가보다 더 높은 가격으로 외국계 투자사가 신주인수권 부사채를 사들이다니. 개미들은 회사가 그만한 가치가 있다고 생각할 게 뻔했다. 그렇게 개미들이 주식을 보유하거나 더 사들이도록 한 후에 자신은 유유히 빠져나갈 생각이었다. 조평선과 미리 약속한 탈출 전략이었다.

매각이 성사되면 구민승이 거머쥐게 되는 돈은 300억 원. 범현로지스틱스에서 빼온 250억 원을 갚고도 남는 돈이었다.

"회장님, 황 상무가 급하게 드릴 말씀이 있답니다."

전화를 연결하는 비서의 목소리가 잠시 떨렸다.

"어? 황 상무, 무슨 일이야?"

구민승은 인터폰의 수화기를 집어 들었다.

"기자들이 난리도 아닙니다. 갑자기 보름 만에 지분을 판 이유가 뭔지 묻는데 어떻게 할까요?"

황 상무는 초조한 목소리로 답을 기다렸다.

"카인드익스프레스는 장기 투자 목적으로 참여했다고 하고, 90만주를 팔더라도 경영권 확보에는 문제가 없다고 말해."

구민승은 자못 여유 있는 말투로 황 상무에게 말을 전했다.

## 먹튀

회사에 출근하자마자 신문을 펼쳐 든 구민승의 미간이 잔뜩 구겨졌다. 그가 지분을 매각한 이유와 카인드익스프레스의 정체에 대해 의혹의 눈초리를 보내는 기사가 실렸다. 한마디로 '먹튀' 아니냐는 의혹이었다.

미디어튜브 최대 주주 구민승 씨가 한 달여 만에 지분 일부를 팔았다.

구씨가 지분을 매각하면서 미디어튜브 주가도 13일 연속 상한가를 마감했다. 이 회사 주가는 지난달 구씨가 경영 참여 목적으로 지분을 인수했다는 소식이 알려지면서 연일 상한가를 기록했다. 특히 개인 투자자들까지 추격 매수에 나서면서 주가가 무려 5배 이상 뛰었다. 구씨가 팔아치운 신주인수권부사채(BW, Bond with Warrant) 중 절반인 90만주는 홍콩계 투자 회사인 '카인드익스프레스'가 사들였다. 매각 금액은 총 405억 원에 달한다.

구씨가 신주인수권부사채 180만주를 151억 원에 인수한 것을 감안하면 한 달도 안 돼 330억 원의 시세 차익을 남겼다. 미디어튜브 측은 "카인드익스프레스의 투자 목적은 장기 보유"라며 "신주인수권부사채를 매각해도 구씨의 지분율은 1대 주주"라고 설명했다.

하지만 구씨의 지분 매각 이유에 대해선 "개인적인 사정으로만 알고 있다"라고 덧붙였다. 구씨의 지분 인수 소식에 뒤늦게 투자에 나선 개미 투자자들만 낭패를 볼 처지에 놓이게 됐다.

전문가들은 "경영 참여 목적으로 지분을 인수한 후 단기간에 지분 일부를 매각하는 것은 보기 드문 일"이라고 지적했다.


순조롭게 진행되던 작업에 마찰음이 들렸다. 장이 열리면서 하늘 모르고 치솟던 주가도 게걸음을 쳤다. 이대로라면 카인드익스프레스가 인수한 신주인수권부사채를 다시 매각하기가 쉽지 않을 것이라는 생각이 불현듯 스쳤다. 그의 마음 언저리에 여유가 사라지고, 조바심이 움트기 시작했다.

# 돈 비린내

"그래서 지금 손실이 얼마야?"

김용선의 설명을 듣던 조평선은 연거푸 물을 들이켰다.

"그게……."

조평선의 볼멘소리에 김용선은 말꼬리를 내렸다.

4만 5,000원에 인수하기로 계약한 신주인수권부사채. 하지만 언론에서 의혹을 제기하면서 주가는 3만 원대 초반에서 맥을 못 추고 있었다.

'어린 녀석에게 당한 것일까?'

구민승의 제안에 선뜻 응한 게 문제였다. 우회상장할 범현여행의 가치를 생각해볼 겨를도 없이 그럴싸한 작전에 휘말렸다는 후회가 밀물처럼 밀려들었다.

"구민승 연결해."

조평선은 다시 한 번 김용선을 다그쳤다.

"삼촌이다. 어떻게 된 거냐? 주가가 빌빌거리고 있잖니."

조평선의 언성이 높아졌다.

"걱정하지 마십쇼. 대책을 마련하고 있습니다."

"대책이고 뭐고, 적정 수익 보장한다는 약정서 하나 써라. 그렇지 않으면 나도 신주인수권부사채 인수 대금 납입할 수 없으니까."

이미 구민승이 보유한 신주인수권부사채 90만주를 카인드익스프레스가 인수했다는 공시가 나간 상태. 그런데 이제 와서 대금을 주지 않으면 주가는 곤두박질칠 게 뻔한 일이었다.

조평선은 구민승을 벼랑 끝으로 몰아가고 있었다.

"알겠습니다. 일단 삼촌이 투자한 금액의 원금을 보장한다는 확인서 정도 쓰면 되겠습니까?"

구민승의 얼굴이 점점 굳어졌다.

"그것도 좋다만 주가와 상관없이 원금과 일정 수익을 보장한다는 조건이면 좋겠는데……."

비린내가 구민승의 코끝을 맴돌았다. 돈 비린내였다. 자본주의의 총아는 항상 인간을 시험하곤 한다. 인간은 교환의 매개체로 돈을 만들었지만, 돈은 인간의 저열한 본성을 자극해 인간성의 밑바닥까지 드러내도록 종용한다.

삼촌이라며 따랐던 사람이지만 그 또한 자본주의 사회에 사는 돈의 노예일 수밖에 없다. 그를 원망하고 싶지도, 비난하고 싶지도 않았지만 입맛이 씁쓸한 건 어쩔 수 없었다.

## 파국

하루하루가 즐거운 나날이었다. 구민승은 이제 증권시장에서 '미다스의 손'으로 통했다. 미디어튜브를 시작으로 액티디아와 엠피디, 동민철강. 손대는 것마다 대박을 터트렸다. 화려한 데뷔식을 꿈꿨던 그에게 이렇게 뜨거운 스포트라이트가 쏟아질 줄은 몰랐다. LC그룹 쪽에서는 너무 나대지 말라는 메시지가 가끔씩 전해졌지만, 그에게는 시샘으로밖에 느껴지지 않았다.

"회장님, 큰일 났습니다!"

회장실 문을 박차고 들어온 황 상무가 숨을 헐떡이며 말을 뱉었다.

"무슨 일이야?"

여느 때처럼 아침 일찍 출근해 모닝커피를 마시던 구민승의 눈이 휘둥그레졌다.

"검찰, 검찰이……."

황 상무의 말이 끝나기도 전에 건장한 수사관 서너 명이 회장실로 들이닥쳤다.

"구민승 씨, 당신을 증권거래법 위반 및 배임 등의 혐의로 체포합니다. 당신은 변호인을 선임할 권리와 묵비권을 행사할 권리가 있습니다."

'이게 무슨 일인가?'

구민승의 뇌리에 조평선이 스쳐 지나갔다.

'혹시 삼촌이 나를……'

조평선은 2003년 출국한 뒤로 줄곧 미국과 홍콩을 오가며 생활해 왔다. 그런데 무슨 일인지 5년 만에 입국했다가 곧바로 검찰에 끌려가 조사를 받았다. 검찰은 조평선이 김우전 전 대연그룹 회장으로부터 대연그룹이 해체되지 않도록 정권에 로비를 해달라는 부탁을 받고, 로비에 관여했는지 추궁했다. 수사의 핵심은 대연그룹 구명 로비였다.

'그런데 갑자기 왜 나를……'

구민승은 자신에게까지 불똥이 튈 줄은 전혀 몰랐다는 듯 망연자실한 표정이었다. 수사관 2명이 승용차 뒷좌석에 앉은 자신을 양쪽에서 붙들고 있어 옴짝달싹할 수 없었다.

'나를 체포할 때 증권거래법 위반과 배임 혐의라고 하지 않았나. 그럼 삼촌과 내 일을 모두 알고 있단 말인가?'

구민승의 머릿속은 혼란 그 자체였고, 의문이 꼬리에 꼬리를 물었다. 어느새 구민승을 태운 승용차는 출근 차량을 헤집고 대검찰청 청사로 미끄러져 들어가고 있었다.

# 사건의 진실

'미다스의 손'은 LG가 방계인 구본호의 주가조작 사건을 소재로 한 이야기다. 구본호는 코스닥 업체인 미디어솔루션을 통해 자신이 소유하던 범한여행(현 레드캡투어)을 우회상장시키면서 재벌가 테마의 신호탄을 올렸던 인물이다. 미디어솔루션은 구씨의 우회상장으로 13일 연속 상한가를 기록했고, 주가는 7,000원대에서 3만 원 후반대까지 5배가량 급등했다. 구본호가 LG가의 방계였고, 홍콩계 펀드까지 투자했다는 점이 주가 상승에 기름을 끼얹었다. 구본호는 이후에도 액티패스(현 액티투오)와 동일철강, 엠피씨(현 한국코퍼레이션) 등에 투자했고, 손대는 종목마다 엄청난 수익을 올리면서 '미다스의 손'으로 불리기 시작했다.

구본호가 주가조작에 나서게 된 배경은 알려지지 않았다. 다만 주가조작 과정에 M&A에 정통한 남모 씨가 개입해 모든 것을 설계했다는 말도 흘러나온다.

하지만 꼬리가 길면 잡히는 법. 대검찰청 중앙수사부는 2008년 6월 무기 중개상 조풍언의 대우그룹 구명 로비 사건을 한창 수사하다 갑자기 구본호를 증권거래법 위반 등의 혐의로 체포해 구속 기소했다.

검찰은 미디어솔루션 유상증자에 참여한 홍콩계 펀드와 신주인수권부사채를 인수했던 외국계 투자 회사가 모두 무기 중개상인 조풍언 씨의 소유라는 점을 밝혀냈다. 구본호의 요구로 조풍언이 동원됐다는 게 드러난 셈이다.

검찰은 국내 투자자인데도 마치 외국계 펀드인 것처럼 속여 주가를 부양한 만큼 증권거래법상 사기적 부정거래에 해당한다는 판단을 내렸다. 또한 검찰은 구본호가 인수 작업에 쓴 250억 원도 범한판토스(현 판토스)에서 정당한 담보도 제공하지 않고 빼돌린 것이라고 판단했다.

여기다 신주인수권부사채를 인수하는 데 법한판토스로부터 대여한 자금이 투입됐는데도 금융감독원에 대량보유상황보고서를 제출하면서 '자기 자금'으로 기재한 것은 허위 공시라고 판단했다. 구본호가 제3자 배정 참여 가격을 낮추기 위해 시세조종을 했다는 점도 기소 내용에 포함됐다.

1심 법원도 검찰이 기소한 혐의 내용을 대부분 받아들였다. 법원은 또 구본호와 조풍언이 주가조작을 통해 모두 580억여 원의 시세 차익을 남겼다는 결론을 내렸다.

1심 판결 중의 일부는 대법원에서 뒤집혔다. 특히 대법원은 미디어솔루션 유상증자에 참여한 홍콩계 펀드의 실제 소유주가 조풍언인데도, 마치 외국인이 투자한 것처럼 속였다고 판단한 1심을 받아들이지 않았다. 조풍언이 실제로 미국 국적의 외국인이라서 우리가 흔히 말하는 '검은 머리 외국인(외국인을 가장한 국내 투자자)'으로 볼 수 없다는 결론이었다. 구본호는 파기환송심을 거쳐 징역 2년 6개월에 집행유예 4년을 선고받았다.

## 미디어솔루션(현 레드캡투어) 사건 일지

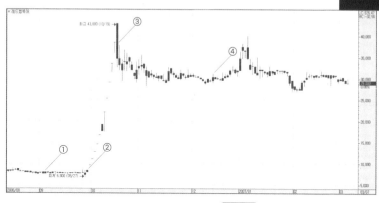

그림 2-1 미디어솔루션(현 레드캡투어)

| 2006년 2월 | 범한여행 우회상장 계획 수립. |
| --- | --- |
| 6월 | 미디어솔루션과 인수 협상 시작. |
| 9월 초 | 미디어솔루션과 경영권 양수 구두 합의. ① |
| 9월 중순 | 조풍언과 자금 조달 및 홍콩계 펀드 동원 합의. |
| 9월 26일 | 범한판토스 자금 250억 원 빼돌려 인수 자금 마련. |
| 9월 27일 | 장외에서 미디어솔루션 비우호 지분 9퍼센트 인수. |
| 9월 28일 | 미디어솔루션 이사회 180만주 구본호와 홍콩계 펀드에 배정 결의. ② |
| 9월 29일 | 미디어솔루션, 유상증자와 신주인수권부사채 발행 결정. |
| 10월 4일 | 발행 결정한 신주인수권부사채 구본호가 인수. |
| 10월 12일 | 미디어솔루션 주식 45만주 추가 인수. |
| 10월 19일 | 신주인수권부사채 90만주 카인드익스프레스에 매각. ③ |
| 12월 16일 | 조풍언 측에 원금과 160억 수익 보장 약정. ④ |
| 12월 중순 | 신주인수권부사채 매각 자금으로 범한판토스 대여금 상환. |
| 2008년 6월 19일 | 검찰, 구본호 증권거래법 위반 등의 혐의로 체포. |

## 테마는 항상 거품을 동반한다

재벌가 테마가 극성을 부린 시기는 2007년. 구본호가 증권시장에 입성한 이듬해다. 한국도자기 창업주의 손자인 김영집, 두산가 4세인 박중원, SK 최태원 회장의 사촌 동생이자 맷값 폭행(돈을 주는 대가로 탱크로리 운전자를 방망이로 때린 사건)의 장본인 최철원, 한국타이어 부사장 조현범, 현대가 정일선 형제, GS그룹 2세인 허전수, LG가 구본현 등이 모두 재벌가 테마를 등에 업고 증권시장의 문을 두드린 인물이다.

대부분 재벌의 방계이거나 스포트라이트를 받지 못했던 인물이 재벌가 라는 꼬리표를 이용해 출사표를 던졌다. 구체적인 계획 없이 재벌가 후손의 지분 참여와 자원 개발 등의 호재가 겹치면서 관련 기업의 주가는 연일 상한가를 쳤다.

김영집이 대표로 있었던 코디너스(현 셀트리온제약)는 재벌가 테마의 전형을 보여준다. 코디너스는 2007년 8월 한국타이어 부사장 조현범과 장선우 극동유화 이사, 그리고 나성균 네오위즈 대표 등 내로라하는 인물이 유상증자에 참여해 주가가 2배가량 올랐다. 하지만 김영집은 엔디코프(현 폴리비전)와 코디너스를 인수하는 과정에서 주가를 조작하고, 회삿돈을 빼돌린 혐의로 검찰 조사를 받았고, 법원에서도 징역형을 선고받았다.

김영집이 인수했던 엔디코프와 코디너스에 투자했던 한국타이어 조현범 부사장도 미공개 정보 이용 혐의로 검찰 수사를 받았다. 엔디코프가 카자흐스탄 광산 개발에 참여한다는 정보를 미리 듣고 투자한 것이 아니냐는 의혹이 일었기 때문이다. 하지만 검찰은 조현범이 미공개 정보를 이용한 것 같지 않고, 투자 자문사를 통해 엔디코프에 투자했다는 이유로 무혐의 처분했다.

정몽우 현대알루미늄 회장의 자녀인 정일선 형제는 아이에스하이텍(현 프리젠)이라는 회사의 유상증자에 참여하면서 증권시장에 이름이 퍼졌다. 아이에스하이텍은 정일선 형제의 유상증자 참여로 주가가 2배 가까이 뛰면서 주가조작 의혹이 일었다. 하지만 검찰은 정일선 형제의 투자를 정당한 것으로 판단했다. 또 이들이 외국계 펀드를 동원해 아이에스하이텍 유상증자에 참여한 사실을 확인했지만, 시세 차익을 남기지 않은 만큼 처벌하기 어렵다는 결론을 내렸다.

박중원의 경우에는 주가조작 세력은 따로 있고, 얼굴마담 역할만 했다는 점에서 이들 재벌가와는 차이가 있다. 주가조작을 했던 세력은 바로 아이에스하이텍의 실질 소유주였던 조모 씨였다. 조씨는 재벌가 테마가 증권시장을 달구자 박중원에게 바지 사장을 맡겼고, 박중원은 처음에 소극적이다가 나중에는 적극적으로 언론 인터뷰에 응하고 회삿돈을 일부 빼돌렸다.

공교롭게도 재벌가 테마로 주가가 상승했던 종목은 단 한 곳도 급등했던 시기의 주가를 넘지 못했다. 범한여행도 미디어솔루션을 통해 우회상장하면서 주가가 4만 원까지 치솟았지만 결국 다시 4분의 1토막이 났다.

당시 테마에 편승해 뒤늦게 승차한 개미들은 지옥을 체험했을 뿐이다. 모든 사람이 열광할 때 냉정해야 살아남을 수 있다.

이처럼 한국 증권시장에서 테마 주는 유난히 극성을 부린다. 엔터테인먼트, 바이오, 자원 개발, 신재생 에너지, 태양광, 녹색 성장, 우주 항공, 원자력 발전, 신종플루, 구제역 등 이루 다 헤아릴 수 없을 정도다.

| 인물 | 관련 기업 | 기업과의 관계 | 투자 종목 | 처벌 여부 |
|------|----------|--------------|----------|----------|
| 구본호 | LG | 고 구자헌 범한물류 회장 아들 | 미디어솔루션, 동일철강, 엠피씨, 액티패스 | O |
| 최철원 | SK | 최태원 회장 사촌 동생 | 디질런트 FEF | X |
| 박중원 | 두산 | 고 박용성 두산회장 아들 | 뉴월코프 | O |
| 김영집 | 한국도자기 | 한국도자기 창업주 손자 | 코디너스, 엔티피아 | O |
| 조현범 | 한국타이어 | 조양래 회장 차남 | 코디너스, 동일철강 | 무혐의 |
| 정일선 | 현대 | 고 정몽우 현대알루미늄 회장 아들 | 아이에스하이텍 | 무혐의 |
| 장선우 | 극동유화 | 장홍선 회장 아들 | 코디너스 | X |
| 장수일 | 동국제강 | 고 장경호 창업주 증손자 | 케이앤엔터테인먼트 | X |
| 허경수 | GS | 허창수 회장 사촌 동생 | 에이로직스 | X |
| 신형근 | 롯데 | 신동인 전 롯데쇼핑 사장 아들 | 자강 | X |

(표 2-1) 재벌가 테마 주

제17대 대통령 선거부터는 대선 후보자의 정책과 연관된 종목이 유난히 활개를 쳤다. 이명박 당시 대통령 후보가 4대강 정비 사업을 공약으로 내놓자 관련 종목이 테마를 이뤘다.

'4대강 주변에 땅이 있다', '특수 굴착기가 있다', '토목 분야가 강하다' 등 주가가 오른 이유도 각양각색이다. 대선을 2년 앞둔 2011년 초에는 유력한 대통령 후보인 박근혜 한나라당 전 대표가 물 포럼에서 물의 중요성을 강조하자 상하수도관을 만드는 업체인 뉴보텍 주가가 3배 뛰는 기염을 토했다. 이런 기업에 '도대체 왜 주가가 오르냐?'고 물으면 오히려 '잘 모르겠다'며 황당해한다.

테마 주가 극성을 부리는 이유는 간단하다. 테마를 이용해 벼룩의 간이라도 빼먹으려는 세력이 있기 때문이다. 테마 주를 이끄는 주체는 기관 투자자, 투자 자문사, 부티크, 슈퍼개미 등 다양하다. 나로호 발사를 앞두고 1만 원대에서 6만 원까지 오른 쎄트렉아이나 백신 개발을 소재로 주가가 급등한 젬벡스가 세력의 손을 탄 대표적인 테마 주다. 작전 세력은 마치 짐승들이 오가는 길목에 올무를 쳐 놓은 사냥꾼이나 밑밥을 놓고 고기를 기다리는 낚시꾼 같은 존재다.

혹시 이들에 편승해 돈만 벌 수 있다면 괜찮은 것 아니냐고 반문할 수도 있다. 하지만 과연 정확한 타이밍을 맞출 능력이 있는가? 테마 주 투자는 폭탄 돌리기 게임이다. 언제 주가가 떨질, 폭락할지 알 수 없다.

소 뒷걸음치다 쥐 밟는 격으로 수익을 냈다고 자만하면 돌아오는 건 시장의 뭇매뿐이다.

테마는 항상 거품을 동반한다. 기업 실적이나 내실과는 별개로 특정 소재를 바탕으로 주가가 단기간에 급등하고, 결국은 제자리로 돌아온다는 점을 명심하라. 테마 주에 관심이 간다면 적어도 이 점만은 체크하라.

- 기업의 가치보다 주가가 낮은가?
- 테마가 구체적인 기업 실적으로 연결되는가?
- 언제 테마가 꺼질 것인가? 세력은 군중보다 먼저 움직인다.

행운은 가만히 누워 감 떨어지기만을 기다리는 사람에게 오지 않는다. 기회는 열심히 준비하는 자에게 주어지기 마련이다. 테마 주를 따라잡으려고 눈치작전을 하는 것보다 기업의 내재 가치와 시장을 분석하는 습관을 길러 '숨은 진주'를 찾는 게 훨씬 더 매력적인 일이다.

## 우회상장하면 무조건 주가 상승?

주식회사는 주주에게 주식을 발행하는 대신 투자금을 받아 사업 자금으로 쓴다. 주주는 주식을 보유하면서 기업이 매년 지급하는 배당금을 받을 수 있다. 하지만 대부분은 주식을 사고팔아서 이익을 챙긴다. 일단 팔려는 사람은 사고자 하는 사람을 직접 수소문해 팔 수 있다. 하지만 직접거래 시에는 항상 위험이 도사린다. 주식은 넘겼는데 돈을 지급하지 않고 튄다거나, 돈을 지급했는데 주식을 주지 않는 경우가 비일비재하다.

이러다 보니 거래가 원활하게 이뤄지지 않는다. 이런 위험을 막고 원활한 거래를 위해서 공급자와 수요자는 증권시장이라는 곳을 이용한다. 한국의 대표적인 증권시장은 한국거래소다. 한국거래소는 유가증권(코스피) 시장과 벤처기업이나 중소기업 위주인 코스닥 시장을 운영한다.

하지만 모든 주식회사의 종목이 거래소에서 거래되는 것은 아니다. 한국 거래소는 나름대로 일정 규모와 이익을 내는 기업을 선별해 시장에서 거래할 수 있도록 한다. 만약에 거래소에서 회사 주식이 거래되게 하려면 기업공개(IPO)를 해야 한다. 회사가 발행한 주식을 일반인에게 널리 분산시키고 재무제표를 공개해 상장 절차를 밟는 것이다. 일단 상장이 되면 증자나 회사채 발행 등을 통해 자금을 쉽게 조달할 수 있고, 주주는 주식을 팔아도 양도세를 내지 않는 이점이 있다(지분 3% 이상이거나 비상장 주식은 양도 차익에 대한 세금을 내야 함. 비상장 주식거래는 개별적으로 하거나 38.co.kr 같은 일부 인터넷 사이트에서 이뤄짐). 하지만 정상적인 상장을 하려면 앞에서 말했던 것처럼 까다로운 조건을 갖춰야 한다. 예를 들면 코스닥 입성은 기업 설립 3년 이상, 자기자본 30억 원 이상, 시가총액(주식 수와 거래 가격을 곱한 수치) 90억 원 이상이어야 한다. 또한, 적자로 자본금을 모두 까먹는 자본 잠식이 없어야 하는 것은 물론이다.*

하지만 많은 기업이 이런 외형을 갖추기 전에 당장 돈이 필요할 때가 잦기 때문에 기업공개를 통해 상장하지 않고 다른 방식을 쓰기도 한다. 바로 비상장기업이 합병이나 주식 교환, 유상증자 등을 통해 상장기업의 경영권을 인수하는 우회상장이다.

흔히 백도어 리스팅(Back door listing)이라고 하는데 말 그대로 정상적인 절차를 통해 상장하는 게 아니라 뒷문으로 들어온다는 의미다. 우회상장은 기업공개를 통한 직상장보다 문턱이 낮다.

우회상장은 주로 부티크가 담당한다. 부티크는 원래 '값비싼 옷이나 선물

---

* 부록1-1 <상장요건> 참조.

을 파는 가게'를 말하지만, 금융 쪽에서는 특정 금융 상품에 대한 서비스를 제공하는 특화된 전문 회사를 의미한다. 미국 월가에서 시작된 금융 부티크는 주로 전직 증권사 직원이 거래를 중개하거나 기업공개, 인수합병(M&A)을 알선해 수수료를 챙기는 형태다.

특히 일부 부티크는 특정 업체가 우회상장할 수 있도록 껍데기 회사를 구해주거나 자금 조달 방법을 컨설팅해주고 수수료를 챙긴다. 우회상장을 할 때 이용되는 업체는 증권시장에 상장되어 있는 업체지만 수년 동안 적자를 면치 못해 껍데기나 마찬가지인 곳이 많다. 이런 곳을 껍데기를 의미하는 셸(Shell)이라고 한다. 코스닥 시장에서는 주로 시가총액 100억~200억 원 정도인 회사를 셸로 활용한다. 반면 우회상장할 업체는 펄(Pearl)이라고 칭한다.

구본호가 미디어솔루션을 통해 범한여행을 우회상장할 때는 미디어솔루션이 셸, 범한여행이 펄이었다. 진주를 머금은 조개를 연상해보자. 조개에 진주(Pearl)가 없다면 그건 껍데기(Shell)나 다름없다. 하지만 진주도 조개가 없다면 더는 자랄 수 없는 법이다.

우회상장 주식은 항상 증권시장을 뜨겁게 달구는 게 일반적이다. 주로 우회상장에 참여하는 인물이 재벌가나 연예인이 많기 때문이다. 특히 이런 인물이 우회상장하려는 움직임을 보이면 후보군으로 꼽히는 업체의 주가는 들썩인다. 일부는 주가를 급등시켜 시세 차익을 얻으려 하거나, 사채업자가 담보로 잡은 주식을 팔아버리는 것을 막기 위해 우회상장 소문을 악용한다. 마치 재벌가나 연예인이 자신의 업체를 통해 우회상장할 것처럼 소문을 퍼트리는 것이다.

펜타마이크로라는 종목이 대표적인 사례다. 2008년 10월 펜타마이크로는 박진영이 이끄는 JYP가 우회상장한다는 소문이 파다했다. 당시 이 업체 대표 이모 씨는 증권 담당 기자들에게 이런 내용을 자랑스럽게 설명했다. JYP 지분을 인수하고, 나중에 JYP가 이 업체 지분을 인수하는 주식 교환 방식으로 우회상장할 것이라는 설명이었다. 이런 내용은 삽시간에 증권 시장에 퍼지면서 주가는 이틀 동안 급상승했다. 며칠 후에 이 업체가 JYP 지분 21%를 인수한다는 공시가 나왔고 기자들은 우회상장 순서라고 생각했다. 하지만 곧바로 주가는 곤두박질쳐 나흘 연속 하한가를 기록했다. 원인은 사채업자가 담보로 보유하던 이 업체 주식을 팔아 치웠기 때문이었다. 이 업체 대표는 주식을 담보로 맡겼다는 사실을 숨기고 개미들을 총알받이로 사용한 것이다.

우회상장 종목을 미리 알 수 있다는 환상은 금물이다. 남들보다 정보가 빠르다는 환상에 빠져 역정보를 흘리는 주가조작 세력의 농간에 넘어가는 순간 지옥을 맛보게 된다. 주가조작 세력은 악랄하다. 끝까지 믿게 한다. 주가는 나날이 내려가는데도 "일부러 주가를 빼는 것이다. 조금만 기다려라. 좋은 소식 있을 것이다"라며 팔 기회조차 주지 않는다. 특히 "만약에 손실이 나면 원금을 보전해주겠다"라며 안심시킨다. 하지만 나중에는 어느 순간 연락을 끊어버리거나, 종목이 상장폐지된다.

혹시 우회상장이 될 때 사면 되지 않느냐고 반문할 수도 있다. 하지만 주가는 매수할 타이밍을 주지 않은 채 급등하는 경우가 많아서 아예 쳐다보지 않는 게 좋다. 미디어솔루션도 이사회가 2006년 9월 28일 구본호를 대상으로 한 유상증자를 결의하자마자 상한가를 기록했다. 그리고 다음 날인 9월 29일 구본호가 제3자 배정으로 최대 주주가 된다는 공시가 나와 일반 투자자가 알았을 때는 이미 주가는 점상(장이 시작되자마자 상한가를 기록해

그림 2-2 우회상장 시 레드캡투어 일봉

주가가 빠지지 않는 것)을 달리고 있었다. 그림 2-2

　그렇다면 우회상장을 하면 무조건 대박일까? 개인 투자자에게는 닭 쫓던 개 지붕 쳐다보는 격이라고 보면 된다. 지붕 위에 올라간 닭 잡으러 가까스로 지붕 위로 올라가면 닭은 다시 마당으로 내려올 것이고, 개는 지붕 위에서 이러지도 저러지도 못하는 신세가 될 수 있다.

　그림 2-3 은 2010년 전기차 테마와 함께 CMS를 통해 우회상장한 CT&T다. 500원 하던 주가가 2,000원까지 올랐다. 하지만 주가가 슬슬 미끄러지더니 제자리로 되돌아온 형국이다. 실적이 뒷받침되지 않는 우회상장 주는 대부분 이런 전철을 밟을 수밖에 없다.

　반면에 성장성과 실적이 뒷받침되는 기업의 주가는 잔파도 속에서도 상승 곡선을 긋는다. 2008년 우회상장한 셀트리온 그림 2-4 도 우회상장으로 주가가 튀었지만 다시 제자리로 돌아왔다. 하지만 실적이 나오면서 주가가 꾸준히 오른 것을 볼 수 있다.

　우회상장은 각종 테마의 시발점이 되기도 한다. 배용준과 비 등은 연예인

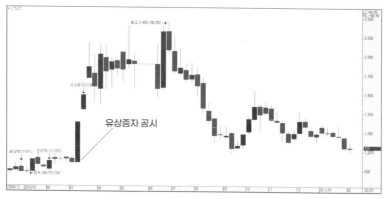

(그림 2-3) CT&T 주봉

(그림 2-4) 셀트리온 주봉

테마를, 구본호는 재벌가 테마를 불러일으켰다. 하지만 거품이 꺼지면서 이들 종목에 투자했던 개미들의 환호는 아비규환으로 바뀌었다. 이렇듯 각종 테마를 이용한 우회상장이 기승을 부리면서 우회상장에 대한 비판이 들끓었다.

그럼에도 여전히 많은 기업이 우회상장의 길을 선택한다. 이제는 코스닥 시장의 대장 주가 된 셀트리온이나 성장성이 엿보이는 차바이오텍과 같은 바이오기업도 우회상장으로 증권시장에 입성한 기업이다. 셀트리온은 원래 정상적인 상장 절차를 밟았지만 상장 심사에서 탈락하자 우회상장을 선택했다.

이렇듯 우회상장은 많은 문제가 있어도 상장의 새로운 통로로 여전히 인기가 높다. 하지만 우회상장을 악용하려는 기업이나 세력은 존재하기 마련이고, 이 때문에 우회상장 제도도 홍역을 치르면서 점점 체계적으로 정비되고 있다. 태양광 업체인 네오세미테크 사태는 우회상장 제도를 되돌아보는 계기를 마련했다. 네오세미테크가 모노솔라라는 상장 법인을 통해 우회상장했을 때만 해도 시장에서는 경쟁력 있는 녹색 성장 기업으로 통했다. 2009년 지식경제부 차세대 세계 일류 상품으로 선정되기도 했다.

하지만 2009년 결산 감사에서 회계법인은 '감사의견 거절'이라는 사형선고를 내린다. 상상을 초월하는 분식 회계가 들통난 것이다. 상장 다섯 달 만이었다. 이후 우여곡절 끝에 재감사 요청이 받아들여졌지만, 결과는 바뀌지 않았다. 네오세미테크는 2009년 당기순이익이 246억 원이었다고 선전했지만 정작 알고 보니 적자 수준만 837억 원에 달하는 껍데기 회사였다. 네오세미테크는 상장 열 달 만에 퇴출당했고, 시가총액 4,000억 원이 휴지조각이 됐다. 이 과정에서 많은 개미투자자는 피눈물을 흘려야 했다.

우회상장 요건을 피한 변칙적인 방법도 횡행한다. 일단 우회상장을 하려는 비상장기업의 최대 주주가 상장기업을 인수하고 비상장기업의 실적이 좋아질 때까지 기다린 후 우회상장을 하는 것이다. 모두 비상장기업의 실적이나 규모가 우회상장 요건에 맞지 않기 때문에 행하는 임시방편이다. FCB투웰브(전 로이)가 이런 경우다.

줄기세포 업체인 FCB파미셀의 최대 주주인 김현수 씨는 2009년 코스닥 업체 코어비트와 함께 상장기업인 로이의 지분을 인수해 최대 주주로 등극했다. 그러고는 마치 FCB파미셀과 합병할 것처럼 회사명도 FCB투웰브로 변경하고, 사업 목적에 줄기세포 연구도 추가했다. 하지만 2011년 초까지

FCB파미셀의 실적이나 외형이 요건에 맞지 않아 우회상장은 제자리걸음이었다.

JYP엔터의 박진영 씨는 더 해괴한 방법을 동원했다. 박진영 씨는 한때 비가 최대 주주로 있던 상장기업 제이튠엔터의 지분을 인수했다. 그러고는 JYP엔터에서 활동하던 가수를 제이튠엔터로 옮겨버린다. JYP엔터는 껍데기만 남고, 제이튠엔터가 사실상의 JYP엔터가 된 셈이다.

이런 일들이 계속되자 한국거래소는 우회상장에 대한 심사 기준을 강화했다. 원래 재무 요건과 감사 요건 등의 양적인 요건만 갖추면 우회상장이 가능했지만, 2011년 4월부터 경영 투명성과 건전성 등이 상장에 적격한지를 최대 두 달 동안 심사한다.

## 상장폐지 전에 껍값이라도 벌어라

인간의 일생이 출생, 성장, 쇠퇴, 사망의 순환이듯이 기업도 흥망성쇠가 있다. 다만, 인간은 언젠가는 죽어야 하지만 기업은 영원히 살 수 있다.

기업이 영원히 존재하려면 끊임없는 혁신과 발전을 이뤄야 가능하다. 시대 변화에 둔감하면 한계에 부딪힐 수밖에 없고, 이익이 급감하면서 쥐라기 때의 공룡처럼 흔적도 없이 사라진다. 폐업은 사람으로 치면 사망이지만 상장기업은 폐업에 앞서 상장폐지가 사형 선고나 마찬가지다. 기업은 상장을 통해 시장에서 제대로 가치를 평가 받을 수 있고, 자금 조달도 손쉽게 한다. 온실 속에서만 자라던 화초가 시장에서 소비자에게 제값을 받고 팔리는 셈이다.

하지만 잘나가던 사업이 어느 순간 침체기로 접어들고 이익이 줄면 기업은 상장폐지의 위기에 놓인다. 상장폐지가 되면 그동안 누렸던 혜택을 고스란히 반납해야 하고, 주식은 거의 휴지 조각이 된다. 상장폐지는 기업의 가치가 나락으로 떨어졌다는 걸 방증하기 때문이다.

거래소는 상장폐지되기 전에 투자자에게 마지막으로 매매 기회를 주려고 한시적으로 매매를 할 수 있도록 정리매매 제도를 두고 있다. 정리매매는 보통 5~15일간 이뤄지고 거래에는 가격 제한 폭이 없다. 일부 투기 세력은 이런 점을 악용해 단기 시세 차익을 노리곤 한다.

정리매매가 시작되면 수천 원 하던 주식도 100원대에서 거래된다. 수천만 원을 투자했던 투자자도 몇십만 원 정도 건질 수 있다. 코스닥 시장의 숨은 진주로 꼽혔던 세실이라는 종목은 횡령이 발생해 2011년 상장폐지의 길을 밟았다. 한때는 1만 2,000원이던 주가가 정리매매 직전에 1,700원까지 떨어졌다.

그리고 정리매매가 시작되자 200원대에 거래됐다. 그야말로 껌값이 된 것이다. (그림 2-5) 정리매매가 끝나면 그야말로 상장폐지다. 정리매매 기간에 주식을 팔지 않는다고 해서 주식이 사라지는 것은 아니다. 하지만 실적 부진이나 횡령으로 상장폐지된 만큼 주식을 사려는 사람은 거의 없다. 또 이런 종목이 다시 실적이 화려하게 좋아져 재상장할 가능성도 희박하다. 그러니 화가 나고 귀찮더라도 정리매매 기간에 팔아서 껌값이라도 버는 게 낫다.

상장할 때 실적이나 규모에 대한 요건이 있듯이 상장폐지에도 요건이 있다. 유가증권시장의 경우에는 감사의견이 부적정이거나 의견 거절, 2년 이상 한정 등 여러 가지 요건을 갖추고 있다.*

하지만 이런 요건은 양적인 기준일 뿐이다. 일부 상장기업은 대주주의 횡

---

* **부록 1-2 〈상장폐지 요건〉 참조.**

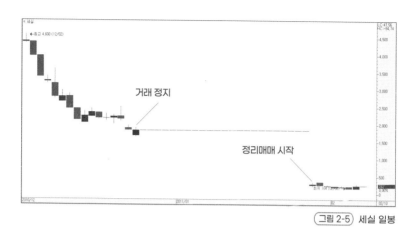

거래 정지

정리매매 시작

령이나 배임으로 회사가 휘청일 때도 있다. 특히 상장폐지 위기에 놓인 기업은 결산일이 다가오면 유상증자와 감자 등 재무 구조 개선안을 쏟아내거나 손해를 보더라도 매출액을 부풀리는 데 안간힘을 쓴다. 유가증권시장의 경우에는 매출액이 50억 원 미만이면 상장폐지가 된다.

2009년에 50억 미만의 매출액을 기록한 회사가 있다고 치자. 그런데 2010년 3분기까지 매출액이 15억 원에 불과하다. 분기마다 5억 원의 매출을 낸 것이다. 이 회사가 상장폐지가 되지 않으려면 4분기에만 35억 원 이상의 매출을 내야 한다. 그러면 이 회사는 손해를 보더라도 제품을 팔아 매출액을 높이려고 안간힘을 쓴다. 그렇게 되면 매출액보다 매출 비용이 더 많이 나오는 기형적인 구조가 된다. 가까스로 50억 원을 넘겼지만, 회사의 매출 구조는 엉망이다. 한국거래소는 2009년 2월 이런 기업에 철퇴를 가하는 제도를 도입했다. 바로 상장폐지 실질 심사다. '상장폐지 실질 심사'는 양적 기준이 아닌 횡령이나 배임, 매출 부풀리기 등 질적 기준에 미달하는 업체를 심사해 상장폐지 여부를 결정한다.*

---

* 부록 1-3 <상장폐지 실질심사 주요기준> 참조.

상장폐지 여부는 거래소 담당 임원과 변호사, 회계사, 학계 등 각계 인사가 참여하는 상장폐지 실질 심사위원회에서 정한다. 실질 심사위원회에서 상장폐지를 결정한 후 이의 제기가 없으면 곧바로 상장폐지 절차에 들어가지만, 만약에 이의를 제기하면 거래일 기준으로 15일 이내에 다시 심사위원회를 열어 상장폐지 여부를 결정한다.

상장폐지 실질 심사는 많은 논란을 낳고 있다. 양적 기준보다 결정이 다분히 주관적일 수 있기 때문이다. 수백억 원의 횡령이 발생하더라도 살아나는 경우가 있고, 수십억 원에 불과하지만 상장폐지 결정이 나는 경우도 비일비재하다. 이러다 보니 결국은 대마불사(큰 말은 죽지 않는다)의 신화를 재확인하는 절차에 불과한 것 아니냐는 비판도 나오고 있다.

일부에서는 심사 위원이 모든 내용을 검토하고 판단을 내리기에는 시간이 매우 촉박해 결국은 거래소 직원이 정리한 자료를 토대로 결정을 내릴 수밖에 없는 구조라고 지적한다. 또 유가증권시장과 코스닥 시장의 기준이 너무 다르다는 점도 문제점으로 떠오르고 있다.

유가증권시장은 횡령·배임이 회계에 반영되거나 법원 판결이 있을 때 상장 실질 심사를 하는데, 코스닥 시장은 횡령·배임이 발생한 걸 확인한 시점이다. 수사기관이 횡령·배임으로 수사를 하면 일단 거래 정지를 해놓고 상장 실질 심사에 들어가는 것이다. 이렇게 기준이 모호하다 보니 형평성 문제가 제기된다. 특히 법원에서 횡령. 배임 혐의에 대해 무죄를 선고해 버리면 상황은 더욱 꼬이게 될 수밖에 없다. 무죄 추정의 원칙에 어긋나는 문제는 분명히 보완해야 할 것으로 보인다.

일부 작전 세력은 고의로 상장폐지를 내기도 한다. 상장폐지가 되면 꼬장꼬장한 금융 당국의 관리 감독을 받지 않아도 되기 때문이다. 회삿돈을 빼돌리거나 유용하기 쉬워지는 것이다. 때문에 상장폐지를 쉽게 만드는 것은 작전 세력의 횡령·배임 행위를 부추기는 반면, 개인 투자자들이 무방비로 막대한 손실을 입게 한다는 지적도 일고 있다.

## 유상증자는 주식 가치를 떨어트린다

작은 점포를 열더라도 공간을 빌리고 실내 장식을 하려면 종잣돈이 필요하다. 기업은 이 종잣돈을 자본금이라고 한다. 특히 주식회사는 설립에 참여한 주주들이 자본금을 제공하고 주식을 받는다. 그런데 기업이 계속해서 적자를 내거나 새로운 사업을 추진해야 할 때는 추가 자금이 필요하다. 이 경우 기업은 외부에서 자금을 조달하게 되는데, 그 방법 중에 하나가 주식을 새로 발행해 투자자에게 파는 유상증자다. 말 그대로 돈을 투입해 자본금을 늘린다(증자)는 의미다.

유상증자는 이 주식을 누구에게 파느냐에 따라 주주배정과 제3자 배정, 그리고 일반 공모로 나뉜다. 주주배정은 기존의 주주에게, 제3자 배정은 회사에서 특별히 지정한 사람에게, 일반 공모는 불특정 다수에게 주식을 파는 식이다.

유상증자를 하려면 우선 이사회의 결의를 거쳐야 한다. 이사회에서는 발행 주식 수, 배정 기준일, 청약 일정 등을 정한다. 유상증자 절차는 방식에 따라 다르다.

일반 공모와 주주배정의 순서는 다음과 같다.

> 유상증자 결정 공시 → 유가증권 신고서 제출 → 금융감독원 승인
> → 유상증자 발행가 최종 결정 → 청약 → 상장

일반 공모와 주주배정은 유상증자를 받을 사람이 정해지지 않았기 때문에 청약 절차가 있다. 만약에 100억 원의 유상증자를 결정했는데, 일반 투자자나 주주가 50억 원밖에 청약하지 않았다면 청약률은 50%가 된다. 이렇게 되면 나머지 주식은 실권주가 되고, 이 실권주를 특정인에게 배당할지, 아니면 아예 발행하지 않을지는 상장기업에서 알아서 판단한다.

제3자 배정의 순서는 다음과 같다.

> 유상증자 결정 공시 → 유가증권 신고서 제출(보호예수 때는 생략)
> → 금융감독원 승인(보호예수 때는 생략) → 증자금 납부 → 상장

이때 만약에 제3자 배정으로 신주를 받는 투자자들이 주식을 1년 동안 팔지 않겠다는 약속을 하면 유가증권 신고서 제출과 금융감독원 승인은 생략한다. 이처럼 주식을 일정 기간 팔지 않겠다고 약속하는 것을 보호예수, 속칭 락(Lock)을 걸었다고 한다.

유상증자 가격은 어떻게 결정될까? 일단 주주배정일 경우에는 신주 배정 기준일 전 3일을, 일반 공모는 청약일 전 5일을 기준으로 삼아 가격을 정한다. 또 제3자 배정이면 이사회 결의일 전날을 기준으로 삼는다.

기준 가격이 나왔다고 해서 곧바로 유상증자 가격이 되는 것은 아니다. 유상증자에 참여할 수 있도록 가격을 내리는 특혜를 준다. 이를 할인율이라

고 한다. 일반 공모는 기준가 대비 30%까지, 제3자 배정 유상증자는 10%까지 할인해줄 수 있다. 또 주주배정 유상증자는 이사회에서 할인율을 결정할 수 있다.

유상증자 발행가를 결정할 때 할인율이 적용되는 점을 악용해 일반 공모로 가장하고 최대 주주의 주변 지인이나 사채업자가 유상증자에 참여하는 경우도 많다. 주로 일반 투자자들이 유상증자에 참여하지 않을 게 뻔한 종목들이다. 만약에 주가가 유상증자 가격을 유지한다면 최대 주주는 상장되자마자 처분해 30%의 이익을 얻을 수 있다.

상장기업이 유상증자를 하면서 가장 애를 먹는 게 금융감독원의 승인이다. 엄밀히 말하면 금융감독원은 유상증자를 막을 권리가 없다. 하지만 유상증자가 미심쩍거나, 머니게임으로 흐를 개연성이 있다고 판단되는 경우에는 계속해서 신고서를 수정하라며 돌려보낸다. 그렇게 되면 업체는 유상증자를 할 적절한 시기를 놓치고, 스스로 포기하는 경우가 많다. 만약 금융감독원에서 자꾸 유가증권 신고서를 돌려보내 일정이 연기된다면 유상증자에 문제가 있다고 보면 된다.

유상증자가 주가에 어떤 영향을 미칠까? 유상증자는 일반적으로 주가에 악재다. 주식 수가 늘어나 1주당 가치가 떨어지기 때문이다. 주식 수가 100주인 회사가 매년 100억 원의 순이익을 낸다면 주당 순이익(EPS, Earning Per Share)은 1억 원이다. 그런데 주식 수가 200주로 늘면 주당 순이익이 5,000만 원으로 낮아진다.

하지만 좀 더 꼼꼼히 따져보면 경우의 수는 다양하다. 만약에 기업의 운영 자금이 부족해서 유상증자를 했다면 당연히 주가는 추락할 수밖에 없다. 하지만 성장성이 높은 신사업 진출이나 시설 투자를 위해서 유상증자를 했을 경우 주가가 오를 가능성이 크다.

유상증자 방식에 따라서는 일반 공모는 전강후약(유상증자 발표 전에 주가가 강세였다가 발표되면 약세), 제3자 배정은 전약후강(유상증자 발표 전에 주가가 약세였다가 발표되면 강세)이 일반적이다. 일반 공모는 최대한 많은 투자자가 유상증자에 참여할 수 있도록 유상증자 전에 각종 호재를 터트려 주가를 높이기 때문이다. 하지만 유상증자로 발행받은 신주가 상장되면 물량이 터져 나오면서 주가가 하락하는 경향이 있다.

반면 제3자 배정은 기존의 최대 주주나 업체 관계자가 주로 참여하다 보니 유상증자 가격 결정 기준일 전까지는 가격이 내려가는 경우가 많다. 최대한 가격을 낮춰 좀 더 많은 주식을 확보하기 위해서다. 유상증자 이후에는 자금이 조달된 만큼 완만한 상승 곡선을 긋는 경우가 대부분이다.

유상증자 공시가 나오면 꼼꼼히 따져봐야 할 게 자금 조달의 목적이다. 만약 시설 자금에 금액이 표기됐다면 시설 투자에 활용한다는 것이고, 타법인 취득 자금에 표시됐다면 다른 회사의 지분을 인수하겠다는 뜻이다. 단순히 운영 자금 확보를 위해서 유상증자를 하는 것보다 바람직하다.

자본시장통합법이 시행되면서 자금 조달 목적을 보다 구체적으로 기재하도록 규정이 정비됐다. 유상증자 때 금융감독원에 제출하는 증권 신고서와 투자 설명서에 유상증자로 들어온 돈을 어디에 쓸지 구체적으로 기재하도록 한 것이다. 만약에 기재한 대로 돈을 쓰지 않으면 자본시장통합법 규정에 따라 처벌받게 된다.

코스닥 업체였던 코어비트(상장폐지)는 2009년 3월 170억 원의 유상증자를 시행하면서 들어온 돈은 U-헬스케어 사업을 위한 공장 구매와 엘바이오 지분 인수 등에 사용할 것이라고 공시했다. 하지만 기재한 것과는 달리 파미비트라는 회사 설립과 의류 업체인 로이 지분 인수에 사용한 것이 들통나면서 자본시장통합법 위반 혐의로 처벌을 받았다. 누구든지 금융 투자 상품의 매매, 그 밖의 거래와 관련한 중요 사항에 관해 거짓 기재 또는 표시를 해 재산상의 이익을 얻고자 하는 행위를 해서는 안 된다는 자본시장통합법 규정을 어겼다는 것이다.

유상증자 공시를 볼 때 주식 상장 날짜도 유심히 봐야 한다. 물론 유상증자로 인한 신주가 모두 보호예수가 걸려 있다면 걱정할 필요가 없다. 하지만 일반 공모나 보호예수가 걸리지 않은 제3자 배정은 신주가 상장되면 물량 출회로 주가가 하락한다.

여기서 더욱 주의해야 할 점은 상장 날짜가 11월 6일이면 물량이 처음으로 나올 수 있는 날은 공휴일이 없다는 가정하에 디데이보다 이틀 앞선 11월 4일이다. 공매도라는 제도를 이용해 상장 이틀 전부터 팔 수 있기 때문이다. 상장할 날짜만 보고, 아직 상장도 되지 않았는데 물량이 왜 이리 많이 나오느냐며 투덜거린다면 바보라는 소리밖에 들을 수 없다.

유상증자뿐만 아니라 전환사채나 신주인수권부사채 발행 탓에 신주가 상장될 때도 마찬가지다. 명심하라. 유상증자 물량이 터져 나오는 날은 상장 디데이 2일이다.

## BW가 주식 전환되면 주가 다운(DOWN)

기업이 자금을 조달하는 방법에는 유상증자 이외에도 채권을 발행하는 방법이 있다. 흔히 기업에서 발행하다 보니 회사채라고 한다. 결국, 기업은 채권을 발행해 자금을 조달하고, 대신 채권에 기재된 이율만큼을 투자자에게 지급한다. 그런데 유상증자는 일단 유입된 돈은 종잣돈으로 잡히지만 회사채는 빚으로 잡힌다. 그래서 회사에서는 회사채 발행보다는 유상증자를 선호한다. 하지만 지급할 이자율이 낮으면 달리 생각해볼 수 있다. 이처럼 회사채면서도 값싼 이자로 자금을 조달할 수 있도록 고안된 게 특수채다. 투자자에게 주식투자를 할 기회를 주는 대신 이자를 싸게 지급하는, 주식과 채권이 결합한 상품으로 보면 된다.

대표적인 특수채로는 전환사채(CB, Convertible Bond)와 신주인수권부사채가 있다. 전환사채(CB)는 일정 기간이 지나면 주식으로 바꿀 수 있는 채권이다. 일정 기간은 이자를 받다가 주식으로 전환해 시세 차익을 얻을 수 있다.

채권을 주식으로 전환할 수 있는 시점과 전환 가격은 사채 발행 당시에 미리 결정해둔다. 만약에 전환사채 1주당 전환 가격이 500원인데 현 주가가 3,000원이라면 투자자는 채권을 주식으로 전환해서 팔면 1주당 2,500원의 이익을 얻을 수 있다. 이때 전환사채를 전환하면 곧바로 채권은 소멸한다. 만약 주가가 전환 가격보다 낮으면 그냥 채권으로 보유하면서 만기까지 이자를 받을 수 있다.

신주인수권부사채는 일정 가격에 주식을 살 수 있는 권리가 붙은 사채다. 전환사채와 다른 점은 전환사채는 주식으로 전환하면 곧바로 채권이 소멸하지만 신주인수권부사채는 채권은 채권대로 유지되면서 주식을 살 수 있는 권리만 생긴다는 것이다. 그래서 전환사채는 주식으로 전환할 때 따로 돈을 지급할 필요가 없지만, 신주인수권부사채는 주식에 대한 돈을 따로 지급해야 한다.

신주인수권부사채를 발행할 때도 전환사채처럼 신주인수권을 행사할 수 있는 시점과 행사 가격이 결정된다. 투자자는 주가가 행사 가격보다 높으면 신주인수권을 행사해 주식을 인수한 후에 팔면 이득을 얻을 수 있다.

한국은 분리형 전환사채가 대부분이다. 채권과 신주인수권을 분리해서 매각할 수 있는 상품이다. 이런 점을 이용해 일부 기업의 대주주는 전환사채를 발행한 후 조용히 신주인수권만 사들여 지분율을 높이기도 한다.

특이한 점은 전환사채와 신주인수권부사채는 전환 가격과 행사 가격을 조정할 수 있다는 점이다. 리픽싱(Refixing)이라고 하는데 조정 비율은 발행 회사의 정관으로 정하지만, 일반적으로 최초 발행가의 70% 이상이어야 한다. 또 액면가 이하로 낮출 수 없다.

이런 규정을 활용해 사채를 보유한 사람은 만약 주가가 하락하게 되면 발행한 기업에 요청해 전환 가격과 행사 가격을 하향 조정한다(주가가 상승할 때는 리픽싱을 하지 않음). 이렇게 되면 투자자가 나중에 받게 될 주식이 늘고, 주가가 오르면 수익률도 더 높아질 수 있다. 리픽싱은 모두 사채를 인수한 투자자의 수익을 보장하기 위한 것이다.

하지만 정관에 정해진 범위보다 더 낮게 조정하는 특약이 도사리고 있을 때도 있다. 특히 황금 BW는 상장기업을 멍들게 하는 암이다. 황금 BW는 감자해도 행사 가격이 변하지 않은 신주인수권부사채다. 감자는 말 그대로 자본금을 줄인다는 의미다. 감자하면 감자 비율만큼 주식 수가 줄어드는 반면에 주가는 오른다. 그런데 황금 BW는 행사 가격이 비율대로 올라가지 않기 때문에 엄청난 이익을 얻을 수 있다.

일례로 주가가 1,000원인 회사가 있다고 하자. 왕대박이라는 사람이 이 회사가 발행한 신주인수권부사채를 100주 인수한다. 인수 당시 행사 가격은 500원. 하지만 왕대박은 회사의 자금난이 어렵다는 약점을 이용해 신주인수권부사채를 사주는 대신 감자를 하더라도 행사 가격은 그대로 유지한 다는 특약을 맺는다. 그러고 나서 회사는 10 대 1 감자를 하고, 회사 주가는 1만 원이 된다. 일반적인 신주인수권부사채라면 5,000원으로 행사 가격이 조정되어야 하지만 왕대박의 신주인수권부는 행사 가격이 그대로 500원으로 유지된다. 결국, 왕대박은 신주인수권을 행사해 주식을 인수한 뒤 팔면 1주당 9,500원의 이익을 낼 수 있다. 이런 문제가 발생하자 금융감독원은 황금 BW 발행을 금지했다.

## 작전 세력을 이기는 주식투자 비법 ②

1. 우회상장을 악용하려는 기업이나 세력은 존재하기 마련이다. 우회상장 종목을 미리 알 수 있다는 환상을 버리고 신중하게 투자하라. 우회상장 종목의 주가가 장기적으로 오르려면 실적이 뒷받침되어야 한다.

2. 상장폐지가 될 주식이 껌값이더라도 정리매매 기간에 처분해 투자금을 회수하라.

3. 유상증자는 주식 가치를 희석시킨다. 하지만 성장성이 높은 신사업 진출이나 시설 투자를 위해 유상증자를 했을 경우 주가가 오를 가능성이 크므로 꼼꼼히 따져보고 활용하라.

4. 전환사채와 신주인수권부사채는 최초 발행가의 70%선까지 가격이 조정될 수 있다. 또 이들 사채가 주식으로 전환될 수 있는 시점을 따져 물량 출회로 인한 주식 하락 가능성이 있는지 확인하라.

# Chapter 3

# 자원 개발 주 투자는 장기전이 될 것을 각오하라

자원 개발은 전문가에게조차 생소하고, 사업성을 장담하기 힘든 분야다. 이런데도 섣부르게 투자하면 결과는 뻔하다. 자원 개발은 사막을 건너는 사람을 홀리는 신기루처럼 허망하다. 철저한 검증 없이 장밋빛 청사진만을 굳게 믿고 투자했다가는 인생이 지하 암흑세계로 향하게 될지도 모르는 일이다.

지식에 대한 투자가 최고의 결과를 만든다.

— 벤저민 프랭클린

# 봉이 김선달

## 서부 개척 시대

"승객 여러분 10분 후에 우즈베키스탄 타슈켄트 공항에 착륙하겠습니다. 모두 안전벨트를 착용해주십시오."

기장의 안내에 정광개 사장은 우즈베키스탄을 소개하는 책자를 덮었다. 비행기가 이륙하자마자 집어 든 책자에는 우즈베키스탄을 1991년 구소련의 붕괴로 독립한 중앙아시아의 자원 부국으로 소개하고 있었다. 특히 우라늄과 텅스텐, 몰리브덴, 금 매장량이 세계 10위권이라는 설명이 눈길을 끌었다. 정 사장은 우즈베키스탄에는 석유와 천연가스가 풍부해 개발업자들이 너나 할 것 없이 달려들고 있다는 말을 주변에서 수없이 들어왔다.

브라질과 중국, 인도 등 신흥개발국이 자원의 블랙홀로 등극하면서 광물 가격은 천정부지로 치솟기 시작했다. 이러다 보니 카자흐스탄과 우즈베키스탄 등 광물자원이 풍부한 중앙아시아 지역은 과거 미국의 서부 개척 시대를 방불케 하는 자원 개발의 격전지가 됐다.

정 사장이 우즈베키스탄행 비행기에 몸을 실은 것도 자원 개발 사업에 뛰어들기 위해서였다. 그가 대표 겸 대주주로 있는 에이치앤(H&)의 주력 사업은 컴퓨터 하드디스크 제조. 2000년에 설립된 회사는 집집마다 PC 사용이 보편화되자 날로 매출도 늘었고, 2006년 6월 말 코스닥 시장에 입성했다. 이대로라면 올해 매출액 1,600억 원에 영업이익 70억 원은 거뜬히 달성할 수 있었다.

하지만 정 사장의 마음은 편치 않았다. 삼성전자가 납품 업체를 다른 곳으로 옮기려는 움직임을 보였기 때문이다. 그렇게 되면 에이치앤 입장에서는 수년 동안 안정적인 수입을 보장해줬던 거래처를 잃는 셈이었다. 요즘 들어서 이대로 앉아 있다가는 회사를 상장시키자마자 성장 동력을 잃겠다는 위기감에 뜬눈으로 밤을 지새우는 날이 많았다.

그러던 중 한 달 전에 우즈베키스탄에서 사업을 하는 김수윤에게 쓸 만한 자원 개발 공기업이 매물로 나왔다는 전화를 받았다. 지푸라기라도 잡고 싶은 심정이었다. 정 사장은 이참에 김수윤을 통해 우즈베키스탄 정부 고위 관계자를 만나 자원 개발에 참여할 수 있는 통로를 만들어놓을 생각이었다. 이미 주식시장에서는 기존 사업에 고전하고 있던 제조업체가 자원 개발 사업에 참여하면서 새로운 기업으로 탈바꿈하려고 시도하고 있었다. 여기다 거품까지 끼면서 자원 개발을 테마로 한 기업의 주가는 '묻지 마' 급등 현상을 보였다.

투자자들은 에이치앤이 상장됐는데도 주가가 제자리걸음이라며 정 사장에게 대책을 요구했다. 정 사장은 쓸 만한 기업을 인수한다면 성장 동력도 찾고 주가도 부양하는 일거양득을 노릴 수 있겠다는 기대감에 한껏 부풀었다.

## 노다지

"정 사장, 오느라 고생 많았어."

한식당 우림각에 들어서자 김수윤이 손을 뻗어 정 사장에게 악수를 청했다.

"회사를 살리려면 지옥에라도 가야지."

정광개 사장은 김수윤의 손을 꽉 쥐며 너스레를 떨었다.

정 사장에게 김수윤은 구세주였다. 김수윤이 우즈베키스탄에 정착한 것은 10여 년 전이라고 했다. 보따리상을 하다가 우즈베키스탄의 가능성을 보고 아예 눌러앉은 것이다. 정착한 이후에는 우즈베키스탄에서 사업하려는 업체를 현지인과 연결해주는 역할을 했다. 세월이 흐르면서 그의 인맥은 정부 고위층과 닿았고, 이제는 우즈베키스탄에서 김수윤을 통하지 않으면 사업을 할 수 없을 정도라는 평이 나돌았다.

"그런데 김 박사, 매물로 나온 업체는 괜찮아?"

정 사장은 곧바로 말머리를 사업으로 돌렸다.

"우즈베키스탄 공기업이니까 나쁘지 않아. 게다가 광산도 보유하고 있어."

김수윤은 뜻밖의 말을 꺼냈다.

"무슨 광산?"

정 사장의 눈이 휘둥그레졌다.

"요즘 태양광 사업이 뜨잖아. 거기서 핵심이 되는 재료가 폴리실리콘이고, 규사가 폴리실리콘 재료라고 하던데. 쓸 만한 규사 광산을 보유하고 있나 보더라고."

김수윤이 정광개 사장에게 들릴 듯 말 듯한 목소리로 전했다.

"그래?"

정 사장은 귀가 솔깃했다.

'규사 광산이라……'

이명박 정권이 들어서면서 신재생 에너지 사업에 대한 시장의 관심은 가히 폭발적이었다. 전 세계적으로도 환경오염에 대한 경고등이 커지면서 신재생 에너지인 태양광, 풍력발전이 인기를 끌었다. 그중에서도 태양광은 장소의 제약이 적은 만큼 다른 신재생 에너지보다 시장성을 쉽게 확보할 수 있다는 관측이 쏟아졌다.

중견 화학기업이었던 OCI(전 동양제철화학)는 국내에서 처음으로 태양광 발전의 핵심 재료인 폴리실리콘을 생산할 수 있는 공장을 설립하면서 세계적인 기업으로 발돋움했고, 연일 주가는 고공 행진했다.

정 사장은 인수를 추진하는 공기업이 폴리실리콘의 재료가 되는 규사 광산을 보유하고 있다는 말에 구미가 당겼다.

## 빛 좋은 개살구

"대표님, 지질자원연구원 성분 분석 결과 나왔습니다."

"그래? 결과 어때?"

"규소 순도가 99.37%랍니다."

"그럼 됐어. 이제 숨통 좀 틀 수 있겠구만."

신규사업팀장 박순표가 지질자원연구원의 성분 분석 보고서를 건네자 정광개 사장은 안도의 한숨을 내쉬었다.

우즈베키스탄에서 돌아오자마자 정 사장은 태양광 발전에 대한 막연한 확신이 생겼고, 곧바로 신규사업팀을 꾸렸다. 그리고 곧바로 김수윤에게 부탁해 우즈베키스탄 규사 광산 여덟 곳의 예상 매장량을 조사한 우즈베키스탄 자원위원회의 규사 광산 현황 자료를 확보했다. 규사 예상 매장량은 약 1,000만 톤. 어마어마한 양이었다. 잘만 하면 떼돈을 벌 기회였다.

하지만 정 사장의 얼굴 한쪽에는 그늘이 드리워 있었다. 정 사장은 정작 돈이 되는 것은 규사가 아니라 폴리실리콘이라는 점을 누구보다 잘 알고 있었다. 귀국하자마자 태양광 발전 전문가를 만나 사업 전망을 들어보고 자료도 수집하면서 얻은 결론이었다. 전문가의 설명은 이랬다.

규사는 일단 흔하디 흔한 광물이다. 태양광 발전이 선풍적인 인기를 끌고 있었지만, 공급이 부족하거나 가격이 급등하지도 않았다. 반면 폴리실리콘은 품귀 현상을 겪고 있는데, 규사를 폴리실리콘으로 정제하는 과정에는 고도의 기술이 필요했다. 그래서 폴리실리콘을 생성할 수 있는 제조기술을 가진 회사는 세계적으로 다섯 군데에 불과했다. 이들 기업과 경쟁할 수 있으려면 공장을 갖추는 데 최소 3,000억 원 이상이 필요했고, 적어도 3년 동안은 연구 개발에 매진해야 했다.

이러다 보니 규사 가격은 1톤당 15~30달러에 불과했지만, 폴리실리콘은 10만 달러에 달했다. 정 사장은 이런 사정을 알면서도 돌아올 수 없는 길로 접어들고 있었다. 허황된 꿈이지만 깨고 싶지 않았다.

# 신기루

"기자님 오셨습니까?"

정광개 사장은 자리에서 벌떡 일어나 악수를 청했다.

"네, 잘 계셨어요? 그런데 요즘 사장님이 우즈베키스탄에 흠뻑 빠져 있다는 이야길 들었는데, 성과가 좀 있으세요?"

한민경제 오대민 기자가 악수를 하며 넌지시 물었다.

"벌써 그런 소문이 돌았습니까?"

정 사장은 자못 놀란 척 정색을 했다.

"알 만한 사람은 다들 알던데요. 광산 투자하신다는 말이……."

오대민 기자는 딴청을 부리듯 되물었다.

"하하하. 소문 참 빠르군요. 그러면 제가 말씀드려야겠네요."

정 사장은 쾌재를 불렀다. 얼마 전 친분이 있던 오 기자가 근황을 물을 때만 하더라도 웃어넘기면서 한번 들르라고만 했던 터다. 그런데 오 기자가 우즈베키스탄에 대해 물어오는 것이 아닌가.

"실은 태양광 사업에 진출하려고 합니다. 좀 더 구체적으로 말하면 폴리실리콘 원료 사업이죠."

정 사장은 다짜고짜 우즈베키스탄 규사 광산을 인수하려 한다는 이야기를 꺼냈다. 물론 규사 사업을 황금알을 낳는 거위로 표현했다.

"규사가 폴리실리콘 원재료인 건 아시죠? 순도에 따라서 킬로그램당 1달러에서 100달러까지 가격이 천차만별입니다. 이번에 우즈베키스탄에서 확보하려는 규사 광산은 추정 매장량만 1,000만 톤이 넘어요. 게다가 지질자원연구원에 의뢰해봤더니 순도가 99.37%나 되더군요."

정 사장은 신들린 듯 장광설을 펼쳤다.

"정말요? 그러면 광산만 확보하면 에이치앤은 OCI 버금가는 태양에너지 전문 기업이 되겠네요. 대단하십니다. 나중에 잘되면 저 잊지 마십시오."

오 기자는 귀를 쫑긋 세운 채 관심을 표명했다.

"하하하. 물론이죠. 제가 오 기자님을 잊으면 안 되죠."

정 사장의 웃음은 음흉했다. 죄책감은 전혀 찾아볼 수 없었다. 사실을 과장했을 뿐이지, 거짓말을 한 건 아니라는 자기 합리화가 이미 마음속에 뿌리내리고 있었다.


"사장님, 기사가 뜬 모양입니다. 언론사에서 확인 전화가 빗발치고 있습니다."

기획실 직원이 퇴근하려는 정 사장을 돌려세웠다.

"그래? 어디 한번 보자."

저녁 6시, 정 사장은 직원의 말을 전해 듣고 다시 집무실로 돌아와 인터넷으로 뉴스를 검색했다. 한민경제 사이트에는 '에이치앤 태양광 발전 본격 진출'이라는 제목의 기사가 실려 있었다. 오전에 다녀간 오대만 기자가 잽싸게 기사를 올린 모양이었다. 정 사장은 내용을 꼼꼼히 읽어보면서 미소를 머금었다.


에이치앤은 우즈베키스탄 정부가 민영화를 추진하는 공기업 포논사와 함께 태양에너지의 주원료인 규사 광산 개발에 나설 계획이다. 이에 따라 포논사와 에이치앤은 합작 법인 설립에 나섰다. 규사는 순도에 따라 킬로그램당 1달러에서 100달러까지 차이가 난다. 중국은 순도 98% 규사를 수출

해놓고, 다시 99%로 가공된 규사를 80~100달러에 구매하고 있다. 현재 우즈베키스탄 자원위원회 자료를 보면 지금까지 약 1,000만 톤 이상의 규사가 발견되었으며, 에이치앤은 그 샘플을 채취해 한국 지질자원연구원에 순도 분석을 의뢰한 결과, 순도 99.37%에 달했다.

"사장님, 언론사에서 이것저것 묻는데 제가 답하는 건 부적절할 것 같습니다. 직접 나서셔야 할 것 같은데요."

기획실 직원은 얼이 빠진 듯 매달렸다.

"알았어. 조금만 기다리라고 해."

정 사장은 숨을 가다듬었다. 이제 팡파르를 울릴 날이 머지않았다는 생각이 스쳤다.

"여보세요. 한민경제 기사 보시고 전화 주셨군요. 내용은 대충 맞다고 보시면 됩니다."

정 사장은 사실 확인과 인터뷰를 요청하는 전화에 시달렸지만, 일일이 응대했다.

그도 그럴 것이 기사대로라면 킬로그램당 가격이 80~100달러 수준인 규사가 1,000만 톤 정도 매장된 광산을 에이치앤이 독점하게 되는 셈이었다. 한국 돈으로 따지면 최대 1조 원에 달했다. 정 사장이 돈방석에 앉는 건 시간문제였다. 그러나 진실은 달랐다.

## 수렁

"대표님, 주가가 1만 원을 넘었습니다. 너무 오른 것 아닌가요?"

박순표 팀장이 결제 서류를 펼치며 조심스럽게 물었다.

"이제 시작인데 무슨 소리야. 박 팀장 새가슴 아냐?"

정광개 사장은 미간을 찌푸리며 박순표 팀장을 올려다봤다.

"그렇지만……."

박 팀장은 따가운 시선을 의식한 듯 고개를 푹 숙인 채 말을 흐렸다.

"잔말 말고 정식 사업자 선정됐다는 보도 자료나 준비해."

"……."

박순표 팀장은 헤어나올 수 없는 수렁에 빠진 듯했다. 정 사장이 규사 샘플을 건네면서 지질자원연구원에 성분 분석을 하라고 했을 때만 하더라도 영문을 몰랐다. 정 사장이 자신을 신규사업팀장에 앉히고, 태양광 발전 사업 이야기를 꺼냈을 때에야 그나마 꿍꿍이를 알 수 있었다.

하지만 신규사업팀장이란 직함은 허울에 불과했다. 그가 할 수 있는 것이라곤, 정 사장의 지시를 로봇처럼 실행하는 일뿐이었다. 규사 성분 분석 의뢰와 태양광 발전 자료 수집은 모두 그의 몫이었다.

그러나 정작 사업이 어떻게 진행되는지는 알 수 없었다. 정 사장은 한 달에 한 번 정도 우즈베키스탄행 비행기에 몸을 실었고, 돌아와서는 모든 게 잘되어간다는 말만 되풀이했다.

그가 빠져나올 수 없는 덫에 걸렸다는 낌새를 알아차린 건 양해각서 [MOU(Memorandum of Understanding), 양 당사자가 우선 협상권을 부여해 협상하자는 약속] 체결과 관련된 보도 자료 작성을 지시받았을 때였다. 정 사장은 첫 인터뷰 기사가 나가고 두 달여 만에 규사 광산 개발 독점권 확보를 위한 양해각서를 체결했다는 내용을 작성해 언론사에 배포하라고 지시했다. 정식 계약은 아니지만, 사업이 순탄하게 진행되고 있다는 사인이었다.

그러나 박 팀장은 양해각서야말로 속 빈 강정이라는 느낌을 지울 수 없었다. 아직 본 계약까지는 광물 탐사, 합작 회사 지분 관계 협의 등의 절차가 남아 있었다. 그런데도 정 사장은 양해각서 체결을 발표하면서 모든 일이 다 끝난 것처럼 포장했다.

더구나 정 사장의 지시로 태양광 발전에 대한 자료를 수집하고 태양광 전문가를 만나면서, 규사 광산 자체로는 돈이 되지 않는다는 것을 알게 됐다. 이런 사실을 정 사장에게 알렸지만, 쇠귀에 경 읽기였다.

그가 정 사장을 더욱 의심한 까닭은 차명으로 보유하던 주식을 남몰래 시장에 내다 팔고 있다는 이야기가 회사 내부에서 들려왔기 때문이다. 하지만 그의 마음을 비웃기라도 하듯 주가는 연일 급등이었다.

규사 광산에 대한 한민경제의 기사가 나간 날 주가는 3,880원. 하지만 지금은 1만 원을 훌쩍 넘었다. 정 사장이 차명 계좌의 주식을 내다 팔았다면 어마어마한 수익을 냈을 게 분명했다.

## 주식 동호회

"아, 별말씀을요. 오 기자님께서 계속 신경 써주셔서 모든 일이 일사천리로 진행되고 있습니다. 조만간 술이나 진하게 한잔합시다."

정 사장은 호탕하게 웃고 전화를 끊었다. 첫 인터뷰 기사로 신호탄을 날려준 오 기자에게 온 축하 인사였다. 이미 시장에는 에이치앤이 규사 광산 개발 정식 사업자로 선정됐다는 뉴스로 도배가 되다시피 했다.

태양광 전지의 원재료가 되는 규사 광산 개발에 나선 에이치앤의 행보가 빨라졌다. 우즈베키스탄 정부로부터 광산 개발 정식 사업자로 선정된 것이다. 정광개 사장은 "우즈베키스탄 정부로부터 지난 8월 초 규사 광산 개발 사업자로 선정됐다는 통보를 받았다"라며 "지난 4월 규사 광산 개발을 위한 양해각서를 체결한 이후 넉 달 만에 정식 인가를 받아낸 셈"이라고 강조했다.

이에 따라 에이치앤은 10월까지 폴리실리콘 생산 결과를 도출해 낼 계획이다. 또 올해 말까지는 우즈베키스탄 정부와 합작회사를 설립하고 투자자를 모집한다는 방침이다. 정 사장은 이에 대해 "벌써 입도선매하겠다는 대기업이 세 곳에 달했고, 자금을 투자하겠다는 은행도 많다"라고 설명했다.

에이치앤의 계획대로라면 2010년에는 폴리실리콘 설비 투자가 완료되고, 에이치앤은 OCI를 잇는 태양광 전지 사업 업체로 변신할 것으로 보인다.

정 사장의 얼굴 한쪽에 두려움이 서렸다. 뉴스대로라면 한때 하드디스크를 만들던 중소기업이 이제는 명실상부한 태양광 발전 업체로 발돋움하는 순간이었다. 하지만 현실은 파열음투성이였다.

우즈베키스탄 정부는 포논사를 매각하기보다는 에이치앤과 합작 회사를 만들어 광산 개발에 참여하려 했다. 하지만 우즈베키스탄은 지분 50% 이상은 절대 양보할 수 없다는 견해를 고수하고 있었고, 에이치앤은 경영권도 없는 회사에 돈을 투자하는 위험을 떠안을 이유가 없었다.

더욱이 정 사장이 우즈베키스탄 정부로부터 받은 것이라곤 광산 개발에 대한 설명이 담긴 문서뿐 정식 계약서는 어디에도 없었다.

그런데도 정 사장이 정식 사업자로 선정됐다는 뉴스를 내보낸 것은 타이밍 때문이었다. 우리 정부와 우즈베키스탄은 이미 일주일 전에 외교 채널의 일종인 자원협력위원회를 11월에 개최하겠다고 발표했고, 규사 광산 개발 사업이 논의 대상이 됐다. 이런 분위기에서 에이치앤이 정식 사업자로 선정됐다는 뉴스가 나온다면 기세 좋게 타오르고 있는 주가에 기름을 끼얹을 수 있었다.

그가 따로 주가조작 세력과 결탁해 돈을 쏟아부은 것도 아니었다. 처음 주가가 꿈틀댈 때는 뉴스의 힘이려니 생각했다. 그런데 주가가 1,800원대에서 1만 5,000원까지 치솟으면서 단순히 자신이 꾸민 시나리오대로 개미들이 몰렸기 때문이라고 해석하기에는 뭔가 찜찜한 구석이 있었다. 정 사장이 평소 거래하던 증권사 브로커를 통해 은밀하게 정보를 수집한 것도 이런 궁금증 때문이었다.

정 사장의 귀에 들려온 정보는 놀라웠다. 바로 대한투자연구소라는 주식 동호회가 관여하고 있다는 이야기였다. 단순한 개미들이 뉴스를 보고 투자했다면 주가는 위태로울 수밖에 없었다. 하지만 주식 동호회라면 사정은 달라진다.

동호회에서 주식 추천이 들어오면 삽시간에 주가가 치솟는다. 불특정 다수가 모이긴 했지만, 조직력은 주가조작 세력 뺨치는 수준이다. 오히려 주가조작 세력은 제 주머니를 차려다 작전을 깨기도 하지만, 동호회는 일사불란하다.

이런 동호회가 붙었다면 정 사장은 손 안 대고 코 풀 수 있는 절호의 기회를 잡은 셈이었다. 정 사장은 동호회의 출현을 예상하진 않았지만 에이치앤을 상장시킬 때부터 주식 수를 최대한 늘려 언제든 한몫 챙기려는 만반의 준비를 하고 있었다.

에이치앤은 2005년에 10 대 1 액면 분할을 했다. 그리고 2006년과 이듬해 두 차례의 무상증자도 한 터였다.

이렇게 해서 외부에 알려진 정 사장의 주식 수는 2004년 8만주에서 올해 초에는 300만주로 늘어나 있었다. 여기다 대주주라면 으레 보유하는 차명 주식도 보유했다.

정 사장이 차명 주식을 어떤 방식으로 운용하는지는 회사 내에서도 소수만 아는 극비였다.

## 이상한 기자회견

"에이치앤 대표가 잠시 기자회견을 하겠답니다. 관심 있으신 분들은 10분 후에 브리핑실로 모여주십시오."

한국거래소 기자실 스피커를 통해 안내 방송이 흘러나왔다.

"무슨 업체 대표가 기자실까지 찾아와서 회견한다고⋯⋯."

한국신문 이성식 기자는 혼잣말을 내뱉으면서 고개를 갸웃거렸다. 한 업체의 대표가 한국거래소 기자실까지 직접 찾아와서 기자회견을 하는 경우는 드문 일이었다. 아니, 전례를 찾아볼 수 없는 행동이었다.

업체에서는 IR 설명회를 개최하거나, 개별적으로 접촉해 회사를 홍보하는 게 관행이다. 그런데 갑자기 업체 대표가 직접 기자실을 찾아온 것이 아닌가.

게다가 요즘 증권시장에서 회자되는 에이치앤이라는 점이 호기심을 더욱 자극했다.

에이치앤 정광개 사장은 10월 5일 주가가 7만 원을 넘자 갑자기 13만주를 매도하고는 회사 홈페이지에 회사의 성장 동력 확보를 위해 자금 확보가 필요하다며 매도 이유를 밝혔다. 적절한 시기에 주식 일부를 블록 협상으로 매각하는 방안을 검토하겠다는 설명도 덧붙였다. 그런데 바로 다음 거래일인 8일, 주가가 8만 7,000원을 찍을 때 27만주를 다시 내다 팔았다.

매도 물량은 총 40만주. 시세 차익만 340억 원에 달했다. 주가가 8만 7,000원으로 정점을 찍던 시점을 기준으로 에이치앤의 시가총액은 1조 원을 훌쩍 넘었다. 당기순이익 13억 원에 불과한 회사가 코스닥 시장에서 2인자로 등극했던 것. 주가 상승률은 무려 20배였다.

이 틈을 타 정 사장은 보유 주식을 팔아치웠고, 주가는 그때부터 하강 곡선을 긋기 시작했다. 언론에서는 벌써 비난의 화살을 쏘아댔다. 정 사장은 숨을 고르며 기자회견문을 읽어 내려갔다.

"주가조작 세력들이 근거도 없는 소문을 내서 우즈베키스탄 정부와의 사업이 좌초 위기에 있습니다. 더군다나 주가가 과도하게 올라 보유 지분을 팔아 진정시킬 수밖에 없었습니다……."

정 사장의 기자회견문은 그동안 나온 언론 보도와 별반 다르지 않았다. 다만, 주가조작 세력이 소문을 내고 있다는 새로운 사실을 전했다. 기자들의 질문이 꼬리에 꼬리를 물었다.

"주가 과열을 경고하려고 주식을 팔았다고 했는데, 그 방법밖에 없었습니까?"

"여러 가지 수단을 취해봤지만 뾰족한 수가 없었습니다."

"그렇다고 하더라도 시세 차익만 340억 원인데 너무 과도한 것 아닙니까?"

"차익 대부분은 회사의 신성장 동력 발굴에 대부분 재투입될 겁니다."

이 기자도 질문을 보탰다.

"주가가 4,000원대에서 8만 원까지 올랐는데, 주가조작 세력이 결부되어 있다고 보십니까?"

"네. 그렇습니다. 순수한 개미투자자가 몰렸다면 이 정도는 아닐 겁니다. 저도 일부 시세조종 세력이 소문을 퍼트려 주식을 올리고 있다는 정보를 접했습니다."

정 사장은 기다렸다는 듯이 진지하면서도 명쾌하게 답변했다.

30분 동안 열띤 질문이 끝나자 정 사장은 잘 부탁한다고 말하면서 기자 한 사람 한 사람과 악수했다. 그의 손은 뭔가를 갈구하기라도 하듯 잔뜩 힘이 들어가 있었다.

하지만 이 기자는 의구심을 떨칠 수가 없었다. 곧바로 평소 알고 지내던 거래소 홍보팀에 전화를 걸었다.

"한국신문 이성식입니다."

"네, 이 기자님."

"혹시 업체 대표가 직접 기자실에 찾아와서 기자회견한 적이 있습니까?"

"정광개 사장 때문에 그러시군요. 없습니다. 저희도 좀 이상하게 생각하고 있습니다. 소문도 좀 많고요."

거래소 홍보실 직원도 황당하다며 맞장구를 쳤다.

"어떤 소문이요?"

이성식 기자가 되물었다.

"규사 광산이 실체가 없다는 거죠. 그런데 해외에서 벌어지는 일이라 우리가 확인할 방법도 없고요."

홍보팀 직원의 전언은 의심을 더욱 증폭시켰다. 이 기자는 전화를 끊자마자 기사를 써 내려갔다.

## 이중 포석

신문을 펴든 정 사장은 웃을 수도 울 수도 없는 난감한 기분에 빠졌다. 기사는 자신의 처지를 잘 대변해주는 듯하면서도, 여전히 의혹이 일고 있다는 투였다.

11일 오전 여의도 한국거래소 기자회견장에서는 흔치 않은 풍경이 연출됐다. 코스닥 업체 대표가 자신이 운영하는 기업의 주가가 너무 올랐다며 성토하고 나선 것. 주인공은 요즘 한참 태양광 테마 주 열풍을 일으키고 있는 에이치앤의 정광개 대표이사.

에이치앤은 올해 4월 우즈베키스탄에서 태양전지의 원료인 규사를 채굴할 수 있는 광산을 개발할 것이라는 소식이 알려지면서 주가가 4,000원대에서 8만 원 후반까지 천정부지로 치솟았다.

하지만 최근 정 대표와 임원들이 장내에서 주식을 매도해 340억 원의 시세 차익을 남겼다는 사실이 알려지면서 시장의 시선이 곱지만은 않은 상태였다. 이러다 보니 대표가 직접 해명을 하고 나선 것이다.

정 대표는 "주가 과열 때문에 우즈베키스탄 정부 측에서 애초 85(에이치앤) 대 15였던 투자 지분을 50 대 50으로 조정하자고 요구해 현지 사업이 난항을 겪고 있다"라고 했다. "여기다 '협력사가 우즈베키스탄 대통령과 친분이 두텁다'라는 뜬소문까지 돌고 있어 난감한 상황"이라며 자신도 피해자임을 강조했다.

그는 또 "과열에 대한 경고를 주기 위해서라도 지분을 매각해야 했다"라고 지분 매각 배경을 털어놓았다. 결국, 자신이 생각하기에도 주가가 비정상적으로 많이 올랐다는 점을 인정한 셈이다.

하지만 그의 해명에도 주가가 한창 오르던 상황에서 주식을 대량으로 팔아 막대한 시세 차익을 남긴 것에 대해 '도덕적 해이'라는 비판이 적지 않다.

정 사장이 기자회견을 자청한 것은 이중 포석이었다. 먹튀 논란을 잠재우려는 게 첫 번째였다면, 주식 동호회의 존재를 알리고 싶었던 게 두 번째였다. 대부분의 주가조작 사건은 대주주가 주가조작 세력과 결탁해 주식을 부양하는 식이었다. 하지만 자신이 여기에 전혀 개입하지 않았다는 것을 외부에 공표해 법적으로도 문제가 없다는 점을 분명히 하고 싶었다.

하지만 기자들은 의심의 눈초리를 쉽게 거두지 않았다. 우즈베키스탄 현지 사정도 좋지 않았다. 김수윤은 우즈베키스탄 정부에서 정광개 사장이 계속 회의에 참석하지 않는다며 볼멘소리를 내기 시작했다고 전했다. 더군다나 규사 광산에 대한 언론 보도가 잇따르자 불편한 심기를 드러내고 있다고 했다.

기자회견에서 언급했던 지분 문제도 사실과 달랐다. 우즈베키스탄 정부는 애초부터 지분 50 대 50의 합작 회사를 원했다. 하지만 정 사장은 정식 사업자 선정 당시에는 에이치앤의 지분이 85%였는데, 우즈베키스탄 정부가 규사의 가치를 뒤늦게 깨닫고 지분 조정을 요구하는 것처럼 설명했다. 더군다나 이미 정식 사업자로 선정됐다는 보도를 내보낸 마당에 사업이 의도대로 진행되지 않는다면 그는 옴짝달싹 못하고 사기꾼이 되는 셈이었다. 정 사장은 조급해지기 시작했다.

## 아비규환

"그럼 그렇지. 뭔가 이상하다 싶더니 결국은 사고를 치는구만."

"무슨 일 있어?"

"에이치앤 규사 광산 개발이 좌초된 모양이야."

아침 댓바람부터 증권 정보 사이트를 보며 동료와 이야기를 나누던 한국 신문 이성식 기자는 혀를 찼다. 에이치앤 게시판에는 소액주주들의 항의가 빗발쳤다. 주식시장이 시작되기도 전인데 규사 광산 개발 사업자 선정이 취소됐다는 공시가 나왔기 때문이다.

지난 10월 초에 이미 정광개 사장이 지분을 처분했다는 소식에 한때 8만 7,000원까지 치솟았던 주가는 2만 원대까지 내려앉았다.

하지만 일부 소액주주는 주식 처분 소식에도 이성을 잃은 채 미련을 버리지 못했다. 정광개 사장이 주식을 처분했지만, 대부분을 신사업에 투자하겠다는 말을 철썩같이 믿고 있었던 것이다. 또 규사 광산 사업도 중단된 게 아니라고 위안했다.

그런데 이제 규사 광산 개발 사업자 선정이 취소됐다는 공시까지 나온 상황이었다. 아니나 다를까 장이 개장하자마자 주가는 거래량 없이 곧바로 하한가로 직행했다. 일명 '점하(거래량 없이 하한가를 기록함)'다.

주가 도표를 보던 이 기자는 끌끌 혀를 찼다. 밑도 끝도 없는 자원 개발의 신기루를 쫓다가 재산을 탕진했을 개미들의 아우성이 귓가를 스치는 듯했다.

## 침묵

"정광개 의원님, 연종선이 회사 직원 맞죠?"

5평 남짓의 정사각형 방. 마주 앉은 30대 남자는 정중하지만 날카롭게 질문을 던졌다.

"……."

정 사장은 눈길을 외면한 채 입을 굳게 다물었다.

"이 사람하고 나머지 4명이 당신 회사 주가가 한참 오를 때 주식 팔아서 챙긴 돈이 대략 90억 원이야. 그건 알아?"

"……."

"꿀 먹은 벙어리가 됐나, 왜 말이 없어? 그런데 참 이상해. 이 사람들은 그 계좌는 자기 것이 아니라고 하니까. 당신한테 명의만 빌려줬다고 하는데, 말을 좀 해봐."

그는 인생을 살면서 가지 말아야 할 곳에 앉아 있었다. 서울중앙지방검찰청 금융 조세조사1부 조사실. 그 앞에는 30대 초반의 검사가 그를 심문하고 있었다. 검사는 하늘을 날던 매가 먹잇감을 향해 수직 하강하는 것처럼 거침이 없었다. 정 사장은 질문에 아무런 답변도 할 수 없었다. 검사는 모든 것을 알고 있는 듯 질문을 던졌다. 이미 직원들이 실토했다고 하니 부인할 수도 없는 노릇이었다. 혹시나 검사가 자백을 받아 내기 위해 직원들 조사도 하지 않은 채 넘겨짚은 것은 아닌가 하는 생각도 들었지만, 그런 추정으로 부인했다가는 죄질만 나빠질 게 뻔했다. 죄수의 딜레마에 빠진 셈이다. 존댓말과 반말을 섞어가며 추궁해 대는 태도가 불쾌하기도 했지만, 지금 그는 항의할 주제가 아니었다.

정광개 사장은 며칠 전까지만 하더라도 금배지를 달고 여의도를 드나들었다. 그 시절이 한나절 꿈처럼 느껴졌다. 지난 5월 민주당 비례대표로 국회에 입성할 때만 하더라도 모든 게 술술 풀리는 줄 알았다. 하지만 검찰은 비례대표 국회의원 일부가 공천 헌금을 제공했다는 의혹을 들여다보기 시작했고, 정 사장도 검찰의 레이더망에 포착됐다.

국회의원 후보자의 경우에는 직업과 학력, 재산 등을 허위 공개하면 공직 선거법 위반 혐의로 처벌받게 되어 있다. 그런데 검찰은 정 사장이 선거관리위원회에 신고한 재산 사항에 문제가 있다고 봤다. 직원들 명의로 보유하던 주식을 매각해 막대한 차익을 남겼는데도, 이를 숨겼다는 추정이었다.

조사가 진행되면서 정 사장은 자포자기의 심정으로 혐의를 인정할 수밖에 없었다. 우선 검찰은 규사 광산 개발은 실체가 없다고 결론 내렸다. 우즈베키스탄 정부와 양해각서만 체결했을 뿐, 아무런 사업 진척도 없는데 마치 정식 사업자로 선정된 것처럼 가장했다는 것이다. 검찰은 또 정 사장이 언론 인터뷰에서 규사가 킬로그램당 수백 달러의 가치가 있다고 한 것도 허구라고 판단했다. 규사가 그만큼의 가치를 가지려면 폴리실리콘으로 가공됐을 때라는 전문가의 진술이 근거였다.

이렇게 실체도 없는 사업을 추진하는 것처럼 꾸미고 주가가 오르자 직원들 명의로 보유하던 자신의 주식을 팔아치웠다는 게 검찰의 판단이었다.

검찰이 파악한 이득액은 주가가 꿈틀거리기 시작한 5월 8일부터 그해 10월 10일까지 모두 28만주의 차명 주식을 매도해 얻은 90억 원. 여기다 주가가 정점에 달했을 무렵인 2007년 10월 5일과 8일 두 차례에 걸쳐 40만주를 매각해 생긴 340억 원을 합치면 시세 차익은 400억 원이 훌쩍 넘었다.

정 사장은 고개를 숙인 채 침묵했다. 조사실에는 싸늘한 기운만 감돌았다.

# 사건의 진실

'봉이 김선달'은 하드디스크 제조업체인 H&T의 정국교 대표의 주가조작 사건을 소재로 재구성했다.

정국교는 2007년 기존 사업인 하드디스크 제조가 한계에 달하자 우즈베키스탄 정부와 합작회사를 차려 규사 광산 개발에 나섰다. 그러고는 우즈베키스탄 정부와 태양광 발전의 소재가 되는 규사 광산 개발에 대한 양해각서만 체결해 놓고 마치 정식 사업자로 선정된 것처럼 과대 포장해 막대한 시세 차익을 남겼다. 규사가 흔한 광물이고, 폴리실리콘으로 정제되어야 가치가 있다는 설명을 쏙 빼고 홍보한 것이다.

당시는 녹색 성장 바람을 타고 신재생 에너지 테마가 증시를 휩쓸던 시기였던 만큼 주가는 20배 가까이 급등했고, H&T는 코스닥 시장에서 시가총액 2위 업체로 등극했다.

정국교의 인터뷰는 2007년 2월부터 9월까지 총 여덟 차례 언론을 통해 보도됐다. 주요 내용은 다음과 같다.

태양에너지 주원료인 폴리실리콘 광산 개발 독점권 지분 76%를 인수할 계획이다(2007년 2월).

공장 건립을 계획 중이다. 하나은행 그리고 신한캐피탈과 프로젝트 파이낸싱을 체결했다. 투자 규모는 3,000억 원~5,000억 원이다(2007년 4월).

우즈베키스탄 각료 회의에서 에이치앤티가 솔라셀의 주원료가 되는 규사 광산 개발 업체로 최종 지정받았다(2007년 8월).

규사는 태양전지의 기본 원료인 폴리실리콘의 원자재다. 최근 신재생 에너지에 전 세계의 관심이 쏠리면서 무한한 성장 가능성이 점쳐지는 분야다(2007년 9월).

H&T 주가는 그동안 4,000원대에서 8만 7,000원까지 치솟았고, 정국교는 이때를 노려 임직원 명의로 보유하던 차명 주식 28만주를 차례로 매도해 무려 90억 원의 시세 차익을 남겼다. 여기다 자신의 명의로 보유하던 40만주를 매도해 340억 원을 거둬들였다. 시세 차익만 총 430억 원에 달했다.

정국교는 허위 사실을 퍼트려 주가를 조작한 것을 감추려고 주식을 매도한 이후에 한국거래소에서 기자회견까지 자청했다. 그리고 헛소문을 퍼트리는 주가조작 세력 때문에 사업이 좌초 위기에 처했고, 마치 우즈베키스탄 정부가 지분 조정을 요구하는 것처럼 설명했다. 당시 정국교의 인터뷰에서는 진정성이 느껴졌지만, 이 또한 쇼에 불과했다는 게 나중에 밝혀졌다.

성공적으로 끝나는 듯 보였던 정국교의 주가조작은 2008년 4월에 덜미가 잡힌다. 정국교가 민주당 비례대표로 금배지를 달자마자, 검찰이 정국교가 재산 신고를 허위로 했다는 정황을 포착한 것이다. 이후 정국교는 주가조작과 공직선거법 위반 혐의 등으로 기소됐고, 2010년에 대법원에서 징역 2년 6개월의 확정 판결을 받았다.

검찰은 정국교가 주가 부양을 하려고 시세를 조종한 혐의는 포착하지 못했다. 다만, 한국투자연구소라는 주식 동호회가 주식을 집중적으로 매집한 것으로 파악했다. 하지만 법원은 정국교와 한국투자연구소가 미리 짜고 주가를 올린 것은 아니라고 판단했다. 결국, 정국교의 허위 사실 유포에 주식 동호회가 당했거나 암묵적인 합의가 있었다고 볼 수 있다.

형사 처분과 별개로 소액주주들의 손해배상 소송도 잇따랐다. 특히 2010년에는 213억 원을 배상하라는 판결이 나오기도 했다. 정국교 사건은 태양광 테마를 이용해 한몫 잡아보려 했던 한 기업의 대표가 쇠고랑을 찼던 웃지 못할 풍경이다.

## H&T 사건 일지

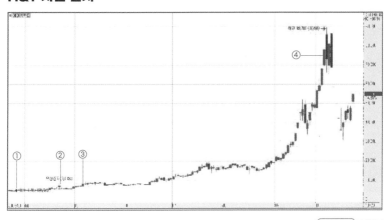

(그림 3-1) H&T

| | |
|---|---|
| **2006년 11월** | 포논사 인수 의사 타진 위해 우즈베키스탄 방문. |
| **2007년 2월** | 우즈베키스탄 규석 샘플 1개 성분 분석 의뢰. |
| **2월 27일** | 태양전지 사업 진출 관련 언론 인터뷰(9월까지 여덟 차례). ① |
| **4월 19일** | 우즈베키스탄 국가지질자원위원회 등과 광산 개발 양해각서 체결. ② |
| **4월 24일** | 하나은행, 신한캐피탈과 재무지원에 관한 양해각서 체결. |
| **5월 4일** | 차명 주식 매도 시작(10월 8일까지 28만주 매각해 90억 시세 차익). ③ |
| **10월 5일** | 보유 주식 13만주 매각…… "사업 자금 확보 위해 주식 매각." ④ |
| **10월 8일** | 보유 주식 27만주 매각…… "주가조작 세력에게 경고 위해 주식 매각." |
| **11월 8일** | 광산 개발 양해각서 취소 공시. |
| **2008년 4월** | 주가조작 혐의로 검찰에 구속. |
| **2010년 4월** | 대법원서 징역 2년 6개월 확정. |
| **11월** | 소액주주 213억 손해배상 판결. |

## 자원 개발 주 투자는 장기전이다

신흥 개발국이 공업화를 추진하면서 세계는 천연자원 부족으로 허덕이고 있다. 중국과 인도, 브라질, 러시아 등 브릭스(BRICs) 국가가 눈부신 경제 발전으로 자원의 블랙홀로 등극하면서 발생한 현상이다.

여기다 골드만삭스가 브릭스에 이어 세계 경제를 이끌어갈 신흥 경제국으로 꼽은 N11(한국, 멕시코, 베트남, 이란, 이집트, 터키, 인도네시아, 필리핀, 파키스탄, 방글라데시, 나이지리아)까지 가세하면서 세계는 그야말로 '총성 없는 자원 전쟁'을 벌이고 있다.

세계 각국이 확보 전쟁을 벌이고 있는 가장 대표적인 에너지는 여전히 석유다. 다양한 대체 에너지가 개발되고 있지만, 에너지 효율성 면에서 석유 에너지를 따라오지 못한다. 석유 한 방울 나지 않는 한국은 석유 자원을 선점하기 위해 사투를 벌이고 있다.

정부는 기업의 자원 개발을 독려하기 위해 다양한 지원책을 마련했다. 대표적인 것이 성공불융자 제도다. 기업의 위험을 덜고자 자원 개발이 실패하면 지원금의 원리금을 대폭 또는 전부 감면해주는 제도다. 이러다 보니 기업의 도덕적 해이를 부추긴다는 지적을 받아왔고, 2008년에는 대검찰청 중앙수사부가 대대적인 수사에 나서기도 했다.

자원 개발 과정에서 탐사 비용을 부풀려 지급한 석유공사 전직 임원이 구속 기소되고, 성공불융자를 받아 유전 개발에 나선 세하의 대표이사도 광구의 탐사량을 속였다는 혐의로 재판을 받았다. 하지만 결과는 모두 무죄였다. 법원은 탐사 비용이 부풀려졌거나, 탐사량을 속였다고 단정하기 어렵다고 판단했다.

이처럼 한국 최고의 수사기관이 내놓은 결과마저 진위 파악이 어렵다는 평가를 받는 분야가 자원 개발이다. 그만큼 실패율도 높고, 무엇이 진실인지 가늠하기 어렵다.

특히 2006년부터 자원 개발이 테마를 형성하면서 기존 사업에 한계를 느낀 중소업체는 너나 할 것 없이 사업 목적에 자원 개발, 원유 개발 등을 추가하면서 자원 개발에 뛰어들었고, 장밋빛 청사진을 제시하며 개미들을 현혹했다.

원유 탐사량을 속여 투자자를 현혹하는 일이 빈번해지자 정부는 2010년 3월부터 원유에 대한 용어를 통일했다. 일단 상업성이 확인되지 않으면 탐사 자원량, 발견 잠재 자원량 등 '자원량'이라는 용어를 쓰도록 했다. 매장량이라는 용어를 사용하려면 시추에 의해 '발견'됐고, 기술적으로 '회수 가능' 하고, 사업적으로 '상업적'이고, 사업 개시 시점에 '생산되지 않고 저류

층에 잔존'하는 네 가지 조건을 모두 갖춰야 한다. 매장량도 실제 회수 확률에 따라 확인 매장량, 추정 매장량, 가능 매장량으로 나누었다.

원유 개발은 최소한 3~5년의 세월과 엄청난 자본을 투입해야 하는 장기전인 만큼 중소업체에는 회사의 명운을 건 건곤일척의 싸움이다. SK, 포스코, 대우인터내셔널(현 포스코인터내셔널), 대성산업, 삼천리 등 몸집이 큰 회사는 견딜 만한 체력이 있지만 중소업체는 자칫 잘못하면 낭떠러지로 떨어질 수 있다.

오일 게이트의 장본인인 전대월 씨를 보더라도 자원 개발이 얼마나 험난한 길인지 알 수 있다. 전씨는 2007년 5월 자동차 부품 업체인 명성을 인수해 사명을 케이씨오에너지로 바꾸고 사할린 유전 개발에 나섰다. 철도공사가 투자했던 러시아 유전 개발에 개입했다는 이유로 오일 게이트에 연루되어 꿈을 접어야 했던 전씨로서는 명예 회복을 할 수 있는 절호의 기회였다.

전씨가 유상증자를 통해 최대 주주에 등극한다는 소식에 명성 주가는 9,000원대에서 5배가 넘는 5만 3,000원까지 폭등했다. 전씨는 러시아의 유전 개발업체인 톰가즈네프티사를 인수한 후 사할린 북부 육상 광구를 입찰로 따냈다. 추정 매장량 5,600만 배럴(bbl)로 가치만도 최소 3조 원에 달한나는 언론 보도가 잇따랐다. 하지만 대검찰청 중앙수사부는 전대월 씨가 톰가즈네프티 지분을 적정 가격보다 훨씬 높은 주당 2,850만 원에 사들이도록 했다며 구속 기소했고, 법원은 전씨에게 집행유예 5년을 선고했다. 결국, 전씨의 재기는 물거품이 됐다.

김대중 정권 당시 세상을 떠들썩하게 했던 최규선 게이트의 장본인인 최규선 씨도 유전 개발로 재기를 노리는 인물 중의 1명이다. 최씨는 서원아이앤비라는 회사를 인수해 유아이에너지로 사명을 바꾸고 멕시코만과 이라크 등지에서 유전 개발에 한창이다. 특히 정부가 야심 차게 추진하는 이라크 바지안 광구 개발 컨소시엄에 이름을 올리면서 주변에서는 놀라움을 감추지 못했다.

유아이에너지가 컨소시엄에 참여하게 된 계기는 흥미진진하다. 석유공사는 SK, GS 등과 함께 이라크 석유 사업권을 따내려고 로비전을 벌였고, 바지안 광구 개발권 획득 직전까지 갔다. 그런데 갑자기 이라크 쿠르드 자치정부에서 유아이에너지를 컨소시엄에 참여시켜 달라고 강력하게 요청한 것이다.

유아이에너지가 이라크 정국 불안으로 아무도 선뜻 나서지 않았던 시기에 병원을 지어주는 등 재건 사업에 적극적으로 참여했고, 그 대가로 석유 개발권을 주기로 구두 약속을 했다는 이유였다. 석유공사 입장에서는 게이트의 장본인과 함께 컨소시엄을 구성하면 구설에 오를 수 있기 때문에 극구 반대했지만, 쿠르드 자치정부는 유아이에너지를 포함하지 않으면 없던 일로 하자고 배수진을 쳤다. 미국의 팝스타 마이클 잭슨을 홀렸던 입담이 쿠르드 정부의 고위층도 녹인 모양이다.

석유공사 컨소시엄은 가까스로 바지안 광구를 따내 시추까지 마쳤지만, 석유가 나오지 않아 사업은 수포로 돌아갔다.

원유 값이 천정부지로 오르고 개발 기술이 발전하면서 모래에서 원유를 추출하는 샌드오일 사업도 등장했다. 한국기술산업은 국내 기업으로는 최초로 샌드오일 상업화에 성공했다는 뉴스로 투자자의 관심을 끌었지만 상장폐지의 길을 걸어야 했다.

자원 개발 주 중에서 주가 상승률로 치면 헬리아텍(현 에이치에스씨홀딩스)을 따를 종목이 없다. 헬리아텍은 파푸아뉴기니에서 가스전 개발에 나섰다는 소식에 1,000원대였던 주가가 두 달 만에 1만 3,400원까지 급등했다. 당시 회사가 밝힌 추정 매장량은 900억 톤. 하지만 나중에 슬그머니 추정 매장량을 900만 톤으로 고쳤고, 주가가 100분의 1토막이 났다. 급기야 2009년 상장폐지가 되면서 주식은 모두 휴지가 됐다.

보석의 최고봉 다이아몬드도 자원 개발 테마의 단골손님이다. 2010년 말 코스닥의 주 관심사는 코코라는 엔터테인먼트 회사였다. 그해 12월 10일에 3,000원 하던 주가가 한 달 만에 1만 6,000원까지 치솟았다. 계열사인 C&K 마이닝이 세계 최대 규모의 다이아몬드가 매장되어 있을 것으로 추정되는 아프리카 카메룬 요카도마 지역의 다이아몬드 광산 개발권을 따냈다는 소식 때문이었다. 25년간 개발할 수 있는 권리지만 필요시에는 10년 단위로 연장할 수 있는 반영구적 개발권이었다.

C&K마이닝은 탐사 결과 다이아몬드 매장량이 세계 연 소비량의 3배에 달하는 최소 4억 2,000만 캐럿으로 추정된다고 발표했다. 우리 돈으로 환산하면 대략 62조 원이다.

(그림 3-2) 코코 일봉

이 회사가 개발권을 따낸 데에는 정부 실력자의 지원이 한몫 톡톡히 했다는 말이 무성했다. 이 회사 대표는 검찰 수사를 거쳐 대법원에서 징역 3년에 집행유예 5년형을 선고받았다.

코코보다 앞서 증권시장에 다이아몬드 바람을 불러온 업체는 대원 SCN(현 파캔오피씨)이다. 이 회사는 2001년 5월 아프리카 콩고 다이아몬드 광산 개발 사업을 추진한다는 공시를 내보내면서 주가가 두 달 만에 2,000원대에서 7,500원으로 상승했다.

검찰은 이 업체가 허위 공시로 주가를 조작했다는 정황을 잡고 수사를 했지만, 벌금형으로 사건은 일단락됐다. 그리고 20여 년이 지난 지금까지 광산 개발로 다이아몬드를 생산하고 있다는 말은 나오지 않았다.

이 밖에도 원자재 값 급등을 등에 업고 금, 몰리브덴, 철광석 등 다양한 광물자원이 기업과 투자자를 현혹하고 있다.

석유 자원을 대체할 수 있는 신재생 에너지에 대한 세계 각국의 관심이 높아지고, 스마트폰이나 전기차 등의 수요가 늘어나면서 2차 전지의 원료가 되는 희토류(희귀 광물) 테마도 기승을 부린다. 하지만 희토류가 무엇인지, 얼마나 가치가 있는지를 아는 투자자가 얼마나 될까?

자원 개발은 전문가에게조차 생소하고, 사업성을 장담하기 힘든 분야다. 이런데도 섣부르게 투자하면 결과는 뻔하다. 자원 개발은 사막을 건너는 사람을 홀리는 신기루처럼 허망하다. 철저한 검증 없이 장밋빛 청사진만을 굳게 믿고 투자했다가는 인생이 지하 암흑세계로 향하게 될지도 모르는 일이다.

신재생 에너지 사업도 자원 개발과 별반 다르지 않다. 녹색 성장 바람을 타고 태양광, 풍력, 조력 등의 신재생 에너지 사업에 진출하는 기업이 많았지만, 진입 장벽을 뛰어넘은 업체는 드물다.

자원 개발이나 신재생 에너지 기업에 투자하려면 이 점만은 꼭 살펴봐야 한다.

- 자원 개발 · 신재생 에너지 사업이 기존 사업과 연관이 있는가?
- 수년간의 탐사와 시추를 견딜 만큼 자본력이 충분한가?
- 3~5년간 장기 투자가 가능하고, 사업 실패 시 주가 하락을 감당할 수 있는가?

자원 개발이나 신재생 에너지 사업이 주력 사업이 아니거나 자본력이 충분하지 못하면 과실을 맛보기도 전에 좌초될 수 있다는 점을 명심해야 한다. 또 사업 자체가 진입 장벽이 높고 지구전인 만큼 오랫동안 돈을 묻어놓을 수 있어야 하고, 실패했을 때 손실을 감수해야 한다.

## 뉴스 맹신하면 큰코다친다

주식 투자자는 뉴스를 맹신하는 경향이 있다. 하지만 언론은 생각보다 검증 기능이 취약하다는 점을 명심해야 한다.

특히 해외 자원 개발은 직접 가보지 않는 한 사업 실체가 있는지 파악하기 힘들고, 직접 가더라도 지하에 자원이 얼마나 묻혀 있는지 눈으로 확인할 수도 없다.

업체에서는 매장량에 대한 객관적인 자료를 제시하지만, 용어가 복잡할 뿐더러 자료 위조 가능성도 있다. 자원 개발에 나선 업체가 마음먹고 투자자나 기자를 속이기는 식은 죽 먹기다.

두산가 박중원이나 에이치앤티 정국교 모두 기자를 속여 호재성 뉴스를 퍼트린 경우다. 드물지만 이보다 더한 예도 있다. 기자가 업체와 짜고 호재성 뉴스를 내보내는 경우다. 실제로 2010년 10월 검찰은 허위 기사를 써준 대가로 수천만 원을 받은 혐의로 인터넷 매체 기자를 구속했다.

사연은 이렇다. 코스닥 업체인 H사는 2010년 2월부터 호재성 뉴스가 쏟아졌다. 정부의 대륙붕 개발 사업에 맞춰 해저 운송 시스템을 개발하고, LED와 태양광 사업에 뛰어든다는 내용이었다.

호재가 꼬리를 물면서 1,800원이었던 주가는 한 달여 만에 4,000원으로 급등했고, 이 업체는 때마침 유상증자를 해 165억 원을 투자받았다. 하지만 검찰 조사 결과, 이런 호재성 뉴스는 대부분 업체 IR 담당자와 인터넷 매체 기자가 짜고 만든 허위성 기사로 드러났다. 이 기자는 기사를 써준 대가로 4,000만 원을 받아서 고급 외제 승용차를 사는 데 보탰다.

검찰은 H사가 유상증자 가격을 최대한 높여서 많은 자금을 끌어들이려고 이런 허위 기사를 퍼트린 것으로 판단했다. 아래는 이 기자가 쓴 허위성 기사 중의 하나다.

H사 신규 사업 계획서에 한국에너지자원기술기획평가원 지원 대상 과제가 선정됐다. 이번 선정된 신규 사업 계획은 규석 광으로부터 고순도 실리콘을 뽑아내 생산 및 실용화하는 것.

메탈실리콘은 규석 광으로부터 고순도 실리콘을 뽑아낸 태양광 소재의 핵심 물질로 메탈실리콘, 폴리실리콘, 잉곳, 웨이퍼, 태양전지(셀), 모듈 등의 공정을 거쳐 반도체용 웨이퍼나 태양전지판으로 사용된다.

H사 관계자는 "이번 사업이 성공적으로 수행되어 생산 및 실용화가 시작되면 앞으로 메탈실리콘의 국산 공급이 가능해져 국내산업 경쟁력 강화에도 이바지할 것"이라며 "아울러 전체적인 국내 태양광 산업에 미치는 경제적 파급 효과가 클 것으로 예상한다"라고 말했다.

공교롭게도 이 기사에서도 메탈실리콘이 고부가가치 산업인 것처럼 표현되어 있다. 에이치앤티 정국교 사장이 언론에 마치 규사나 메탈실리콘이 돈이 되는 것처럼 과장한 것과 같은 속임수다.

실제로 규사는 흔한 광물로 품귀 현상이나 가격 급등 가능성이 거의 없다. 국내 규사 매장량만도 650만 톤으로 추정된다. 순도 99% 이상의 규사 역시 전 세계적으로 매장량이 충분해 공급 부족 때문에 가격이 급등할 가능성은 없다.

메탈실리콘 역시 비슷하다. 규사를 전기로에 넣고 화학 반응을 시키면 메탈실리콘이 제작되는데, 규사는 톤당 15달러 정도이고, 메탈실리콘은 톤당 1,000달러 정도다. 언뜻 보면 메탈실리콘이 돈이 되는 듯하다. 하지만 제조 비용 중에 50~60%가 전기료고, 제조 과정에서 분진 등 환경오염 문제가 발생하는 데라 큰 기술력이 필요 없다. 여기다 영업 이익률도 낮아 고부가가치 산업이 아니다.

다만, 규사에서 메탈실리콘 그리고 폴리실리콘으로 가는 가공 단계에서 최종 단계인 폴리실리콘만이 품귀 현상을 빚고 있다. 폴리실리콘은 태양전지의 원료가 되는 반도체의 일종으로 공장 설비에만 2년이 소요되는 등 진입 장벽이 높다. 또한, 폴리실리콘도 순도에 따라 99.999999(식스 나인)%는 일반적이고 이제는 99.99999999999(일레븐 나인)%가 시장성이 있다.

그래서 메탈실리콘이나 폴리실리콘을 무작정 첨단 사업인 것처럼 선전하는 뉴스는 잘못된 것이다. 투자자들도 태양전지 사업이라고 해서 모두 노다지 사업으로 판단해서는 안 된다. 그리고 생경한 신사업일수록 사업성이 불투명한 지뢰밭이라는 점을 명심해야 한다. 주변에서 떠도는 소문을 믿지 말고, 그 분야의 전문가나 종사자로부터 정확한 정보를 듣고 나서 투자하는 게 현명하다.

## 최대 주주의 숨은 물량은 항상 있다

기업이 유가증권시장이나 코스닥에 상장되면 자금 조달에는 숨통이 트인다. 무엇보다 비상장기업의 주식거래는 양도 차익에 대한 세금이 붙지만, 상장기업일 경우에는 그렇지 않다는 장점이 있다.

하지만 상장업체는 내부 상황이 투명하게 공개되다 보니 각종 규제가 뒤따른다. 특히 최대 주주는 더욱 그렇다. 그중의 하나가 지분 신고다. 일단 지분과 관련된 대표적인 규정이 소유주식상황보고 의무와 대량보유보고 의무다. 유가증권(코스피)이나 코스닥 시장 모두에 적용되는 조항이다.

소유주식상황보고 의무는 상장기업의 임원이나 주요 주주가 된 날부터 5일 이내에 소유 상황을 보고해야 한다는 규정이다. 또 지분 변동이 있을 때에도, 변동이 있는 날부터 5일까지 증권선물위원회와 거래소에 보고해야 한다(자본시장통합법 173조).

대량보유보고 의무는 일명 5%룰이라고 한다. 지분 5% 이상을 보유한 투자자에게 적용되는 규정이기 때문이다. 이 규정은 소버린(SK)이나 칼 아이칸(KT&G) 등 외국계 헤지펀드가 우리 대기업의 경영권을 위협해 단기 차익을 남기고 떠나는 행태를 방지하기 위해 도입됐다.

규정에 따르면 지분 5% 이상을 보유하게 되면 그날부터 5일 이내에 보유 상황과 목적을 보고해야 한다. 지분이 1% 이상 변동된 때에도 5일 이내에 변동 내용을 보고해야 한다. 다만, 유가증권시장의 경우에는 지분이 5%가 넘지 않더라도 최대 주주는 무조건 지분을 신고해야 한다. 유가증권시장에서는 지분이 적더라도 최대 주주인 경우가 많기 때문이다.

모든 법칙에는 예외가 있듯이 5%룰도 마찬가지다. 기관 투자자들은 경영권에 영향을 주지 않으면 5% 이상 지분 보유와 변동 사항을 그다음 달 10일까지 보고하면 된다. 만약 미래에셋증권이 1월 5일까지 OCI 지분을 6% 사들였다면 2월 10일까지 공시를 하면 되는 것이다.

한때 미래에셋이 매집하는 업체의 주가가 천정부지로 치솟으면서 기관 따라잡기 투자가 유행한 것도 개인 투자자들이 이런 규정을 이용한 것이다. 하지만 최대 40일 늦게 공개되는 만큼 본인 스스로 판단하지 않고 무작정 따라 하다 보면 오히려 털리는 수가 있다.

다시 본론으로 돌아와서, 지분 신고를 할 때는 차명 보유 주식도 신고해야 한다. 만약 최대 주주가 차명으로 보유한 주식을 신고하지 않으면 소유주식상황보고와 대량보유보고 의무 위반으로 처벌될 수 있다. 이런 규정이 있다는 건 최대 주주의 차명 주식 보유가 일상화됐다는 반증이기도 하다. 특히 주식이 상장될 때 최대 주주가 차명 계좌로 단기 차익을 얻는 경우가 많다.

에이치앤티 정국교 대표도 이 규정을 위반해 처벌받았다. 정국교 대표는 임직원 명의로 주식을 보유하고 있다가 주가가 오르자 남몰래 팔아버렸다. 물론 신고도 하지 않은 주식이었다. 소유주식상황보고와 대량보유보고 의무 위반이다.

박연차 게이트 당시에도 정권 실세로 꼽혔던 천신일 세중나모여행 회장이 차명 계좌로 덜미가 잡혔다. 세중나모여행을 상장시키면서 박연차를 통해 운용하던 차명 계좌로 막대한 시세 차익을 얻었다는 사실이 드러났다.

삼성그룹 비자금 의혹도 마찬가지다. 삼성그룹은 고 이병철 선대 회장으로부터 상속받은 재산을 임직원 명의로 관리했다. 이 과정에서 차명 계좌로 주식에 투자해 자금을 불렸다. 하지만 2007년 그룹 법무팀에서 근무했던 김용철 변호사의 폭로로 이런 사실이 들통났고, 삼성은 주식투자로 얻은 이익에 대한 양도세를 내지 않았다는 이유로 처벌받았다(상장 주식거래에는 양도세가 없지만 지분 3%가 넘는 주주는 양도 차익에 대해 세금을 내야 함).

이처럼 최대 주주가 차명 주식의 유혹을 떨쳐버리지 못하는 것은 무엇 때문일까? 무엇보다 최대 주주의 움직임에 예민하게 반응하는 투자자 때문이다.

최대 주주는 회사 내부 사정을 가장 잘 안다. 그래서 최대 주주가 주식을 팔았다는 소식이 전해지면 투자자들은 아직 시장에 공개되지 않은 악재가 있다고 판단해 동반 투매(덤핑, Dumping)에 나서는 경우가 많다.

실례로 한국거래소는 2011년 1월 17일 교육업체인 청담 러닝에 최대 주주 지분 매각설에 대한 진위를 묻는 조회 공시를 내보냈는데, 조회 공시가 나가자마자 주가는 하한가로 곤두박질쳤다. 반대로 최대 주주와 특수 관계자가 주식을 사 모으거나 회사가 자사 주를 사들이면 투자자들은 주가가 저점이거나 숨은 호재가 있다고 보고 추격 매수에 나선다.

최대 주주의 보호예수 규정도 차명 주식 보유를 부추긴다. 기업이 상장할 때 최대 주주의 주식은 최소 1년간 팔지 못하도록 보호예수에 걸린다. 상장을 계기로 최대 주주가 단기 시세 차익을 노리는 맹점을 보완하려는 조치다. 최대 주주는 막대한 주식을 보유하면서도 마음대로 팔 수 없는 빛 좋은 개살구 신세다. 결국, 이런 제약에서 벗어나 재산을 불릴 수 있는 방법은 차명 주식밖에 없다.

그렇다면 최대 주주의 숨은 물량을 어떻게 파악할 수 있을까. 뾰족한 방법은 없다. 수많은 규정이 있어도 맘먹고 숨기는 것을 막을 방도는 없다. 다만, 거래소나 금융감독원은 차명 계좌가 심각한 문제라고 판단해 다양한 처벌 방안을 모색하고 있다.

마이크로로봇이라는 종목을 보자. 2010년 12월 8일 금융감독원 전자공시시스템에 재미있는 공시가 하나 올라왔다. (표 3-1)

최대 주주인 오형근이 차명으로 130만주가량을 보유하고 있다는 사실을 적발했다는 내용이다. 이에 따라 오형근의 보호예수는 2년에서 3년으로 연장됐다.

마이크로로봇은 원래 로봇 개발 업체였다. 하지만 만성 적자로 경영난을 겪었고, 급기야 2010년 반도체 장비 제조업체인 에이원메카와 합병했다. 비상장이었던 에이원메카가 마이크로로봇이라는 셸을 활용해 우회상장을 한 것이다. 당시 에이원메카 오형근 대표는 차명 주식을 신고하지 않았다. 단순 실수인지, 의도된 것인지는 알 수 없다. 다만, 오 대표는 우회상장으로 주가가 올랐을 때 차명 주식을 팔아 시세 차익을 남길 수 있다는 개연성은 있었다.

5%룰을 악용하는 투자자도 있다. 일명 수십억에서 수백억 원을 주무르는 개인 투자자 '슈퍼개미'다. 이들은 주로 대주주의 지분율이 낮은 회사를 골라 주식을 사들이고 5% 지분 공시를 하면서 투자 목적을 경영 참여라고

## ◆보호예수 의무 위반에 따른 조치 사항 안내

(주)마이크로로로봇의 최대 주주 오형근이 타인 명의(김건우 외 1인)로 주식을 소유한 사실이 확인됨에 따라 다음과 같이 조치하였으니 투자에 참고하시기 바랍니다.

─────────── 다 음 ───────────

가. 조치 대상 주식

- 대상자: 오형근
- 기존 보호예수 주식 수: 보통주 11,041,394
- 차명 주식 수: 보통주 1,305,489
- 연장 조치 주식 수: 보통주 12,346,883

나. 조치 내용

차명 주식에 대해 최대 주주(오형근)로 명의 변경 후 한국예탁결제원에 예탁하고, 당해 차명 주식과 기존 보호예수 주식에 대하여 보호예수 기간에 추가 1년 연장조치

- 종전 기간: 10. 8. 18 ~ 12. 8. 17 (2년)
- 연장 기간: 10. 8. 18 ~ 13. 8. 17 (추가 1년)

( 표 3-1 ) 보호예수 의무 위반에 따른 조치 사항 공시

못 박는다. 경영권 분쟁으로 주가가 오를 수 있다는 암시를 주는 것이다. 실제로 임시 주주 총회를 열어 경영진 교체를 요구하기도 한다. 개미투자자들은 공시와 이런 정황을 믿고 추격 매수에 나서고, 주가는 오른다. 그러면 슈퍼개미들은 재빠르게 지분을 팔아 해치운다.

예전에는 투자 목적 기재를 의무화하지 않았다. 일부 슈퍼개미들은 이런 허점을 이용해 주식을 충분히 사들일 때까지 단순 투자인 것처럼 꾸미다가 갑자기 경영 참여라고 공시해 주가를 부양했다. 이런 횡포가 잦아지자 이제는 5% 지분 공시를 할 때 단순 투자인지 경영 참여인지 명확하게 쓰도록 규정이 정비됐다. 하지만 이마저도 나중에 얼마든지 바꿀 수 있기 때문에 '종이호랑이'에 불과하다.

대표적인 슈퍼개미를 들자면 서울식품과 한국슈넬제약으로 수십억 원을 챙긴 경대현 씨다. 또 티엘씨레저 경영권 분쟁의 중심에 섰던 이현주 씨도 종종 모습을 드러낸다. 2010년에는 김병관 동아일보 전 사주의 동생이자 동아꿈나무재단 이사장인 김병건 씨도 나이스메탈과 에스큐엔의 지분을 잇달아 인수하면서 슈퍼개미로 등극했다.

황우석 박사의 장모 박영숙 씨와 처남 강용석 씨도 이름 꽤나 날리는 슈퍼개미다. 이들은 제이콤의 최대 주주로 등극했다가 지분을 매각해 짭짤한 수익을 남겼고, 2010년 말에는 동국실업 지분 8%를 인수했다가 보름 만에 매각해 5억 원의 차익을 남겼다. 전체적인 사건 흐름은 다음과 같다. 그림3-3

투자 목적은 단순 투자였지만 "동국실업의 가치가 제대로 반영되지 않았다. 지분을 10% 이상 늘리겠다. 단순 투자 목적뿐만 아니라 다양한 가능성을 염두에 두고 있다"라며 경영 참여 의사를 솔솔 풍기더니 단타를 쳤다. 언론 보도 내용을 구체적으로 살펴보자.

**2010년 11월 17일**  강용석, 동국실업 지분 5% 취득 공시. ①

**11월 24일**  강용석 언론 인터뷰. ②

**12월 6일**  "12월 3일까지 지분 9.44%로 확대" 공시. ③

**12월 30일**  "7, 8, 9, 28일에 지분 모두 매각" 공시. ④

강 대표는 "동국실업은 우량한 자회사를 여럿 거느리고 있는데, 시장에서 시가총액이 이를 전혀 반영하지 못하고 있다"며 "현재의 가격이라면 지분을 10% 위로 늘릴 계획"이라고 말했다. 강 대표는 "아직 회사 측과 이렇다 할 접촉을 하지 않고 있으며, 지분 매입을 위한 자금은 충분히 확보하고 있다"라고 덧붙였다. 동국실업의 대주주 지분율이 30%대인 것을 고려해, 강 대표의 지분 확대가 더 진행될 때 M&A 논란이 일 수 있다고 증권업계는 내다보고 있다.

결국, 6일 공시를 하자마자 다음 달부터 지분을 내다 팔았다. 언론 인터뷰에서 말한 것과는 배치되는 행동이다. 하지만 언론 인터뷰는 아무런 제재 수단이 없다. 마음먹고 단타를 친 것으로 보인다.

이런 슈퍼개미들이 있지만 자신의 지분이 드러나지 않도록 지분 4.9%까지 투자하는 가치 투자자도 있다. 지분 보유 사실이 드러나면 나중에 매각할 때 불편한 점이 많기 때문이다. 적대적 M&A를 막기 위해 도입된 5%룰은 이제는 주식 대량 거래로 발생하는 주가 변동성을 예측할 수 있는 척도로 사용된다. 하지만 일부 슈퍼개미나 기관처럼 역이용하는 세력도 있다는 점을 알아야 한다.

## 주식은 쪼개거나 합쳐도 가치 변화는 없다

액면 분할은 주식 액면가를 분할해 주식 수를 늘리는 것을 말한다. 우선 액면가는 실제 주권에 새겨진 가격이다. 자본금이 100만 원인 회사가 있다고 가정하자. 이때 액면가가 1만 원이면 주식 수는 100주가 되고, 5,000원이면 200주가 된다. 결국, 액면가가 얼마가 되느냐에 따라 그 회사의 주식 수가 달라지는 것이다. 액면가 곱하기 주식 수를 하면 자본금이 된다.

주가가 높은 기업은 액면 분할을 하곤 한다. 주식 유통 물량을 늘리고, 가격을 낮춰서 주가를 부양하겠다는 의지의 표현이다. 액면가 5,000원인 10만 원짜리 주식이 있다면, 액면가를 500원으로 낮추면 유통 주식 수는 10배로 늘어난다. 그리고 주가도 1만 원으로 내려간다. 유통 주식 수가 늘어나고 거래 가격이 낮아지면서 투자자들은 주가가 싸다는 느낌을 받게 되고 입질을 하게 된다. 일종의 착시 현상이다.

쌍용머티리얼(현 유니온머티리얼)은 2011년 1월 27일에 1주당 액면가를 5,000원에서 500원으로 액면 분할한다는 공시를 냈다. 다음 날 주가는 상한가로 직행했다. 이후 조정을 거쳤지만, 주가는 단기적으로 액면 분할을

재료로 상승한 것을 알 수 있다. 그림 3-4

　기존 투자자는 액면 분할을 하면 주식 가격은 낮아지지만, 주식 수는 그만큼 늘어나기 때문에 아무런 변화가 없다.

　삼성전자를 예로 들어보자. 삼성전자의 액면가는 5,000원, 거래 가격은 100만 원 수준이다. 투자자는 1주만 사더라도 100만 원이 투입된다. 비싸다는 생각이 들 수밖에 없다. 하지만 액면 분할을 통해 액면가를 500원으로 조정했다고 하면 어떻게 될까? 한 주당 가격은 10만 원이 되고, 100만 원이면 10주를 손에 넣을 수 있다. 아무래도 심리적으로 100만 원 때보다 10만 원일 때 투자하고 싶은 마음이 들 것이다.

　액면 분할을 하기 전에 삼성전자 주식을 보유하는 사람은 어떨까? 삼성전자 주식 10주를 주당 100만 원에 사들여 보유하는 사람이 있다고 가정해보자. 액면가를 5,000원에서 500원으로 조정했다면 일단 주식 수가 10주에서 100주가 된다. 반면 가격은 100만 원에서 10만 원. 결국, 처음에는 100만 원에 10주를 곱하면 1,000만 원이 되고, 나중에는 10만 원 곱하기

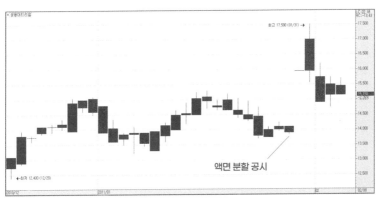

그림 3-4 쌍용머티리얼 일봉

100주 해서 역시 1,000만 원이 된다. 주식 가격과 주식 수는 변하지만, 가치는 변화가 없다.

액면 병합은 액면 분할과 반대 개념이다. 액면가를 일정 비율로 높여 주식 수를 줄이는 것이다. 액면가 500원짜리 주식을 5,000원으로 병합하면 주식 수는 10분의 1로 줄어든다. 액면 병합은 액면 분할처럼 기업의 근본적인 가치를 변화시키지 않는다. 다만, 유통 주식 수가 많아 주가가 지지부진하다거나, 투자자들이 저가 주로 인식해 투자를 주저할 때 액면 병합을 한다.

주가가 상승 추세일 때는 유통 주식 수가 적은 게 주가 상승에 걸림돌이 되지만 하락 추세일 때 유통 주식 수가 많으면 오히려 물량 부담 가중으로 주가가 맥을 못 추게 된다. 이럴 때 물량 부담을 줄이려고 액면 병합을 한다. 액면 병합도 액면 분할과 마찬가지로 주식 가치에 영향을 주지 않는다.

## 무상증자 받으면 배당 수익 업(UP)

무상증자는 말 그대로 별도의 자금 투입 없이 자본금을 늘리는 것이다. 투자자들이 자금을 투입하지 않아도 된다는 점에서 유상증자와 다르다. 또 자본금이 늘어난다는 점에서 자본금이 줄어드는 감자와 반대다. 무상증자를 하면 회사에서는 주식을 주주들에게 무료로 준다. 200% 무상증자라고 하면 1주당 2주를 새로 주는 형식이다. 만약 100주를 보유하는 주주라면 200주를 더 받는다. 그러면 보유 주식 수가 모두 300주가 된다.

그럼 주주가 되려면 어떻게 해야 할까? 신주를 배정하는 기준일에 주식을 보유하고 있어야 한다. 9월 30일이 기준일이라면 그전부터 주식을 보유하고 있거나, 이때까지 매수 결제를 한 투자자가 대상이 된다. 여기서 주의

해야 할 점이 있다. 주식 결제 시스템을 알아야 한다. 주식 결제는 주식을 매수하고 2일이 지나고 나서 결제가 된다. 결국은 최소 28일에 주식을 매수하고 30일에 매매 대금 결제가 되어야 무상증자 주식을 받는다. 한편, 이미 해당 종목의 주식을 보유하다가 29일에 주식을 팔더라도 결제는 31일에 이뤄지기 때문에 무상증자를 받을 수 있다.

그렇다면 무상증자로 주식을 받으면 무조건 이익일까? 그렇지 않다. 투자자로서는 무상증자를 받기 전후 투자 금액의 변화가 없다. 권리락이 있기 때문이다.

권리락은 무상증자를 한 만큼 주가를 낮추는 규정이다. 1만 원짜리 주식 100주를 보유한 투자자가 100% 무상증자를 받았다고 하자. 일단 주식 수는 200주로 늘어난다. 그러나 주가는 권리락 탓에 절반인 5,000원이 된다.

결국, 투자자의 잔액은 무상증자 전(1만 원×100주=100만 원)이나 그 이후(5,000원×200주=100만 원)나 똑같다.

하지만 무상증자는 주가에 긍정적인 경우가 많다. 무상증자로 주가가 싸진 만큼 매수세가 붙는 경향이 짙다. 또 연말에 배당하는 회사라면 무상증자 때문에 주식 수가 증가하는 만큼 배당을 많이 받을 수 있다.

이렇듯 무상증자는 호재로 받아들여진다. 때문에 무상증자 발표를 하면 주가가 오르는 경우가 많다. 하지만 주가가 이미 오른 상태에서 무상증자를 발표했다면 무상증자라는 재료가 이미 주가에 반영됐다고 봐야 한다. 이럴 때 무상증자 발표를 시점으로 주가가 하강 곡선을 긋기도 한다. '무상증자=주가 상승'이라는 공식이 성립하는 것은 아니다.

이크레더블을 예로 들어보자. 이크레더블은 2009년 8월 17일 1주당 4주를 주는 무상증자 결정을 내렸다. 하지만 이 공시가 나오자마자 주가는 하

강 곡선을 그었다. (그림 3-5)

왜일까? 이미 무상증자를 할 것이라는 소문이 시장에 파다했고, 이런 소문에 따라 주가가 이미 많이 올랐기 때문이다. 실제로 이크레더블은 무상증자 공시 한 달 전부터 40% 가까이 주가가 급등했다. "소문에 사서 뉴스에 팔아라"라는 증권시장의 격언이 맞아떨어지는 경우다.

감자에 대해서도 알아보자. 감자는 한마디로 자본금을 줄이는 것이다. 기업은 영업 환경에 따라 적자가 발생할 수 있다. 적자가 계속되면 사업 호황기에 쌓아뒀던 돈(이익 잉여금)은 물론이고, 애초에 투자된 돈(자본금)까지 야금야금 갉아먹는다. 그렇게 손실이 자본의 10%, 20%, 50%로 점점 늘어날 수 있다. 이를 바로 '자본 잠식'이라고 한다. 코스피 종목은 2년 연속 자본 잠식률 50% 초과, 코스닥 종목은 반기와 그 사업 연도 말에 자본 잠식률이 연속해서 50% 이상이면 상장폐지 절차를 밟게 된다.

상장폐지가 되면 주식은 휴지 조각이 된다. 그래서 기업들은 상장폐지를 모면하려고 다양한 방법을 모색한다. 그중의 하나가 무상 감자다. 자본으로

(그림 3-5) 이크레더블 일봉

손실을 메우는 것이다.

한 기업의 자본이 100억 원, 손실액이 50억 원이라고 하자. 이 업체는 자본 잠식률 50%다. 그런데 50% 감자를 실행하면 자본은 50억 원으로 조정되면서 손실은 0원이 된다.

자본은 줄었지만 자본 잠식 상태에서 벗어나는 것이다.

그럼 기존 투자자는 어떻게 될까? 5,000원짜리 주식을 100주 보유하고 있다고 하면 주식 수가 절반인 50주로 줄어든다. 하지만 주가는 1만 원으로 오르면서, 감자 전과 후에 보유하는 금액은 50만 원으로 같게 된다. 이런 구조는 액면 병합과 마찬가지다. 하지만 액면 병합은 자본에 변동이 없지만, 무상 감자는 자본에 변화가 있다는 점이 다르다.

감자는 주가에 악재다. 감자를 실시한다는 것은 경영 상태가 좋지 않다는 신호를 외부에 공표하는 셈이다. 더군다나 주가가 감자 비율대로 높아지다 보니 매우 비싸다는 생각을 하게 된다. 결국은 사려는 사람은 없고, 팔려는 사람만 있으니 주가는 하락한다.

액면 분할·병합이나 무상증자, 그리고 감자는 주식의 본질 가치에는 영향을 주지 않는다. 하지만 착시 현상과 투자 심리에 영향을 미치는 만큼 기업이 왜 액면 분할·병합, 무상증자, 감자를 하는지 꼼꼼히 따져봐야 주가의 향방을 알 수 있다.

# 작전 세력을 이기는 주식투자 비법 ③

1. 자원 개발이 성공하려면 최소 3~5년이 소요된다. 자원 개발 업체가 전문성이 있고, 장기전을 견딜 만큼 견실하고 자본력이 있는지 확인하라.

2. 뉴스에서 보도하는 내용을 맹신하지 마라. 상장기업이 추진하는 사업이 생소하다면 먼저 그 분야의 전문가나 종사자로부터 정확한 정보를 입수하라. 모르면 당한다.

3. 기관 투자자나 외국인이 주식을 5% 이상 보유해 지분을 신고(5%룰)하면 주가는 상승할 가능성이 높다. 단, 일부 슈퍼개미나 기관처럼 5%룰을 역이용하는 세력도 있으니 주의하라.

4. 액면 분할을 하거나 감자를 하더라도 주식의 본질 가치에는 영향을 주지 않는다. 하지만 액면 분할을 하면 주가는 오를 확률이 높고, 감자를 하면 주가가 낮아질 가능성이 크다는 것을 기억하라.

5. 무상증자를 하면 연말에 받는 배당이 많아지는 효과가 있기 때문에 주가가 오르곤 한다. 하지만 이미 증시에 무상증자 뉴스가 퍼져 있다면 무상증자 공시와 함께 주가는 떨어질 확률이 높다는 사실을 명심하라.

# Chapter 4

# 유명인 테마 주는
# 의심하고 또 의심하라

사기성이 짙은 유명인 테마를 잡기 위해 눈에 쌍심지를 켜는 것은 위험성이 큰 게임이다. 차라리 "유명인의 경영권 참여는 사기다"라고 단정 짓고 쳐다보지 않는 게 돈 버는 길이다. 더군다나 아무런 연관도 없는 사업에 손을 대는 유명인은 작전 세력에게 놀아나는 꼭두각시일 개연성이 높다.

사람의 일생은 돈과 시간을 쓰는 방법에 의하여 결정된다.
이 두 가지 사용법을 잘못하면 결코 성공할 수 없다.

― 다케우치 히토시

# 꼭두각시

## 후회

혜화동 서울대학교병원 장례식장 102호. 조문객을 맞는 한 남성의 어깨가 심하게 들썩였다. 볼을 타고 흘러내리는 눈물을 주체하지도, 터져 나오는 탄식을 억누르지도 못했다.

"박경민 씨, 힘내세요. 이럴 때일수록 기운 내셔야 합니다. 죄책감 가질 필요 없고⋯⋯."

한 조문객의 위안에 박경민은 눈물로 범벅된 얼굴을 조아리며 "죄송합니다"를 연발했다. 무엇보다 아버지를 죽음의 벼랑으로 몰았다는 죄책감이 엄습했다. 그는 머리를 푹 숙인 채 오랫동안 흐느꼈다.

한때는 수십 개의 계열사를 이끌었던 두민그룹 전 회장 박형선. 그리고 재벌가 4세로 탄탄대로를 달렸던 박경민. 하지만 경영권을 둘러싼 골육상

쟁은 박경민 부자를 나락으로 몰아넣었다.

2005년 7월 박경민의 아버지 박형선 회장은 두민그룹의 비자금 조성과 사용 명세가 담긴 진정서를 검찰에 제출했다. 가문으로부터 그룹의 경영권을 넘기라는 요구를 받자 끝까지 버티다 내린 고육책이었다. 하지만 박형선은 검찰 수사를 비켜가지 못했고, 이들 부자는 그룹과 가문에서 퇴출당하는 신세로 전락하고 말았다.

유혹의 손길은 가문에서 쫓겨난 탕아 박경민을 가만두지 않았다. 남은 것이라고는 재벌가의 후손이었다는 꼬리표. 그는 몰락한 국가의 고궁처럼 곧 쓰러질 듯 위태로웠지만, 그 와중에도 과거의 영광이 아로새긴 현판이라도 훔칠 도굴꾼들은 득실거렸다.

그는 아버지의 죽음으로 모든 걸 빼앗겼지만 이미 때늦은 후회였다. 박경민은 불행이 자신에게 다가온 그때가 생각났는지 이를 악물고 있었다.

## 은밀한 유혹

"동생, 왔어?"

서울시 스포츠협회장인 선동연이 자리에서 일어나 손을 내밀어 악수를 청했다.

"네. 무슨 일이에요? 이렇게 친히 저를 불러주시고."

박경민의 눈길은 선동연이 아닌 맞은편에 앉아 있는 낯선 남자에게 향했다.

"응, 소개해줄 사람이 있어서 불렀어."

박경민이 선동연의 전화를 받을 때만 해도 평소에 늘 하던 안부 전화인

줄 알았다. 하지만 선동연의 목소리는 여느 때와 달리, 긴박함이 묻어났다.

재벌가 자제들에게는 큰형으로 불리는 선동연은 인맥이 닿지 않는 곳이 없는 마당발이었다. 더군다나 프로 선수급과 테니스를 즐길 수 있는 자리를 주선하면서 저명한 정치인들과 친분을 넓혀가고 있었다. 그런 그가 갑자기 자신을 불러냈을 때는 뭔가 중요한 이유가 있을 것 같다는 생각이 뇌리를 스쳤다.

아니나 다를까. 그의 앞에는 낯선 인물이 자리를 잡고 있었다. 무테안경에 시원하게 빗어 올린 머리, 사람 좋아 보이는 웃음. 선동연은 함께 자리했던 접대부에게 나가 있으라는 고갯짓을 하고는 이내 박경민에게 술을 따르면서 입을 뗐다.

"이쪽은 나랑 같이 사업하는 조훈성 사장. 코스닥 업체를 몇 개 가지고 있어. 동생한테 많은 도움이 될 거야."

말이 떨어지자마자 조 사장은 손을 뻗어 악수를 청했다.

"어이구, 말로만 듣고 있었는데 이렇게 만나 뵙게 되니 역시 재벌가 자제분은 다른 것 같습니다. 하하하."

조훈성이 사람 좋은 웃음을 지었다.

"네, 반갑습니다."

어색한 인사가 끝나자 선동연이 말을 이어 나갔다.

"동생, 요즘 어떻게 지내?"

"딱히 하는 건 없고, 아버지가 작은 건설업체를 하나 인수해서 그쪽에 신경 좀 쓰고 있어요."

박경민은 풀이 죽은 목소리로 들릴 듯 말 듯 답했다.

"그럼, 우리 조 사장 사업 좀 도와주는 건 어때?"

선동연이 마주 앉은 박경민에게 허리를 숙여 바짝 다가갔다.

"어떤 일인데요?"

박경민은 건성으로 물었다.

"조 사장이 업체를 하나 인수하는데, 그걸 맡아줄 사람이 없어. 동생이 대표를 맡아주면 어떨까? 물론 조 사장이 섭섭하지 않게 대접해줄 거야."

"제가 무슨 능력이 있다고 회사를 맡기려고 하세요."

박경민은 손사래를 쳤다.

"경영은 조 사장이 알아서 할 테고, 동생은 이름만 빌려주면 되는 일이야."

선동연은 박경민에게 일종의 얼굴마담을 해달라고 제안했다. 선동연의 제안에 박경민은 머릿속이 복잡해졌다.

'내 명의가 왜 필요할까? 많은 사람 중에 군이 내가 필요한 이유는 뭔가. 명의만 빌려준다고 하더라도, 나중에 회사에 문제가 생기면 모두 내가 책임져야 하는 건 아닌가.'

박경민이 머뭇거리자 이내 조훈성이 치고 들어왔다.

"박경민 씨, 요즘 증권시장에서 미다스의 손으로 통하는 구민승 아시죠? 그 양반 주식투자로 벌어들인 돈만 수백억 원이거든요. 뭐 사업 수완이 좋다기보다는 재벌가라는 스펙 때문인데……."

노골적으로 말하지는 않았지만, 조훈성의 의도는 분명했다. 결국은 박경민이 구민승처럼 재벌가의 후손이라는 점을 이용해 주가조작을 하려는 속셈이었다.

"박경민 씨가 대표를 맡아주면 매달 400만 원에다, 법인 카드, BMW 자동차를 드리겠습니다. 운전기사도 붙을 겁니다."

박경민의 눈동자가 흔들렸다. 조 사장의 속내를 알면서도 뿌리치기 어려운 매력적인 조건이었다. 두민가 4세로 있을 때도 누려보지 못한 호화를 누릴 기회였다. 무엇보다 두민가에서 퇴출당한 치욕을 씻고 명예를 보상받을 수 있겠다 싶었다. 주가조작에 관여해선 안 된다는 알량한 양심을 잠시 접으면, 실리와 명분을 모두 얻을 수 있다. 굳이 마다할 이유가 없었다.

"이름 빌려주는 것치곤 대우가 극진한데요. 좋습니다."

박경민은 조훈성에게 손을 내밀었다.

## 행운 또는 불행의 서막

"박 대표, 뉴스 보라고. 좋은 소식이야."

오전 9시. 장이 시작되자마자 박경민은 조훈성의 전화를 받았다. 조훈성은 그를 이미 대표라고 불렀다. 제안을 받은 이후로 두 달 동안 박경민은 조훈성이 요구할 때마다 주민등록등본 정도를 떼주는 일을 했을 뿐이었다. 다만 자신이 월코프라는 회사의 대표를 맡을 것이라는 말을 전해 들었다.

박경민은 노트북을 켜고 뉴스 검색창에 자신의 이름을 입력했다.

박경민, 코스닥 입성

두민그룹 4세도 증권시장 진출

자신이 증권시장에 입성했다는 뉴스가 잇따랐다. 뉴스를 검색해 보니 최대 주주였던 이호재와 라전만으로부터 월코프 주식 179만주를 30억 원에 인수해 증권시장에 입성했다는 내용이 적혀 있었다. 여기다 월코프는 사업 목적에 대체 에너지 및 신재생 에너지 사업, 자원 개발업을 추가했다. 그야 말로 핑크빛 청사진이었다.

　모두 조훈성의 작업이었다. 공시에는 박경민이 자기 자금 30억 원으로 주식을 인수했다고 기재되어 있었지만, 박경민은 돈을 댄 적이 없었다. 조훈성이 사채업자에게 조달한 자금이었다. 그런데 이해할 수 없는 건 주가였다. 이미 박경민이 대표이사로 변경되기 한 달 전부터 고공행진을 하던 주가는 공시가 나오면서 맥없이 꺾이더니 결국 하한가로 마감했다. 주가조작 세력이 이미 증권시장에 두민가 후손이 입성한다는 소문을 슬슬 퍼트려 주가를 올려놓고는 뉴스가 나오자마자 팔아 해치운 흔적이 역력했다. 조훈성이 한 달 전 월코프 직원과 나누던 대화가 생각났다.

　"유상증자 어떻게 됐어? 다른 사람 명의 동원해서 일단 유상증자 참여하라고 했잖아."

　"네, 이미 조치를 취해놨습니다."

　조훈성은 유상증자를 할 때 다른 사람의 명의를 동원한 듯했다. 그렇다면 조 사장은 주가가 오른 틈을 타서 주식을 모두 처분했을 수도 있는 일이었다. 생각한 대로라면 미리 투자해놓고 개미들에게 정보를 흘린 후, 개미들이 따라 사면 처분하는 전형적인 주가조작이었다. 하지만 박경민은 개의치 않았다. 자신은 조 사장이 제안한 과실만 따 먹으면 됐다.

늪

　서울 강남의 고급 룸살롱 '놀이터'. 흔히 연예인 뺨치는 접대부가 머리부터 발끝까지 명품으로 치장하고 손님을 접대하는 '텐프로'다.

박경민은 조훈성과 선동연, 그리고 한 낯선 남성과 함께 자리를 잡고 있었다. 조훈성은 마담을 불러 따로 할 이야기가 있으니 30분 후에 아가씨들을 들여보내라고 하고는 곧바로 박경민 쪽으로 몸을 돌려 낯선 남성을 소개했다.

"신재생 사업을 하는 장병만 사장이야."

조훈성이 소개하자마자 장병만이 손을 내밀었다. 박경민이 그와 멋쩍은 인사를 나누자마자 조훈성이 말을 이어 나갔다.

"박 대표, 증권시장 입성했는데 소감이 어때?"

"저야 이름만 빌려준 것뿐인데, 소감이랄 게 있겠습니까. 그런데 공시 나오자마자 주가가 떨어져서 그게 맘에 걸리네요. 제 이름이 그렇게 값어치가 없습니까?"

박경민은 스트레이트 잔에 가득 담긴 양주를 입에 털어 넣었다.

"하하하, 그럴 리가 있나. 아직 시작도 안 했으니까 걱정하지 말라고."

조훈성은 알 수 없는 말만 계속해 댔다.

"무슨 말씀인지?"

"장 회장이 구원 투수가 되어줄 거야. 박 대표, 혹시 말이야. 오일슬러지 (기름 폐기물) 사업이라고 알아?"

조훈성은 장병만이 구상한 오일슬러지 사업을 월코프에 붙일 생각이라며 운을 뗐다. 기름 찌꺼기를 재생해 다시 판매할 수 있는 기름으로 만드는 플랜트 사업을 하겠다는 복안이었다. 박경민의 생각으로도 증권시장에서 제2의 중동 붐이 일고 있기 때문에 오일슬러지 사업은 충분히 호재로 작용할 수 있을 터였다.

"유상증자로 200장(억 원) 정도 끌어들이면 사업 자금은 충분할 거야. 그리고 그 자금 중에 50장 정도를 장병만 사장이 대표로 있는 남앤시에 투자할 거고. 다시 장 사장은 50장 중에 30장으로 쿠웨이트에서 오일슬러지 사업을 하는 지지씨 지분을 인수하면 깔끔하게 마무리될 것 같아."

조훈성의 시나리오는 이미 확실히 짜여 있었다. 유상증자로 끌어들인 자금을 장병만이 대표로 있는 남앤시에 투자하고, 남앤시는 지지씨 지분을 인수하는 방안이었다. 그러나 조훈성은 말끝을 흐린 채 박경민 쪽을 힐끔 쳐다봤다. 박경민은 조훈성의 눈초리를 보고 그가 자신에게 뭔가 요구할 게 있다는 직감이 들었다.

"조 사장님, 제가 도울 일이라도 있습니까?"

박경민이 연신 양주를 꿀꺽꿀꺽 들이켰다.

"아, 이게 좀 언론플레이가 필요하거든. 오일슬러지 사업에 진출한다는 인터뷰 좀 가능하겠어? 어차피 언론이 박 대표 인터뷰 못 해 안달이니 하겠다고만 하면 자리 마련하는 건 어렵지 않을 거야."

조훈성은 술잔을 들어 박경민에게 건배를 제안했다. 박경민은 순간 혼란스러웠다. 명의만 빌려달라던 처음 이야기와 달랐다. 인터뷰를 하게 되면 자신이 뱉은 말에 책임을 져야 한다. 만약 오일슬러지 사업이 실체가 없는 것이라면 박경민도 주가조작에 일조하는 셈이 된다. 하지만 조훈성은 박경민 명의로 주식을 장외에서 사들여 지분율을 5%까지 높여 놨다. 박경민이 경영권뿐만 아니라 최대 주주 자리에까지 등극한 것이다. 이미 엎질러진 물이었다. 더군다나 조훈성이 제시한 달콤한 과실까지 맛보지 않았는가. 박경민은 악마의 과실을 따 먹었다는 생각을 하면서도 마지못해 고개를 끄덕였다. 이 모든 일이 순항할 것이라는 기대만을 간직한 채.

# 언론플레이

계획은 차질 없이 진행되었다. 박경민의 언론 인터뷰도 별 의심 없이 끝났다. 이미 장문의 기사가 증권시장에서 회자되고 있었다. 공신력 있는 신문에서 특집으로 다뤘으니 그동안 의심의 눈초리를 보내던 한국거래소나 금융감독원도 평가가 달라질 게 분명했다. 박경민은 흐뭇한 표정으로 마우스를 클릭하면서 모니터에 뜬 뉴스를 반복해서 보았다.

'형제의 난'으로 두민그룹을 떠났던 박경민 씨가 2년여 만에 '월코프'로 코스닥에 화려하게 복귀했다. 박 대표는 월코프를 통해 원유 재생 사업과 플랜트 사업에 매진할 것이라고 강조했다. 이는 버려지는 오일슬러지에서 원유를 추출해내는 사업이다.

박 대표는 "재처리를 통해 오일슬러지 1배럴당 0.63~0.79배럴의 재생 원유가 생산됐다"라며 "충분히 채산성 있는 사업"이라고 강조했다.

박 대표는 현재 특수목적법인 남앤시를 통해 쿠웨이트 국영석유회사와 3년여 동안 독점 계약을 맺은 지지씨에 지분을 투자한 상태. 지지씨는 3년 동안 2억 4,600만 달러의 매출과 1억 4,500만 달러의 영업수익을 올릴 것으로 전망하고 있다. 한마디로 황금알을 낳는 사업인 셈이다.

남앤시가 순이익의 50% 이상을 배당할 예정인 만큼, 박 대표의 월코프는 최소 100억 원의 배당 수익을 올릴 수 있을 것으로 보인다.

박 대표가 오일슬러지 사업에 뛰어들 수 있었던 데는 남앤시 장병만 대표의 힘이 컸다. 장 대표는 중동 쪽에서 원유 사업을 해오던 인물로 중동 왕족들과 탄탄한 인맥을 구축한 것으로 알려졌다.

박 대표는 월코프의 지분율이 5%대로 너무 낮다는 지적에 대해 "점차 지분율을 높여 나갈 계획"이라고 답했다. 또 재벌가 2, 3세들이 코스닥 종목을 통해 주가조작을 한다는 의혹에 대해서는 장기적인 안목으로 사업을 추진하고 있고, 단기 차익을 노리고 투자한 게 아니라고 반박했다.

기사가 나가면서 주춤하던 주가가 회복세에 돌입했다. 그사이 조훈성은 차분히 계획을 진행했다. 월코프는 앞서 일반 투자자를 대상으로 320억 규모의 유상증자를 실시하겠다는 공시를 내보냈다. 또 쿠웨이트 오일슬러지 업체인 지지씨의 지분을 인수할 채비도 하고 있었다.

아직 실현된 것은 없었다. 그러나 주가는 꿈을 먹고사는 법. 대규모 유상증자에서부터 오일슬러지 사업을 한다는 내용이 퍼지면서 주가는 1,500원에서 3,000원대까지 치솟았다. 그러나 금융감독원은 두 달 넘게 유상증자 신고서를 반려했다. 오일슬러지 사업의 실체가 의심스럽다는 것이 이유였다.

박경민은 자신이 언론 인터뷰까지 한 마당이니 이제 금융감독원도 어쩌지 못할 것이라는 자신감이 모락모락 피어올랐다.

## 미끼

"박 대표, 유상증자 성공하게 하느라 고생 많았어."

"형님이 고생 많으셨죠. 저야 한 게 있습니까?"

조훈성이 어깨를 두드리자 박경민은 쑥스러운 듯 머리를 긁적였다.

"하하하. 무슨 말을…… 일반 공모에 박 대표 이름으로도 돈 좀 넣었어."

금융감독원 공시는 조훈성의 말을 그대로 입증하고 있었다. 박경민은 유상증자에 참여해 304만주를 취득하면서 지분율이 5%에서 6.98%로 조금 늘어 있었다. 유상증자에 투입한 자금은 30억. 하지만 이 자금 또한 조훈성이 자신이 보유한 다른 코스닥 업체의 주식을 담보로 사채업자에게 빌린 자금이었다. 박경민이 월코프 지분을 인수했다는 내용을 공시했을 때와 같은 수법이었다.

박경민은 찜찜하긴 했지만, 한편으로는 안도감이 몰려왔다. 사실 박경민은 조훈성이 유상증자를 성공시키기 위해 증권시장에 던진 미끼였다.

재벌가 후손이 사업한다는 데 금융감독원에서 유상증자 신고서를 자꾸 반려하면 투자자들이 반발할 게 분명했다. 금융감독원은 마지못해 유상증자를 승인할 수밖에 없었다.

유상증자 승인만 떨어지면 개미들은 박경민의 이름값을 보고 개떼처럼 달려들 것이다. 만약 유상증자 승인이 떨어지지 않는다면 박경민은 쥐구멍이라도 찾아야 할 판이었다.

하지만 걱정과 달리 박경민의 인터뷰는 위력을 발휘했다. 인터뷰한 지 3일 만에 유상증자 승인이 떨어진 것. 조훈성이 던져준 당근에 어떤 식으로든 보답한 셈이다.

조훈성이라고 가만있지는 않았다. 그는 차명 계좌로 유상증자에 참여해 400만주를 배정받았다. 오일슬러지 사업과 관련된 공시를 잇따라 내보내면서 몰래 팔아치울 작정이었다.

## 교란 작전

"형님, 말씀하신 대로 주가 관리할 해외 펀드 하나 만들었습니다."

조훈성 밑에서 심부름을 도맡아 하는 심호진이 사무실로 들어서면서 두 툼한 서류를 내밀었다.

"그래, 돈도 챙겼으니 의심받지 않도록 주가 관리는 해줘야 않겠어?"

조훈성은 기지개를 켜며 서류철 페이지를 넘겼다. 조훈성은 유상증자에 참여한 지 보름 만에 차명 지분 400만주를 처분해 15억 원을 챙겼다. 하지만 200억 원이 넘는 우호 지분은 여전히 정리되지 않았다. 한꺼번에 지분이 정리되면 주가는 엉망이 될 수밖에 없었다. 그래서 홍콩에 딘애셋매니지먼트라는 펀드를 설립해 총알받이로 활용할 계획이었다. 펀드에 투입된 자금은 65억 원. 지지씨 인수에 투입될 100억 원 중 일부를 빼돌린 자금이었다.

겉으로는 미국의 씨스페이스라는 회사를 인수하는 것으로 꾸몄지만, 실제로는 홍콩에 설립한 딘애셋매니지먼트 펀드에 모두 투입됐다. 조훈성은 이 자금을 월코프뿐만 아니라 자신이 보유하는 코스닥 업체 아이하이텍의 주가 관리에 활용했다.

개미들이 눈치채지 못하도록 교란하는 것도 중요했다. 순진한 개미들을 속일 수 있는 손쉬운 방법은 공시였다. 월코프가 8월 17일 지지씨와 쿠웨이트 오일슬러지 재처리 플랜트 건설을 위한 우선 협상 대상자로 선정됐다는 공시는 더할 나위 없는 소재였다. 개인 투자자는 사업이 점점 구체화되고 있다는 생각을 할 수밖에 없었다.

## 향연

"박 대표, 이제 슬슬 나갈 준비를 해야지."

조훈성은 소파에 몸을 묻은 채 능청스럽게 말을 꺼냈다.

"네?"

박경민은 영문을 모른 채 반사적으로 물었다.

"유상증자 한 번 더 하자고."

"그거야 형님께서 알아서 하시면 될 것 같은데요."

"이번에는 뺑까야."

"네?"

박경민은 또다시 귀를 의심했다.

"하하, 계속 질질 끌다가 단칼에 끝내야지. 공시 확인해보라고. 이미 주사위는 던져졌으니까."

"……."

순간 박경민의 얼굴이 창백해졌다.


제3자 배정 유상증자 50억 실시. 유상증자 대상자 박경민.


박경민이 불과 두 달 만에 다시 유상증자에 참여한다는 공시였다. 하지만 조훈성의 말대로 이번 유상증자는 주가조작을 마무리 지으려는 마지막 절차였다. 박경민이 유상증자에 참여한다는 공시로 개미들을 안심시키려는 심산이었던 것이다. 그러려면 모두 박경민이 인터뷰했던 대로 지분을 30%까지 늘려갈 것처럼 꾸밀 필요가 있었다.

박경민은 허위의 늪에 빠진 듯했다. 거짓의 향연 속에서 무엇이 진실이고 무엇이 허위인지 알 수가 없었다. 조훈성이 추진하는 오일슬러지 사업뿐만 아니라 공시로 나오는 모든 내용은 실체가 없거나 허위였다. 조훈성은 아무 걱정하지 말라는 말만 되풀이하고 있었다. 그렇다고 거짓의 향연을 막을 재간도 없었다. 자신은 조훈성의 조종대로 움직이는 꼭두각시에 불과했다.

## 탈출

"여보세요. 아, 형님이시군요. 어쩌다 보니 그렇게 됐습니다. 사업이 쉽지
가 않아서 지분을 매각한 겁니다."

박경민은 연신 걸려오는 전화에 응대하느라 짜증이 일었다. 속 모르는 지
인들은 하나같이 지분과 경영권을 매각한 이유를 물어댔다. 하지만 이미 증
권시장 입성 때부터 예정된 일이었다.

구체적인 일정은 50억 원 규모의 유상증자에 참여한다는 공시를 내보낼
때부터 조훈성과 조율했다. 자금 조달이 쉽지 않다는 이유로 자꾸 유상증자
참여를 미루면서 홍콩에 세운 펀드 딘애셋매니지먼트를 이용해 우호 지분
을 정리하는 게 첫 번째 단계였다. 딘애셋매니지먼트는 매각되는 우호 지분
을 받아낼 총알받이였다.

그리고 곧바로 유상증자 철회. 마지막 절차는 경영권과 지분을 모두 매각
한다는 공시였다.

지분과 경영권이 개인 사업가인 안중만에게 넘어갔다는 공시가 나오면
서 언론은 집중포화를 하고 있었다.

박경민 씨가 코스닥 시장에서 철수했다. 지난 3월 월코프를 인수하며
증권시장에 입성한 지 아홉 달 만이다. 월코프 최대 주주 박경민 대표는
보유 주식 10만여 주(지분율 6.88%)와 경영권을 개인 사업가로 알려진
안중만 씨에게 양도하는 계약을 체결했다.

그러나 박씨는 13억 원가량의 손해를 본 것으로 나타났다. 박씨는 올해 3월 월코프 경영권과 지분 2%를 사들였다. 이후 박씨는 장외 매수와 유상증자 등을 통해 지분율을 6.98%까지 높였다. 이때까지 투입된 자금은 모두 74억 원. 하지만 박씨가 지분과 경영권을 넘긴 가격은 61억 원. 결국, 13억 원을 밑지고 판 셈이다.

박씨를 대상으로 진행됐던 제3자 배정 유상증자도 전격 철회됐다. 그뿐만 아니라 박씨가 지난 7월 유상증자에 참여하면서 증자 물량에 걸었던 보호예수도 아무런 실효성이 없게 됐다. 월코프 관계자는 "박경민 씨가 회사를 떠나기로 한 마당에 유상증자를 진행하는 게 무리"라며 "개인적인 판단으로 지분을 처분한 것으로 안다"라고 말했다.

박경민은 쇄도하는 비난 속에서도 오히려 마음만은 편안했다. 비난이야 하루 이틀 후면 사그라질 게 뻔했다. 그에게는 유혹에 빠져 선뜻 참여했던 주가조작이 별 탈 없이 끝났다는 게 후련할 뿐이었다. 그에게 주어졌던 고액의 연봉과 비서, 그리고 고급 자동차가 그리워지겠지만, 꼭두각시 노릇은 이 정도면 충분했다.

## 복제 인간

"김 사장님. 20억 원만 투자하면 몇 년 내에 수백억 원을 벌 수 있습니다. 일단 회사 인수하면 곧바로 지분을 보장하는 각서를 써드리겠습니다. 지금 입금하지 않으면 모든 게 끝장입니다."

"그게 참……."

박경민은 지인에게 소개받은 김옥선에게 전화로 코스닥 업체인 포에스를 함께 인수하자며 재촉했다. 조훈성에 이끌려 자의 반 타의 반으로 맛본 코스닥 시장은 파라다이스나 다름없었다. 마음고생을 하긴 했지만, 재벌가라는 간판 하나로 돈이 따라붙는 별천지였다. 그는 김옥선을 꼬드기기 위해서 또다시 자신의 간판을 팔았다.

"제가 명색이 재벌가고, 선대에서 물려받은 신림동 3만 평 땅값도 수천억 원이나 됩니다. 건설업체 인수하려고 법무법인에 맡겨 놓은 에스크로 자금(계약 파기 등 만약의 사태에 대비해 계약금을 법무법인에 맡겨 놓는 것)도 70억 원 되고요. 지금 당장 자금 융통하기 어려워서 그렇지 20억 원 돌려드리는 건 일도 아니죠."

박경민은 김옥선의 자금을 빌려 포에스를 인수하는 무자본 M&A를 시도하고 있었다. 1년 전만 하더라도 주식투자에 문외한이었던 그였다. 그런데 어느 순간 박경민은 증권시장에서 머니게임으로 닳고 닳은 조훈성을 닮아 있었다.

## 회한의 눈물

서울중앙지방법원 형사 대법정 302호. 죄수복을 입은 박경민이 고개를 떨군 채 선고를 기다리고 있었다. 2008년 7월 갑자기 들이닥친 검찰은 박경민을 횡령 및 배임, 주가조작 혐의로 체포했다. 그리고 한 달에 걸친 검찰 수사로 박경민은 조훈성과 함께 월코프의 주가조작을 통해 112억 원의 부당이득을 취하고, 100억 원이 넘는 회삿돈을 빼돌린 혐의로 재판에 넘겨졌다.

모든 게 눈 한번 질끈 감았다 뜨면 깨어날 악몽 같았다. 조훈성을 만날 때만 해도 자신이 이런 신세로 전락하리라고는 생각하지 못했다. 하지만 달콤한 유혹은 그를 최면에 빠트렸고, 어느 순간 헤어 나올 수 없는 구렁텅이로 처넣었다.

1년 동안 검찰 수사와 법정 공방을 벌이면서 박경민은 희생양이 자신만은 아니라는 사실을 알게 됐다. 그와 마찬가지로 노백석 전 국무총리의 아들 노지만도 조훈성의 덫에 걸렸다. 노지만은 다섯 달 동안 조훈성이 차명으로 소유하던 아이하이텍 주가조작에 바지 사장으로 활용됐다.

"전원 일어서 주십시오."

법원 방호원의 말에 박경민은 고개를 들었다. 재판장과 배석 판사가 마치 저승사자처럼 재판정으로 들어섰다. 이름과 성명, 주민등록번호를 대라는 재판장의 말에 박경민은 들릴 듯 말 듯 중얼거렸다.

재판장은 말이 끝나자 선고하겠다며 판결문을 읽어 내려가기 시작했다.

"피고인 박경민."

재판장의 일성이 박경민의 귀에 박혔다. 그는 마른침을 꿀꺽 삼켰다.

"징역 2년 6개월."

잠시 침묵이 흘렀다. 박경민은 기실 집행유예라는 단어가 이어서 나오지 않을까 기대하며 귀를 쫑긋 세웠다. 하지만 그것으로 끝이었다. 바람은 이내 절망으로 바뀌었다. 박경민은 긴 탄식과 함께 눈시울을 붉혔다.

# 사건의 진실

'꼭두각시'는 뉴월코프(현 클라스타)와 아이에스하이텍(현 프리젠)의 실질적인 소유주였던 조모 씨의 주가조작 사건을 바탕으로 재구성한 스토리다.

조씨는 구본호가 재벌가라는 꼬리표를 달고 손대는 것마다 대박을 터트리자 두산가 4세인 박중원과 노신영 전 국무총리의 아들 노동수를 끌어들여 주가조작에 나섰다. 주가조작에 활용된 업체는 자신이 사채 자금 등으로 인수해 차명으로 보유하던 뉴월코프와 아이에스하이텍 등이었다. 조씨는 박중원과 노동수의 경영 참여와 신사업 진출이라는 호재성 소재를 터트려 주가를 부양시킨 뒤에 차익을 남기고 빠져나오는 수법을 썼다.

조씨에게 박중원과 노동수를 소개한 장본인은 황제 테니스 사건 때 등장했던 선모 씨였다.

조씨는 박중원이 자기 자금으로 뉴월코프 지분과 경영권을 확보하고는 쿠웨이트 오일슬러지 사업에 100억 원 이상을 투자하는 것처럼 호재성 뉴스를 유포하면서 일반 투자자들의 이목을 집중시켰다. 실제로 쿠웨이트 현지 업체와 양해각서를 체결하기도 했다. 주가는 박중원과 조씨의 만남이 있었던 때부터 꿈틀거리기 시작하면서 1,000원대에서 1,900원까지 올랐다.

조씨는 분위기가 무르익자 개인 투자자들을 끌어들이기 위해 300억 원대의 일반 공모 유상증자를 해 투자금을 유치했다. 물론 자신도 차명 계좌를 이용해 유상증자에 참여했다. 하지만 보름 만에 조씨는 차명으로 보유하던 주식 400만 주를 팔아치워 15억 원을 챙겼다.

일반 투자자들은 박중원이 유상증자를 통해 지분을 늘린 만큼 오일슬러지

## 뉴월코프(현 클라스타) 사건 일지

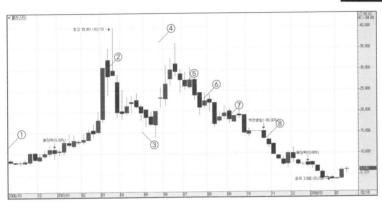

뉴월코프(현 클라스타)

| | | |
|---|---|---|
| **2007년** | **1월** | 박중원과 뉴월코프 소유주 조모 씨 만남. ① |
| | **3월 23일** | 박중원, 뉴월코프 주식 130만주와 경영권 인수 공시. ② |
| | **4월 25일** | 뉴월코프 최대 주주 박중원으로 변경 공시. |
| | **5월 23일** | 320억 원 규모 제3자 배정 유상증자 결정 공시. ③ |
| | **6월 19일** | 오일슬러지 사업 양해각서 체결. ④ |
| | **7월 9일** | 박중원, 언론 인터뷰. ⑤ |
| | **7월 20일** | 박중원, 유상증자 통해 지분율 상승 공시. |
| | **7월 27일** | 오일슬러지 사업체 주식 51%를 취득 공시. |
| | **8월 중순** | 딘에셋매니지먼트 펀드(홍콩) 설립. |
| | **8월 22일** | 미국 유령 회사인 씨스페이스로 685만주 송금. |
| | **8월 27일** | 오일슬러지 플랜트 우선협상자 선정 공시. ⑥ |
| | **9월 19일** | 50억 규모 제3자 배정 유상증자 참여 공시. ⑦ |
| | **12월 5일** | 박중원, 경영권 양도 검토 중 공시. |
| | **12월 6일** | 경영권 양도와 유상증자 철회 공시. ⑧ |
| **2008년** | **7월 8일** | 검찰, 뉴월코프 압수 수색. |

유명인 테마주는 의심하고 또 의심하라 _____

사업이 본격화되는 줄로만 알고 있었던 때다. 이후 또다시 박중원이 50억 원의 유상증자에 참여할 것이라는 공시를 내보냈다. 개인 투자자들을 안심시키기 위한 속임수였다. 하지만 박중원을 대상으로 한 유상증자는 차일피일 미뤄졌고, 박중원이 지분과 경영권을 매각한다는 공시가 나오면서 주가조작은 막을 내렸다. 여덟 달 만에 박중원 주연의 뉴월코프 주가조작이 끝난 것이다. 이때 박중원이 지분을 넘긴 인물 역시 조씨가 내세운 바지사장이었다.

조씨가 꾸민 아이에스하이텍 주가조작도 별반 다르지 않다. 박중원 대신 현대가 정일선과 노신영 전 국무총리의 아들 노동수가 등장하는 것만 다르다. 아이에스하이텍은 2007년 6월에 BNG스틸(현 현대비앤지스틸) 정일선 대표 등이 유상증자에 참여한다고 공시했다.

공시하자마자 주가는 5일 동안 상한가를 달렸다. 당시 아이에스하이텍은 현대·기아자동차에 자동차 부품을 납품하고 있었기 때문에 현대가가 지분을 인수한다는 것은 엄청난 호재였다. 곧바로 전 국무총리의 아들인 노동수가 경영권을 인수했지만, 주가는 맥을 못 췄다. 조씨가 뉴월코프에서처럼 미리 차명으로 주식을 사놓고 주가 급등 시점에 팔아 시세 차익을 남겼는지 검찰 조사에서 확인되지는 않았다. 다만, 법원은 아이에스하이텍 유상증자에 참여한 해외 펀드인 WILSHIRE·GIBBS가 BNG스틸 정일선 대표 등이 소유주라고 판단했다. 앞서 검찰은 정일선 형제는 정상적인 투자였다며 재판에 넘기지 않았는데 재판 과정에서 이 사실이 드러난 것이다.

조씨와 박중원은 횡령 혐의도 받았다. 뉴월코프가 다른 회사에 자금을 빌려준 것처럼 서류를 꾸며 100억 원을 빼돌렸다는 게 검찰의 판단이었다. 결국, 조씨와 박중원은 법원에서 징역형을 선고받아 철창신세로 전락했다. 조씨와 박중

원의 연결 고리 역할을 했던 서울테 니스협회 선모 전 회장과 노동
수는 집행유예를 선고받아 감옥살이는 면했다.

## 아이에스하이텍(현 프리젠) 사건 일지

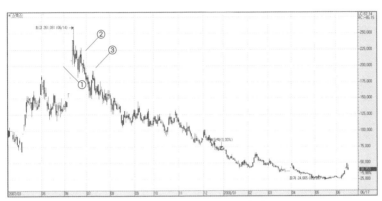

그림 4-2) 아이에스하이텍(현 프리젠)

| | |
|---|---|
| **2007년 5월** | 전 국무총리 자녀인 노동수와 조모 씨 만남. |
| **6월  7일** | 300억 원 규모 제3자 배정 유상증자 공시. ① |
| **7월  9일** | 현대가 정일선 등 유상증자 참여. ② |
| **7월 19일** | 노동수, 아이에스하이텍 주식 150만주 취득 공시. ③ |
| **9월 19일** | 노동수, 아이에스하이텍 대표이사로 선임. |
| **2008년 4월 25일** | 노동수, 대표이사직에서 퇴임. ④ |
| **6월 20일** | 노동수, 아이에스하이텍 주식 150만주 반납. |
| **9월** | 검찰, 노동수 소환 조사. |
| **2009년 7월  2일** | 법원, 노동수에 징역 6개월 집행유예 1년 선고. |

## 유명인 테마에 솔깃하지 마라

작전 세력이 유명인을 이용해 주가를 부양하는 것은 어제오늘의 이야기가 아니다. 그만큼 효과 만점이었던 것. 유명인에 속하는 부류는 연예인과 재벌가 후손. 여기다 가끔 정치인이나 고위직 공무원의 이름이 오르내리기도 한다.

연예인 테마의 시초는 한류 스타 배용준이었다. 배용준이 최대 주주로 있는 키이스트가 우회상장을 하면서 시장의 관심을 한 몸에 받았고, 이때부터 엔터테인먼트 업체는 너나 할 것 없이 유명 연예인을 동원해 증권시장의 문을 두드렸다.

증권시장에 자주 등장한 연예인 중에 1명이 가수 비(본명 정지훈)다. 거물급이다 보니 언젠가는 비와 관련된 업체가 우회상장할 것이라는 관측이 지배적이었다. 하지만 작전 세력은 비를 둘러싼 복잡한 관계를 이용해 많은 투자자를 울렸다.

비 관련 주식으로 꼽혔던 종목 중의 하나가 바로 세종로봇(현재 상장폐지됨)이다. 당시 비는 하얀세상이라는 엔터테인먼트의 최대 주주였고, 아버지 정기춘 씨가 이사를 맡고 있었다. 그런데 하얀세상의 대표가 개인적으로 2007년 1월 세종로봇 인수 계약을 맺었다. 하얀세상도 주식을 일부 사긴 했다. 그런데 투자자들은 하얀세상의 세종로봇 지분 취득에만 관심을 가졌다. 비가 최대 주주고, 아버지가 이사인 만큼 세종로봇을 통해 우회상장하는 것 아니냐는 관측이 쏟아졌다. 하지만 대표가 잔금을 치르지 못해 인

| 업체 | 관련 인물 | 사실 여부 |
|---|---|---|
| 세종로봇 | 비(정지훈) | 허위 |
| 한텔 | 비(정지훈) | 허위 |
| 세이텍 | 비(정지훈) | 우회상장 |
| 뉴보텍 | 이영애, 비(정지훈) | 허위 |
| 펜타마이크로 | 박진영 | 허위 |
| 미디어코프 | 박진영 | 허위 |
| 제이튠엔터 | 박진영 | 우회상장 |
| 스펙트럼 | 하지원 | 투자로 차익 |
| FCB투웰브 | 견미리, 태진아 | 허위 |
| 테라리소스 | 양수경 | 투자로 차익 |
| 제이콤 | 황우석 | 허위 |
| 코어비트 | 황우석 | 허위 |
| 유성티에스아이 | 이상업 | 허위 |

표 4-1 유명인 경영 참여 거론됐던 종목(재벌가 테마는 제외)

수 계약은 파기됐고, 비 우회상장은 뜬소문이 됐다. 대표가 작심하고 비를 내세워 장난을 친 것인지는 알 수 없다. 하지만 당시 이 과정에 관여한 인물 중의 하나가 증권시장에서 역정보로 악명 높은 N씨였다.

비의 우회상장설이 현실이 된 건 2007년 10월이다. 비는 세이텍(현 제이와이피엔터테인먼트)이라는 휴대전화 부품업체를 통해 우회상장했고, 세이텍의 주가는 급등했다. 하지만 이후 주가는 우하향 곡선을 그렸고, 비는 3년여 만에 지분 전량을 팔고 회사를 떠났다. 비만 믿고 투자한 개미투자자들의 투자 성적표는 참담할 수밖에 없었다.

이들 종목은 그나마 나은 편이다. 뉴보텍 한모 대표의 경우에는 아예 작심하고 연예인 이름을 팔아 투자자를 속였다. 바로 이영애 주식회사 사건이다.

뉴보텍은 상하수도관을 만드는 소형 제조업체였다. 그런데 대표였던 한씨는 2006년 2월 이영애와 가족이 설립하는 이영애 주식회사에 지분을 투자한다는 허위 공시로 투자자를 속였고, 주가가 급등하자 그 틈에 주식과 신주인수권부사채 100만주를 팔아 49억 원의 차익을 챙겼다. 검찰이 2010년 한씨를 뒤늦게 붙잡아 구속 기소하면서 밝힌 내용을 보면 작전꾼의 악랄함을 실감할 수 있다.

2005년 10월부터 엔터테인먼트 사업이 테마를 이루자 한씨는 지인들에게 엔터테인먼트 업체를 설립해 인기 연예인 비나 이영애를 영입할 것이라는 소문을 퍼트렸다. 소문 덕분에 주가가 상승하자 주식 담보 대출 15억 원을 받았다. 이때부터 한씨의 사기 행각은 더욱 노골적으로 변했다.

우선 사채를 빌린 당일에 지인을 만나 뉴보텍을 통해 엔터테인먼트 회사가 우회상장할 것이라는 허위 사실을 귀띔했다. 이후에 뉴보텍의 자회사로 엔터테인먼트 업체를 설립한다는 공시를 내보냈다. 물론 자본금도 얼마 없는 사실상의 유령 회사였다. 이 와중에 뉴보텍 주식이 오르자 자신이 차명으로 보유하던 주식과 신주인수권을 팔아치우기 시작했다.

한씨는 주식을 팔려고 유명 연예인이 소속되어 있는 엔터테인먼트 업체와 공동 사업을 추진하고, 가수 비와 이효리의 동남아 공연권을 확보했다는 보

(그림 4-3) 뉴보텍 일봉

| 2005년 12월 26일 | 사채업자에게 15억 원 차입. |
| | "에이스미디어, 뉴보텍을 통해 우회상장" 하고, 허위 사실 유포. ① |
| 12월 27일 | 엔브이티엔터테인먼트 설립 공시. |
| 2006년 1월 4일 | 차명 주식 매각 시작(2월 7일에 종료). ② |
| 1월 9일 | 신주인수권 행사했다 곧바로 매각. |
| 1월 12일 | 에이스미디어와 공동 사업 계약. |
| | 가수 이수영과 연기자 김미숙이 소속된 리쿠드엔터사와 |
| | 공동 사업 계약. |
| | 비, 이효리 등의 중국·동남아 공연권 확보 보도 자료 배포. |
| 2월 7일 | 가칭 (주)이영애에 지분 투자 공시. ③ |
| | 차명 주식 매각 종료. |

도 자료까지 뿌린다. 급기야 뉴보텍이 (주)이영애에 지분을 투자한다는 공시를 내보냈고, 동시에 차명으로 보유하던 나머지 주식을 모두 팔아치웠다.

장이 끝나고 나서 이영애 측은 '(주)이영애를 설립할 계획이 전혀 없다'며 펄쩍 뛰었다. 그러자 뉴보텍은 다음 날부터 물량을 팔 수 없는 점하(매도 물량이 너무 많아 곧바로 하한가를 기록하는 것)가 4일 동안 지속됐다. 공시를 보고 꼭지를 잡은 개미들은 피눈물을 흘려야 했다.

그나마 엔터테인먼트는 연예인과 연관성이라도 있다. 엔터 테마가 극성을 부리면서 나중에는 뚜렷하게 관련이 없어 보이는 업체에 연예인들이 동원되기도 했다.

지난 2009년 증권시장에는 가수 태진아와 탤런트 견미리가 의류업체인 로이의 유상증자에 참여한다는 공시가 증권시장에서 화제였다. 당시 로이는 줄기세포 전문업체인 FCB파미셀(현 파미셀) 대표이사인 김현수 씨와 코어비트가 지분을 인수하던 때였다. 이들의 유상증자 참여 소식으로 주가는 상한가로 직행했다. (그림 4-4)

견미리와 태진아가 갑자기 줄기세포 업체로 탈바꿈하려는 회사에 투자한 이유는 무엇일까? 검찰은 견미리의 남편이 주가를 끌어올리기 위해 이들의 명의를 이용했다고 판단했다. 견미리의 남편 이모 씨는 코어비트의 실질적 사주였던 데다가 FCB파미셀의 우회상장 전반을 책임졌던 인물이다. 때문에 검찰은 견미리와 태진아가 주가조작에 개입한 정황이 없다며 무혐의 처분했다. 반면에 이씨는 코어비트의 자금을 횡령한 혐의로 기소됐고, 1심에서 징역 6년을 선고받았다.

이씨는 황우석 박사도 활용했다. 코어비트 유상증자를 실시하면서 청약률을 높이려고 주변 사람들에게 황우석 박사가 대표로 있는 에이치바이온

견미리·태진아
유상증자 참여 공시

그림 4-4 FCB투웰브 일봉

에 투자할 것이라는 소문을 퍼트린 것이다. 황우석 박사는 논문 조작으로 불명예 퇴진하기는 했지만 증권시장에서는 여전히 태풍의 눈이었다. 하지만 이씨는 황우석 박사를 팔아 투자받은 돈을 실제로는 채무 변제와 의류 업체 로이 인수에 사용했다.

고위 공직자나 정치인도 종종 얼굴마담으로 등장한다. 이상업 전 국정원 2차장은 작전 세력에게 명의를 빌려줬다가 낭패를 본 경우다. 이씨는 2007년 9월 유성티에스아이 주식을 인수해 회사 경영권을 취득했다고 공시했다. 하지만 검찰 수사로 지인인 임모 씨가 이상업 씨의 명의만 빌려 일을 도모한 것으로 드러났고, 1심 법원은 이 차장에게 벌금 1,500만 원을 선고했다.

얼굴마담으로 자주 활용되는 부류는 연예인과 재벌가, 명문가의 후손, 과학자, 슈퍼개미 등이다. 엔터테인먼트 테마가 불붙었을 때는 연예인이 유상증자에 참여하거나 지분을 인수했다고 하면 주가는 어김없이 상한가 행진을 하곤 했다. 그 업체가 연예인의 본업과는 전혀 무관한 회사일 때도 마찬가지였다.

유명인은 자금력이 풍부한 데다가 기업을 알리는 홍보 효과가 클 것이라는 막연한 기대감이 투자자의 탐욕을 자극하는 것이다. 특히 유명인은 남들보다 정보가 더 빠를 것이라는 근거 없는 추측도 '묻지 마 투자'에 불을 붙인다.

하지만 유명인이라고 용빼는 재주가 있는 것은 아니다. 유명인은 단지 어느 한 분야에서 두각을 나타내는 사람일 뿐이다. 경영이나 재테크에 탁월한 능력을 발휘할 수 있는지는 미지수다. 실제로 연예인 노홍철이나 정준하는 주식투자로 돈을 잃었다고 실토하기도 했다. 다만, 유명인 주변에는 이들의 후광을 이용하려는 각다귀가 득실거린다.

'이름 있는 사람도 투자했다. 그 사람이 사업에 실체가 없거나 손해 볼 것으로 생각했으면 투자했겠느냐'라는 묵언의 메시지는 망설이는 투자자의 마음을 흔들 수밖에 없다.

유명인이라고 증권시장에 입성하지 말란 법은 없다. 하지만 대부분이 유명세를 이용하려는 주가조작 세력과 결탁되어 있거나 그들에게 이용당하는 경우가 많다. 사업도 실체가 없다.

사기성이 짙은 유명인 테마를 잡기 위해 눈에 쌍심지를 켜는 것은 위험성이 큰 게임이다. 차라리 "유명인의 경영권 참여는 사기다"라고 단정 짓고 쳐다보지 않는 게 돈 버는 길이다. 더군다나 아무런 연관도 없는 사업에 손을 대는 유명인은 작전 세력에게 놀아나는 꼭두각시일 개연성이 높다.

그래서 유명인과 관련된 종목에 투자하는 건 바람직하지 않다. 하지만 굳이 하겠다면 다음 사항을 확인해야 한다.

- 기업이 영위하는 사업이 유명인의 본업과 관련이 있나?
- 유명인의 경영 능력이나 재테크 실력이 검증됐는가?
- 유명인의 경영 참여 전에 주가가 30% 이상 올랐는가? 올랐다면 이미 경영 참여 소재는 반영된 것이다.

유명인이 자신이 잘 알지도 못하는 분야에 투자했다면 사기일 가능성이 크다. 그 유명인이 많은 부를 창출할지, 아니면 빛 좋은 개살구인지도 따져봐야 한다. 또한, 만약에 유명인의 참여로 이미 주가가 올랐다면 아예 거들떠보지 말아야 한다. 투자할 때는 항상 미래의 청사진보다 내실을 따져야 실패하지 않는다.

## 양해각서는 언제든 파기할 수 있다

양해각서는 국가 간의 협정이나 조약을 체결하기 전에 서로 합의한 내용을 확인하기 위해 작성하는 문서였지만 요즘은 기업 간 거래에 주로 쓰인다.

특히 양해각서는 법적 구속력이 없다. 그래서 나중에 파기되거나 애초 조건과는 다른 조건으로 본계약이 체결되기도 한다. 투자자들은 양해각서는 언제든 파기될 수도, 조건이 변경될 수도 있다는 점을 명심해야 한다. 뉴월코프의 오일슬러지 사업도 양해각서만 체결됐을 뿐, 사업이 구체적으로 진행되지 않았다. 에이치앤티도 우즈베키스탄 정부와 광산 개발 건과 관련해 양해각서를 체결해놓고 별다른 진전이 없자 사업 자체가 좌초됐다.

양해각서 체결은 공시 의무가 없다. 하지만 호재성일 경우에는 기업이 자율 공시를 하는 경우가 많다. 이러다 보니 양해각서에 대한 개념이 생소했던 2008년까지만 해도 부도덕한 상장기업의 사주들은 공신력 없는 양해각서를 남발해 개미들을 울렸다.

실제로 자원 개발업체 포넷은 홍콩의 그레이스우드사와 7,552억 원 규모의 가스 오일 공급 계약을 체결했다는 양해각서 체결 공시가 나오면서 주가가 급등했지만, 얼마 지나지 않아 계약이 파기됐다. 트루맥스(현 에어파크)도 2007년 대만 오라사와 컴퓨터 쿨링시스템과 관련해 양해각서를 체결했다고 공시했지만, 이듬해 자금 부족으로 사업을 중단했다고 번복했다.

이런 폐단이 자주 생기자 한국거래소는 2009년부터 코스피 시장이 아닌 코스닥 시장에서 만큼은 양해각서 공시를 받아들이지 않고 있다. 하지만 코스닥 업체는 공시가 아닌 언론 보도를 통해 투자자에게 알릴 수 있다. 업체에서 보도 자료로 양해각서 내용을 언론사에 뿌리면 언론사는 이를 근거로 보도를 내보내는 것이다. 공시가 한국거래소를 통해 공개되는 것이라면, 보도는 언론사를 통해 알려진다는 데 차이가 있다. 문제는 투자자가 공시와 뉴스를 잘 구분하지 못한다는 점이다.

일부 주가조작 세력은 이런 맹점을 활용해 공시보다는 뉴스로 투자자를 농락한다. 일단 공시는 나중에 번복하면 거래소에서 제재를 받을 수 있지만 언론 보도는 다르다. 거래소에서는 언론 보도가 틀렸다고 하더라도 문제로 삼지 않는다. 이런 점 때문에 공시보다는 뉴스를 이용해 각종 호재성 소재를 퍼트리는 것이다. 투자자는 상장기업이 중요한 사항에 대해서 공시하지 않고, 뉴스를 계속 내보낸다면 뭔가 꿍꿍이가 있다고 봐야 한다.

# 회사 이름이 자주 바뀌는 종목을 경계하라

기업사냥꾼은 매매 차익을 얻거나 기업 가치를 높이기 위해 기업을 인수 합병하는 투자자를 말한다. 하지만 기업사냥꾼 대부분은 협상을 통한 우호적 M&A보다는 지분 경쟁으로 기업을 집어삼키는 적대적 M&A를 시도한다.

기업사냥꾼은 우선 사업 확장을 위해서 인수 합병할 수 있다. 세계적 업체인 제너럴일렉트릭의 잭 웰치 회장은 무려 480여 개의 기업을 사고팔면서 제너럴일렉트릭을 세계적인 기업으로 성장시켰다. 한국은 두산과 한화가 M&A를 통해 기업의 몸집을 키운 대표적인 기업이다.

기업사냥꾼 대부분은 애초 기업을 인수할 때부터 다시 되파는 것을 염두에 두는 경우가 많다. 부실한 회사를 헐값에 사서 구조조정으로 정상화한 후에 비싼 값에 재매각하는 것이다. 외환은행을 인수한 론스타가 대표적인 예다.

코스닥 시장에서 흔히 기업사냥꾼이라고 불리는 사람들도 대부분 이런 부류에 속한다. 이들은 부실기업을 인수해서 인력 감축과 부실 사업을 정리한 후에 재매각한다. 그래서 증권시장에서 활보하는 기업사냥꾼들은 자신을 구조조정 전문가라고 칭한다. 전문 용어로는 A&D(Acquisition & Development) 전문가라고 한다.

기업사냥꾼의 행태가 이 정도라면 그나마 다행이다. 주가조작 사건에 등장하는 기업사냥꾼은 일단 사채업자에게 돈을 빌려 기업을 인수하고, 그 기업의 자산을 담보로 대출을 받거나 회삿돈을 빼돌려 또 다른 기업을 인수한다. 이런 식으로 수많은 기업을 거느리면서 증권시장의 황태자로 군림하는 경우가 많다.

뉴월코프의 실질 사주였던 조모 씨도 이런 부류다. 조씨가 소유했던 업체는 뉴월코프를 비롯해 아이에스하이텍, 덱트론(현 트리니티), 퍼시픽파라다임 등이다. 조씨는 일단 뉴월코프에서 70억 원을 빼돌려 아이에스하이텍 등에 투입했고, 다시 아이에스하이텍 자금 50억 원으로 청람디지탈 주식을 취득했다.

결국은 뉴월코프에서 빼돌린 돈 일부가 청람디지탈 지분 인수에 쓰였다고 볼 수 있다. 조씨는 덱트론을 인수할 때도 아이에스하이텍 자금 30억 원을 사용했다. 상장기업 하나만 손에 넣으면 그 회사의 자산을 담보로 돈을 융통해서 다른 회사를 인수하는 방식이다.

기업사냥꾼의 극악한 행태는 전도유망했던 벤처기업의 비극적인 말로에서도 그대로 드러난다. 회사의 자산을 빼돌려 개인적으로 탕진하고는 거덜 낸다. 여기에는 기업사냥꾼, 사채업자, 조직폭력배가 긴밀하게 연결되어 있다.

공기청정기를 만들던 CTC는 매출액이 500억 원을 넘나들던 견실한 기업이었다. 하지만 사주가 사채 자금을 잘못 쓰는 바람에 꼬투리가 잡혔다. 사채업자와 안면이 있던 김제율내파 두목은 이를 빌미 삼아 사주를 협박한 뒤에 기업사냥꾼을 끌어들여 회사를 헐값인 70억 원에 삼켰다. 사채 자금을 동원해 회사를 인수했기 때문에 곧바로 회삿돈을 빼돌려 사채 자금 일부를 갚았다.

나머지는 주가조작 자금으로 활용했지만 주가조작 기술자의 능력이 부족해서인지 성공하지 못했다. 그러자 '주가조작을 하려 했지만 실패했다'라는 부연 설명과 함께 다시 다른 기업사냥꾼에게 회사를 넘겼다.

회사를 인수한 기업사냥꾼은 다시 광주콜박스파 조직원을 영입해 주가조작 기술자들에게 "실패했으면 돈을 토해내라"라고 협박해 20억 원을 뜯어냈다. 또 콜박스파 조직원들은 회사 돈 66억 원을 빼돌려 유흥비와 해외여행 경비로 탕진했다.

빼먹을 만큼 빼먹었다고 생각한 기업사냥꾼이 회사를 떠나려 하자 콜박스파 조직원은 다른 기업사냥꾼을 영입했다. 범행이 거듭될수록 기업사냥꾼과 조직폭력배의 배짱도 커졌다. 회삿돈 166억 원을 빼돌려 다 써버리고는 상장폐지될 위기에 놓이자 회계장부를 조작했다. 사채업자에게 잠시 돈을 융통해 돈을 넣었다가 감사 보고서가 작성된 이후에 돌려주는 수법을 썼다.

만행은 여기서 그치지 않았다. 다른 세력이 회사 인수를 시도했다가 마음을 돌리고 주식을 내다 팔면서 주가가 하락하자 이를 빌미 삼아 폭행을 서슴지 않았다. 결국, CTC는 기업사냥꾼들의 잇따른 만행으로 자산이 모두 거덜 나 증권시장에서 퇴출당했다.

하지만 원숭이도 나무에서 떨어질 때가 있는 법. 극악무도한 기업사냥꾼이나 사채업자라도 당할 때가 있다. 기업사냥꾼 남모 씨와 사채업자 이모 씨는 코스닥 업체 S사 일반 공모 유상증자를 이용해 한몫 챙기려고 궁리했다. 남씨는 재벌가 후손이 증권시장에 입성할 수 있도록 구체적인 계획을 짜주는 것으로 유명한 인물이고, 이씨는 한국에서 다섯 손가락 안에 드는 사채업자였다.

검찰에 따르면 이들은 2009년 7월 S사가 343억 원 규모의 일반 공모 유상증자를 공시하자 청약을 하기로 마음먹는다. 할인율이 30%나 적용됐기 때문이다. 주가만 유지되면 유상증자로 신주를 받았다가 그대로 팔면 30%의 수익을 올릴 수 있었다. 남씨는 일단 유상증자에 20억 원을 투입했고 사채업자에게 빌린 20억 원으로는 주가 부양에 나섰다. 그런데 청약 마감 시간이 다가오는데도 청약률이 50%를 겨우 넘는 수준이었다.

사채업자 이씨는 이때를 노려 S사 대주주에게 청약 마감을 연장해달라고 요청하고 165억 원을 청약했다. 당시 주가는 2,015원인데 청약가는 1,145원이던 만큼 유상증자에 참여하면 큰돈을 벌 수 있다는 생각이었다. 하지만 청약이 끝난 다음 날 S사 주가는 하한가로 곤두박질쳤다.

산전수전 다 겪은 기업사냥꾼과 사채업자였는데 왜 당했을까? 이 종목에는 이들 이외에도 다른 사채업자들이 개입해 있었기 때문이다.

이씨 등은 주가를 올려 시세 차익을 내려 했지만, 다른 한쪽은 빠져나갈 타이밍만 호시탐탐 노렸던 것. 이렇게 되자 이씨는 대주주를 협박해 유상증자 대금이 든 통장과 주금납입증명서를 강탈했다. 하지만 대주주로서는 돈을 빼앗기면 자신은 횡령 혐의를 받고, 회사도 상장폐지 위기에 놓일 수밖에 없었다.

대주주는 지푸라기라도 잡는 심정으로 여기저기 하소연했고, 사건을 맡은 경찰은 우여곡절 끝에 남씨와 이씨를 공갈 혐의로 구속했다. 이씨는 검사 출신 변호사까지 선임해 빠져나가려 했지만, 대주주 측에서도 서울중앙지방검찰청장과 검사장 출신 변호사를 동원해 맞섰기 때문에 뜻대로 되지 않았다. 하지만 1심 법원은 증거 부족으로 이씨 등을 무혐의 처분했다.

이렇게 속칭 잡주로 분류되는 종목은 기업사냥꾼과 사채업자의 장난감이 될 여지가 많다. 이들이 머니게임을 하는데 개인 투자자들이 돈을 대줄 필요는 없다.

기업사냥꾼이나 사채업자의 노리개로 전락한 업체의 공통점은 회사 이름이나 대주주가 자주 바뀐다는 점이다. 이들은 과거 행적을 지워 개미들을 또다시 재물로 삼는다.

## 단기 대여금이 많은 회사에는 투자하지 마라

기업사냥꾼이나 주가조작 세력이 회사 자산을 빼먹는 방법은 다양하다. 그중에서 가장 일반적인 게 '가장납입(Fraudulent payment for share, 회사를 설립하거나 유상증자를 할 때 자금을 납입하지 않고 납입한 것처럼 가장하거나, 돈을 빌려 자금을 납입했다가 곧바로 빼내 갚아버리는 것)'이다.

가장납입을 하면 결과적으로 회사에 돈은 들어오지 않지만, 가장납입한 투자자는 발행된 주식을 소유하게 된다. 공짜 주식이 생기는 것이다.

만약 사채업자에게 빌린 돈 모두를 빼가면 '찍기', 일부만 빼돌리면 '꺾기'라고 한다.

이런 가장납입은 대규모 유상증자를 할 때 주로 발생한다. 일반 공모는 금액이 수백억 원에 달하면 일반 투자자의 청약률이 낮을 개연성이 높다. 대주주가 제3자 배정 유상증자에 참여할 때도 수중에 돈이 없으면 유상증자는 실패로 끝날 수밖에 없다. 이렇게 되면 사채업자에게 며칠 안에 갚겠다며 돈을 융통하고 차명이나 실명으로 일반 공모나 제3자 배정 유상증자에 참여했다가 곧바로 돈을 빼내 돌려준다. 부실기업은 대규모 유상증자 때 십중팔구 가장납입이 있다고 보면 된다.

문제는 가장납입을 하면 회사에 있어야 할 돈이 빠져나가서 실제로는 없다는 점이다. 상장기업은 분기마다 외부 회계법인의 감사를 받아야 하기 때문에 어떤 식으로든 재무제표를 맞춰야 한다. 이럴 땐 유상증자로 받은 주식을 담보로 대출을 받아 채워 넣거나 회계 장부를 조작하는 수밖에 없다. 가장납입, 주식 담보 대출, 회계장부 조작 순서의 악순환이 계속되는 셈이다.

가장납입과 함께 회사 자산을 빼돌리는 데 주로 쓰이는 방식은 단기 대여금과 가지급금, 그리고 선급금이다. 단기 대여금은 회사가 1년을 기준으로 임원이나 타 업체에 빌려주는 돈이다. 가지급금은 현금이 이미 지급됐지만 정확하게 어디에 쓰였는지는 나중에 정산하는 돈이고, 선급금은 납품받은 제품이나 서비스에 대해 미리 지급한 자금이다.

단기 대여금을 보자. 일단 회사 자금을 빼돌리려는 작전 세력은 회사 자금을 임원이나 다른 업체(특히 비상장업체)에 돈을 빌려준 것처럼 꾸민다. 원래는 돈을 빌려줄 때는 담보를 받아야 하는데 전혀 그런 게 없을 때가 많다. 그리고 나중에 회계장부를 조작해 손실 처리해버리거나 갑작스레 대여금을 '0'으로 만든다. 특히 비상장기업이나 외국에 자금을 빌려준다면 십중팔구 대여를 가장한 횡령으로 보면 된다.

비상장기업은 상장기업보다 금융 당국의 감독이 소홀하다는 점을 악용한다. 또한, 외국으로 자금을 대여할 때는 국내에서 제대로 된 자금 거래인지 확인할 길이 없다. 기업이 외국에 번듯한 지사를 만들고 돈을 빼갔다가 나중에 손실 처리해버리면 투자자들은 두 눈 뜬 채 당할 수밖에 없다.

다음 (표4-3)은 대우조선해양 협력업체인 I사의 재무제표에서 단기 대여금의 내용을 보여주는 주석이다. 대표이사의 단기 대여금이 180억 원이다. 검찰은 이 단기 대여금 중 일부를 빼돌렸다는 혐의를 잡아 회사 대표를 구속 기소했다.

뉴월코프의 실질 소유주 조모 씨도 이와 비슷한 경우다. 조씨는 뉴월코프 회사 자금 100억 원을 빼돌렸다. 하지만 외부 감사 시즌이 다가오자 단

| 구 분 | 성 명 | 기 초 | 증 가 | 감 소 | 기 말 | 계정과목 |
|-------|-------|-------|-------|-------|-------|----------|
| 대표이사 | 이○○ | 167억 원 | 138억 원 | 7,348만 원 | 180억 원 | 단기 대여금 |

표 4-3  대표이사와의 주요 거래 내역 및 당기 말 잔액

기 대여금이 회수되어 오피스텔 구매 대금과 코스닥 업체인 덱트론을 인수하기 위한 에스크로 자금으로 예치된 것처럼 꾸몄고, 사기 행각이 드러나지 않도록 계약서까지 위조했다.

선급금도 마찬가지다. 유령 회사를 하나 차려놓고 이 회사에 납품 대금을 치른 것처럼 꾸미는 방식이다. 이런 단기 대여금이나 가지급금, 선급금 현황은 재무제표로 확인할 수 있다. 재무제표에는 대차대조표, 손익계산서, 현금 흐름표와 함께 주석이 있다. 주석은 대차대조표와 손익계산서 등의 내용을 상세히 설명하는 부분이다. 이를 보면 임원의 단기 대여금이나 가지급금 명세를 조금이나마 파악할 수 있다. 과도한 단기 대여금이나 가지급금 등이 있는 회사에 투자하는 것은 피하는 게 상책이다.

## 작전 세력을 이기는 주식투자 비법 ④

1. 유명인이 본업과 관련 없는 업체에 경영 참여했다면 의심하라. 사기극일 수 있다.

2. 양해각서는 법적 구속력이 없기 때문에 언제든 파기될 수 있다. 양해각서를 체결했다는 내용이 공시가 아닌 언론 보도로 나온다면 사업 실체가 없을 개연성이 크다.

3. 대주주나 회사 이름이 자주 바뀌는 업체는 부실한 기업이다. 기업사냥꾼의 먹잇감으로도 안성맞춤이다.

4. 과도한 단기 대여금이나 가지급금이 있다면 투자를 심각하게 재고하라.

# Chapter 5

# 단기 차익을 노리는
# 외국계 펀드를 경계하라

외국인이 투자하는 종목에 관심을 두는 건 나쁘지 않다. 하지
만 종목에 대한 자신의 판단 없이 외국인만 따라 매매한다면
친구 따라 불구덩이에 뛰어드는 격이다. 과연 외국인이 투자할
만큼 회사가 내실이 있는지를 따져보는 건 기본이다. 또한, 치
고 빠지기식의 행태를 보일 수도 있으니 외국계 펀드의 과거
행적을 조사하고 꼼꼼히 따져봐야 한다.

돈은 유일한 해답은 아니지만
차이를 만들어낸다.

— 버락 오바마

# 검은 머리 외국인

## 수수께끼

"도대체 어떻게 해외 펀드를 수사한다는 거지?"

서울중앙지방검찰청 1층 휴게실. MBS 마주식 기자는 출근길에 사 들고 온 타블로이드 신문을 빤히 들여다보면서 수수께끼가 풀리지 않는 듯 고개를 갸웃거리고 있었다.

"그러게요. 이런 헤지펀드는 대부분 조세피난처(법인세나 소득세를 거의 부과하지 않는 국가나 지역)에 설립되어서 주인이 누군지도 모를 텐데. 선배 또 찌라시(사설 정보지) 보고 쓴 거겠죠."

후배인 송한섭 기자는 담배를 꼬나물고는 중얼거리듯 답했다.

마 기자의 시선이 멈춘 곳은 검찰이 퍼시픽얼라이언스애셋(이하 퍼시픽 애셋)이라는 해외 펀드를 수사한다는 짤막한 기사. 후배는 타블로이드 신문은 소문만 듣고 기사를 쓴다며 애써 평가 절하했지만, 마 기자는 며칠 전에 만났던 삼미기업 대외협력팀 박동삼의 말이 맴돌았다.

"마 기자! 요즘 검찰이 재밌는 수사를 하고 있다고 하더라고. 엑사라는 코스닥 종목에 투자했던 퍼시픽애셋이라는 해외 펀드인데, 투자한 국내 회사만 수십 개라더군. 더 재밌는 것은 설립지가 홍콩이래."

박동삼이 말을 꺼냈을 때는 마 기자도 잠꼬대 같은 소리라며 껄껄 웃어 넘겼다. 외국계 펀드는 유령 같았다. 특히나 버진아일랜드나 필리핀 라부안 등 조세회피지역(Tax Haven)에 설립된 펀드는 실제 주인조차 모호한 경우가 많았다. 이런 지역에서는 1,000만 원만 주면 하루 만에 현지인을 바지사장으로 내세워 펀드를 설립해줬다. 실제 주인은 철저하게 베일에 싸이고, 수사는 헛물만 켤 수밖에 없다. 하지만 박동삼은 그렇다 쳐도, 타블로이드 신문에까지 정확한 펀드의 이름이 오르내리고 있었다. 외면하기에는 정황이 매우 구체적이었다.

마 기자는 자리에 돌아오자마자 인터넷으로 금융감독원 공시 시스템에 접속했다. 법인명 엑사, 검색 기간은 넉넉하게 2001년부터 2010년 8월. 지분 공시와 하위 카테고리인 주식등의 대량보유상황보고서를 클릭하고 엔터 키를 쳤다.

모니터 화면에 제출인명 퍼시픽애셋매니지먼트가 또렷하게 나왔다. 다시 보고서를 클릭해 들어가보니 설립지는 홍콩, 대표자는 홍콩 현지인으로 추정되는 스탠리 T. 곽으로 표기되어 있었다.

예상대로 우리나라와 연결할 수 있는 단서는 전혀 없었다. 다만 업무상 연락처에 국내 로펌의 전화번호가 적혀 있었다.

하지만 이것만으로는 취재 단서를 잡기 어려웠다. 마 기자는 지푸라기라도 잡는 심정으로 대법원 인터넷 등기소에 접속해 곧바로 법인 등기 열람을 클릭해 법인명에 퍼시픽얼라이언스애셋매니지먼트라고 쳤다.

화면에는 '검색 결과가 없습니다'라는 메시지만 덩그러니 떴다. 다시 자판으로 퍼시픽애셋이라고만 치고 엔터 키를 눌렀다.

"빙고!"

법인명 퍼시픽애셋 폐쇄 여부, 살아 있는 등기. 이 회사가 퍼시픽애셋매니지먼트와 어떤 연관이 있는지는 알 수 없었다. 하지만 해외 펀드라 하더라도 국내에 연락소를 두는 게 일반적이다. 적어도 퍼시픽애셋매니지먼트의 국내 연락책은 만날 수 있겠다는 생각이 들었다. 법인 등기에는 등록지가 서울 강남구 삼성동 공항터미널로 나와 있었다. 내일이면 정체가 드러날 듯했다.

## 유령

"선배, 퍼시픽애셋이라는 회사는 없는데요."

아침 일찍 삼성동 공항터미널로 취재를 나간 송한섭 기자는 허탕을 쳤다며 전화를 걸어왔다. "샅샅이 뒤져봤어?"

마 기자는 못 미더운 듯 되물었다.

"네. 건물 관리인까지 찾아서 물어봤는데 그런 회사는 없답니다. 퍼시픽애셋을 담당하는 법무법인만 옆 동에 있습니다."

송 기자의 목소리에 짜증이 묻어났다.

"법무법인에서 뭐라고 하는데?"

마 기자는 집요하게 되물었다.

"자기들은 이메일로 연락이 오면 공시를 대행해주는 업무만 처리해서 아무것도 모른답니다."

송 기자는 아무런 성과도 내지 못한 데 대해 괜히 부아가 치밀었다.

"뭐야, 그럼? 미치겠네. 일단 돌아와."

마 기자도 답답하긴 매한가지였다. 보고서에는 공시 업무를 맡는 법무법인의 주소를 법인 등록지로 기재한 것으로 보였다. 결국, 원점이었다.

마 기자는 한숨만 내쉬었다. 풀릴 것만 같았던 실타래가 또다시 뒤엉키는 기분이었다. 하지만 이대로 물러서고 싶지는 않았다. 검색 사이트에 접속해 퍼시픽애셋을 쳤다. 관련 기사를 검색해볼 요량이었다. 퍼시픽애셋이 증권시장에 모습을 드러낸 것은 2000년부터였다. 그리고 수많은 회사에 투자했다. 주로 신주인수권부사채나 전환사채, 그리고 유상증자에 참여하는 식이었다.

그렇게 얼마나 오랫동안 검색했을까. 마 기자의 시선이 멈칫했다.


퍼시픽애셋, 뉴월코프 유상증자 참여.


뉴월코프라면 두산가 박중원이 얼굴마담 역할을 하며 주가조작을 했던 업체. 박중원은 이 사건에 연루되어 법원에서 실형을 받았다.

마 기자는 다시 금융감독원 전자공시시스템에 접속해 뉴월코프의 공시 내용을 살폈다. 퍼시픽애셋은 뉴월코프 유상증자에 참여해 2007년 1월에는 지분율 19%로 최대 주주였다. 문득 박중원의 판결 내용을 살펴보면 단서를 잡을 수도 있겠다는 생각이 뇌리를 스쳤다.

# 실마리

마 기자의 앞에 A4용지가 수북이 쌓여 있었다. 170페이지에 달하는 박중원의 판결문이었다. 책 한 권은 나올 만큼 방대한 양이었다. 마 기자는 미간을 잔뜩 찌푸리며 판결문을 집어 들었다. 모래밭에서 바늘 찾는 것처럼 막막한 기분인 데다가 이 많은 판결문을 언제 읽나 하는 생각에 짜증이 밀려왔다. 한 줄 한 줄 읽었지만 좀처럼 내용이 머릿속에 들어오지 않았다. 하품만 연신 쏟아졌다. 90페이지 넘게 읽었지만, 여전히 퍼시픽애셋에 대한 내용은 없었다. 인내심도 한계에 달했다.

"아, 미치겠다. 무슨 영화를 누리려고 이러고 있는지……."

장탄식을 내뱉으며 판결문을 내려놓으려는 순간, 마 기자는 판결문 쪽으로 재빨리 시선을 돌렸다. 97페이지 중간쯤.

퍼시픽애셋이 2007년 5월과 2007년 7월 이수민 김경선 머큐리애셋 어드바이저리 명의로 유상증자에 참여했고…….

'드디어 찾았다!'

마 기자는 속으로 쾌재를 불렀다. 퍼시픽애셋의 정체가 한 꺼풀 벗겨지는 순간이었다. 판결문대로라면 퍼시픽애셋은 이수민과 김경선의 명의를 이용했다. 순수한 외국인이라면 이런 식으로 내국인의 명의를 빌려 투자하지는 않는다. 결국은 외국인을 가장한 국내 투자자, 검은 머리 외국인일 확률이 높았다.

마 기자는 다급히 다시 금융감독원 전자공시를 열어 머큐리애셋어드바이저리를 검색했다. 설립지는 조세회피지역인 버진아일랜드. 그리고 대법원 인터넷 등기소에 들어가 머큐리애셋으로 검색해봤더니 대표자는 역시 퍼시픽애셋의 대표였던 이수민.

홍콩계 펀드인 퍼시픽애셋매니지먼트와 버진아일랜드에 설립한 머큐리애셋어드바이저리의 실제 주인은 동일 인물인 게 확실했다.

하지만 또다시 벽이었다. 이수민을 만날 뾰족한 방법이 없었다. 머큐리애셋어드바이저리의 국내 사무소일 것으로 추정되는 곳을 가더라도 성과는 없을 게 분명했다. 골똘히 생각하던 마 기자는 전화기를 들었다. 방법은 하나. 취재원을 통해 정보를 취합하는 수밖에 없었다.

"형님. 마 기잡니다."

마 기자는 검찰청사 앞 주자창에 있는 차 안에서 평소 알고 지내던 검사에게 전화를 걸었다.

"응, 그래. 별일 없고?"

검사는 사무적인 말투였다.

"네, 항상 그렇죠. 형님 근데 혹시 퍼시픽애셋이라고 아세요?"

마 기자는 곧바로 본론으로 들어갔다.

"응. 요즘 열심히 수사하는 곳 말하는 거 아니야?"

마 기자는 문득 귀를 의심했다. 수사 중인 것은 확인된 셈이었다.

"네. 그 펀드 실소유주가 검은 머리 외국인인 것 같던데……."

마 기자는 질문을 이어갔다.

"그럴 개연성이 높지. 외국인을 검찰이 수사하기는 쉽지 않잖아."

검사는 다시 단서를 제공했다.

"혹시 실소유주에 관해 나오는 게 있습니까?"

마 기자는 실소유주만 알면 모든 게 분명해질 수 있다고 판단했다.

"글쎄, 아직까진 특별한 게 없어 보이던데……."

결정적 순간에 돌아온 건 공허한 메아리였다. 자신의 사건도 아닐뿐더러 설혹 알더라도 수사 정보이다 보니 조심스러울 수밖에 없었다. 예상했던 답이었지만 허탈감이 몰려왔다.

다른 취재원도 별반 다르지 않았다. 대부분 모른다고 답했고, 그나마 나은 취재원은 혹시나 이야기가 들리면 알려주겠다는 상투적인 친절을 보일 정도였다. 하지만 이미 칼을 뽑은 마당에 슬그머니 다시 집어넣을 수도 없었다. 죽이 되든 밥이 되든 하는 데까지는 해보자는 오기가 발동했다.

마음을 다잡고 전화기를 다시 잡으려는데 전화가 걸려왔다. 조금 전에 통화했던 취재원 중에 한 사람이었다.

"마 기자, 도움이 될지 모르겠지만, 검찰이 퍼시픽 관련해서 아틀란이라는 회사를 압수 수색한 모양인데. 거기 문모 씨인가 그런 사람이 있나 봐."

"네, 형님. 한번 알아보겠습니다. 정말 감사합니다."

마 기자는 전화를 끊자마자 곧바로 대법원 인터넷 등기소를 통해 아틀란 법인 등기를 검색했다.

주소지 서울 영등포구 여의도동 1000 – 1번지. 재연 오피스텔 1501호. 대표 문형원.

'이 사람이구나. 그럼 해외 펀드 국내 연락책으로 보이는 이수민도 명의만 빌려준 사람인가?'

외국계 펀드인 퍼시픽애셋매니지먼트와 머큐리애셋어드바이저리의 명의상 대표는 이수민. 하지만 실제로는 문형원이라는 사람이 아틀란이라는 회사를 통해 이들 펀드를 운용하는 것으로 보였다. 이제 발로 뛸 차례였다.

# 불청객

재연 오피스텔 15층 입구. 엘리베이터로 15층까지 올라오는 데 저지하는 사람은 없었다. 하지만 거기까지였다. 각 호실로 들어가는 입구는 굳게 닫혀 있었다.

'딩동.'

"누구세요?"

벨을 누르자 젊은 여자의 목소리가 인터폰으로 흘러나왔다.

"네, 문형원 씨 계십니까?"

마 기자는 단도직입적으로 물었다.

"사장님은 이쪽으로 안 오시는데요. 무슨 일로 그러시죠?"

젊은 여자는 문형원을 '사장'이라고 칭했다. 제대로 찾아온 게 분명했다.

"MBS에서 왔는데요."

"……."

"사장님 좀 뵐 수 있을까요?"

"……."

"여기가 퍼시픽애셋 운용하는 데 맞죠?"

"……."

MBS에서 왔다는 말이 떨어지자마자 정적이 흘렀다. 이미 검찰이 퍼시픽애셋을 수사한다는 기사가 보도된 상태다. 이 판국에 기자까지 찾아왔으니 이들은 적잖이 당혹스러울 터였다. 마 기자는 다시 벨을 눌렀다.

"그런 분 안 계세요. 귀찮게 하지 마세요."

젊은 여자는 신경질적인 반응을 보였다. 하지만 직원은 당황한 나머지 실수를 저질렀다. 좀 전에는 문형원을 사장이라고 하더니, 그런 사람을 모른다고? 또다시 벨을 눌렀다. 잠시 정적이 흐르더니 스피커를 통해 짜증 섞인 목소리가 들려왔다.

"저흰 드릴 말씀도 없고, 그런 분도 없어요. 지금 업무 봐야 하니까, 벨 누르지 마세요. 또 누르면 아예 전원을 꺼버릴 겁니다."

마 기자는 잠시 머뭇거리다 발길을 돌렸다. 하지만 그의 입가에 미소가 서렸다.

## 해외 금융 전문가

"기자가 다녀갔다고? 검찰이 또 오거나 하진 않았지?"

문형원은 아틀란 정주민 차장의 전화를 받고 의자에 깊이 묻었던 몸을 곧추세웠다.

"네, 사장님 있느냐고 물어서 없다고 했더니 돌아갔습니다."

정주민 차장은 조심스럽게 답했다.

"그럼 됐어. 혹시라도 다시 찾아오면 그런 사람 없다고 해."

"알겠습니다."

문형원은 정 차장에게 전화를 받고는 찜찜한 기분을 감추지 못했다. 얼마 전 검찰이 아틀란 사무실을 압수 수색한 데다가 기자까지 왔다 갔다는 말을 듣자 불길한 예감이 엄습했다.

문형원은 한동안 대기업이 해외에서 전환사채나 신주인수권부사채를 발행할 수 있도록 중개하는 역할을 맡아왔다. 몇 년을 그러다 보니 주변에서는 그를 해외 금융 전문가라고 추켜세웠고, 수수료도 짭짤해 큰돈을 손에 넣을 수 있었다. 하지만 돈을 더 굴려보려고 사채업에 뛰어든 게 화근이었다.

문형원은 상장업체에서 돈이 필요하면 원금과 이자 보장을 받고 돈을 빌려주는 사채업을 시작했다. 하지만 일반 사채업자보다는 신사적이었다.

그는 최소 한 달에서 석 달을 빌려주고 10% 안팎의 이자를 받았다. 30억원을 석 달 동안 빌려주면 3억 원이 떨어지는 장사였다. 그런데 문형원이 돈을 빌려주는 방식이 특이했다. 바로 해외 펀드를 활용하는 것.

그는 홍콩에 퍼시픽애셋매니지먼트, 그리고 버진아일랜드에 머큐리애셋어드바이저리라는 펀드를 설립했다. 그러고는 상장업체가 투자를 요청하면 이 펀드를 이용해 유상증자에 참여하거나 신주인수권부사채를 인수했다.

상장업체에서도 내심 반기는 분위기였다. 외국계 펀드가 투자했다는 소식이 알려지면 개미투자자들은 추격 매수에 나서기 마련이어서 주가 부양에 도움이 되기 때문이다. 외국인은 누구보다 정보력과 자금력에 앞서 있다는 선입견을 역이용하는 셈이었다.

문형원이 이런 방식을 이용한다는 소식이 알음알음으로 알려지면서 그를 찾는 상장업체도 점점 늘기 시작했다. 그는 악덕 사채업자처럼 고리를 뜯는 것이 아니니까 문제가 없을 것이라고 자신을 위안했다. 하지만 검찰에 이어 기자까지 찾아왔다는 전언에 불안감이 몰려왔다.

문형원은 상념에 빠졌다. 과거의 일이 오래된 영상 필름처럼 스쳐 지나갔다.

## 벤처캐피탈

"문 사장님, 감사합니다. 덕분에 한숨 돌릴 수 있게 됐습니다."
"별말씀을……. 어차피 서로 윈윈하는 게임 아닙니까?"

서울 강남구 삼성동 송정빌딩 12층 벤처캐피탈 업체인 KTI글로벌 사무실. KTI글로벌 서민식 대표와 문형원은 계약서를 교환하면서 악수를 했다. 서민식은 긴 숨을 몰아쉬고 있었다. 벤처계의 대부로 불리는 아버지의 명성을 이으려 노력했지만 그리 호락호락한 일은 아니었다.

그의 아버지 서재형은 벤처기업에서 공룡으로 탈바꿈한 NHN에 투자해 이름을 날렸던 인물이다. NHN 사업 초기에는 모두 투자를 주저했지만, 서재형만큼은 달랐다. 인터넷 검색 시장이 충분히 시장성이 있다고 판단해 과감히 투자했고, NHN은 믿음을 저버리지 않고 국내 포털 1위 업체로 올라섰다. 하지만 서민식이 사업을 물려받고 나서 KTI글로벌의 투자 성적은 초라했다.

자원 개발 붐을 타고 해외 자원 개발 사업에 뛰어든 코스닥 업체들에 무턱대고 투자한 게 발목을 잡았다. 애초에 실체가 없었거나 자원 개발 사업이 좌초되면서 수익률이 마이너스를 기록하고 있었던 것.

서민식은 손실을 만회해볼 생각으로 KTI글로벌을 증권회사로 탈바꿈시키기 위한 작업에 들어갔다. 일단 금융감독원에 증권업 예비허가신청서를 제출했고, 증권회사 자본금은 KTI글로벌 일반 공모 유상증자로 조달할 작정이었다. 그러나 계획은 계획일 뿐이었다.

250억 원의 유상증자를 성공하게 하려고 청약일(4월 18일) 전날까지 차명 계좌를 통해 주가를 부양하는 것까지는 순조로웠다. 그런데 정작 청약 시작 날 공모율은 60%를 밑돌았다. 이튿날 자금이 더 모이더라도 청약률 100%가 되기는 어려워 보였다.

서민식은 급히 투자자를 수소문해 필리핀 라부안에 소재한 JS인베스트먼트라는 곳을 찾아냈다. 그는 원금과 수익을 보장한다는 내용의 계약을 체결하고, 이 업체를 유상증자에 참여시켜 청약률을 100%로 끌어올렸다. 말만 공모였다.

하지만 금융감독원은 결국 KTI의 증권업 진출을 허락하지 않았다. 주가는 하강 곡선을 긋기 시작했고, JS인베스트먼트는 원리금 보장을 요구했다. JS인베스트먼트가 빠져나가려면 그 물량을 받아줄 총알받이가 필요했고, 무엇보다 유상증자 발행가액 1,375원보다 높아야 JS인베스트먼트의 손실을 보전해줄 수 있었다.

게다가 서민식은 KTI글로벌 주식 600만주를 담보로 저축 은행에서 70억 원을 대출받았다. 만약에 주가 하락으로 담보 비율이 낮아지면 자칫 잘못하면 반대매매가 될 수도 있는 위급한 상황이었다.

증권업 좌절은 서민식으로서는 여러모로 재앙이었다. 그렇다고 손 놓고 당할 수도 없는 노릇. 결국 JS인베스트먼트의 엑시트를 돕고, 반대매매를 방지하기 위해서 서민식은 퍼시픽애셋 펀드를 운용하는 문형원을 찾았다.

무엇보다 퍼시픽애셋이 외국계 펀드라는 점이 매력적이었다. 개인 투자자가 외국인을 따라 사는 행태를 이용하려는 의도였다. 만약 퍼시픽애셋이 투자하면 개인 투자자들은 추종 매수에 나설 개연성이 높았다. 그러면 적어도 주가가 오르지는 않더라도 더 빠지지 않을 터였다. 이 틈을 타 JS인베스트먼트는 빠져나갈 수 있고, 주가가 하락하지 않는 만큼 반대매매도 막을 수 있었다. 일반적인 주가조작이라고 하면 주가 부양이 목적이지만, 서민식은 주가 하락을 막는 게 우선이었다.

문형원이 제시하는 조건도 맘에 들었다. 악덕 사채업자를 만나면 주식을 담보로 잡고, 돈을 빌려주거나 유상증자에 참여한다. 하지만 담보로 잡은 주식을 업체 몰래 팔아버리기 일쑤다.

그렇게 되면 주가 폭락으로 담보 비율이 낮아져 업체는 부족한 담보 비율을 맞추려고 또다시 주식을 사채업자에 맡기거나 현금을 줘야 하는 악순환이 반복된다. 결국 주가는 폭락하고, 업체나 소유주의 재산은 사채업자에게 고스란히 넘어간다. 그런데 문형원은 그럴 위험성이 전혀 없어 보였다. 서민식과 문형원이 작성한 계약을 보면 윈윈 게임의 조건이었다.

투자 기간 2008년 7월 23일부터 2008년 10월 24일(석 달). 퍼시픽얼라이언스에셋은 석 달 동안 KTI글로벌 주식을 매수해 정해진 시간 내에 매각한다. 이에 서민식은 원금 30억 원과 이자(2억 2,500만 원)를 보장한다. 만약 퍼시픽애셋이 원리금을 초과하는 수익을 냈을 경우에는 서민식에게 반환한다.

## 시세조종

"안녕하세요. 서 대표님 지시로 연락드립니다. 오늘 매수 가격은 1,380원이고요, 수량은 30만주입니다."

KTI글로벌 직원은 전화로 지시 사항을 전달했다.

"알겠습니다. 따로 지시할 내용은 없죠?"

정주민 차장이 메모지에 수량을 적었다.

"네, 나머지는 알아서 하시랍니다."

여의도 재연 오피스텔 1501호. KTI글로벌 직원과의 전화를 끊은 정주민 차장은 가격과 수량을 쪽지에 적어 HTS를 켜놓은 채 컴퓨터 앞에 앉아 있는 이명선에게 건넸다.

이명선은 기지개를 켜면서 컴퓨터 모니터를 응시했다. 현재 체결가 1,365원. 최우선 매도 호가 1,360원. 수량은 377주. 시계는 9시 25분을 가리켰다.

이명선은 HTS에 매수 가격 1,385원. 수량은 3만 3,000주를 입력했다. 곧바로 매물로 나온 물량이 매매 체결되면서 가격이 1,385원으로 치솟았다. 적어도 1,360원에 377주를 살 수 있는데도 곧바로 가격을 높여 매수하는 고가 매수 방법이었다.

"정 차장님, 오늘 실력 좀 보여줄까요?"

이명선이 생글생글 웃으며 물었다.

"괜히 무리하지 마. 그러다 초장부터 일 그르칠 수 있으니까."

정주민은 손을 저었다.

"첫날이라서 아마 안 걸릴 겁니다."

이명선은 정주민의 만류에도 뜻대로 하겠다는 투였다.

주문을 전담하는 이명선은 KTI글로벌에서 요구한 사항을 보면서 헛웃음을 지었다. 매수 수량과 가격이 이미 정해져 있는 매매는 누구나 할 수 있는 초보적인 요구 사항이었다. 매매 기법만 수십 가지를 활용하는 그에게는 더더욱 그랬다.

오전 11시 25분. 현재 체결가는 1,370원. 최우선 매도 호가는 1,365원. 걸려 있는 수량은 2,000주. 이명선은 이번에는 물량 소진 주문을 낼 작정을 하고, 희망 매수 가격 1,365원, 수량 2,000주를 입력했다. 곧바로 매매가 체결되면서 1,365원에 걸려 있던 매도 물량이 사라졌다.

오후 2시 49분. 장이 끝나갈 시간이지만, 좀처럼 거래량이 터지지 않았다. 현재가는 1,360원. 이명순은 1,290원에 20만주 매수 주문을 냈다. 매수하려는 가격이 턱없이 낮아 체결 가능성은 거의 없었지만, 마치 매수세가 붙는 것처럼 속이려는 허위 매수 기법이었다.

종가 결정을 위한 동시 호가 시간대인 오후 2시 54분에는 예상 체결가는 1,375원. 예상 체결량은 8,764주. 이명선은 1,400원에 3,000주를 사자 주문을 냈고 예상 체결가는 1,380원으로 올랐다.

장 종료와 함께 이명선은 또다시 기지개를 켰다. 이명선이 퍼시픽애셋 명의의 계좌를 통해 매수한 수량은 KIT글로벌이 요구한 그대로였다. 요구한 가격대에 수량을 확보하기 위해 활용한 시세조종 기법은 4가지. 고가 매수, 물량 소진 주문, 종가 관여 주문, 허수 매수 주문이었다.

이명선은 원래 이들 주문을 하루에 모두 사용하는 것을 꺼렸다. 자칫 잘못하면 금융감독원이나 한국거래소에서 작전한다는 것을 눈치챌 수 있기 때문이다. 하지만 계약 체결 이후 첫날이라 실력을 보여줄 필요가 있었다.

"호호, KTI글로벌이 코스닥 외국인 매수 30위 종목에 올랐네."

이명선은 신기한 듯 기관·외국인 순매수 상위 30개 종목을 쳐다보고 있었다.

"그래? 그쪽에서 원하는 게 그런 거였으니까. 잘됐네."

정주민은 이메일로 매수 수량과 단가를 KTI글로벌로 보냈다.

"그러게요. 내일부터 개미들이 좀 붙으려나?"

이명선은 너스레를 떨었다.


## M&A 전문가

"사장님, 코스닥 업체 액티투스 박상현 대표에게 전화 왔습니다."

인터폰을 통해 정주민의 목소리가 들려왔다.

"응, 연결해."

문형원은 수화기를 들었다.

KTI글로벌 서민식을 통해 알게 된 M&A 전문가 박상현이었다. 문형원이 서민식과의 계약으로 얻은 건 돈뿐만이 아니었다. 서민식이 코스닥 업계의 마당발이다 보니 서민식의 소개로 찾아오는 코스닥 소유주가 많았다. 그도 그럴 것이 문형원은 서민식과 2008년 7월 첫 계약을 시작으로 1년 동안 계약을 7번이나 맺었다. 주가 지지가 필요할 때마다 문형원이 나선 것. 투입된 자금만 따져보면 모두 300억 원. 하지만 계약 기간은 길어봐야 석 달에 불과했다. 문형원은 그때마다 퍼시픽애셋과 머큐리애셋, 그리고 주변 친인척과 친구들의 명의를 빌린 차명 계좌를 이용해 KTI글로벌을 매수했고, 주가는 1,300원에서 3,000원까지 올랐다. 서민식에게 그의 힘을 여실히 보여준 것이다.

박상현도 문형원의 도움을 받기는 마찬가지였다. 박상현은 송도 경제자유구역에 공장 부지를 확보하고 있었다. 물론 해외 자본을 10% 유치해야 소유권을 이전받을 수 있는 땅이었다. 하지만 외국 자본 유치는 요원한 일이었다. 자칫 잘못하면 분양받은 가격으로 다시 땅을 반납해야 할 처지에 놓여 있었다. 그렇다고 땅값이 천정부지로 치솟은 공장 부지를 손 놓고 빼앗길 수는 없었다.

그때 도움의 손길을 뻗은 게 퍼시픽애셋이었다. 퍼시픽애셋은 홍콩계 펀드. 누가 봐도 외국 자본이었다. 박상현은 문형원에게 원리금 보장을 약속하며 제3자 배정 유상증자로 액티투스에 투자하도록 했다.

하지만 박상현도 최근 난관에 봉착해 있었다. 액티투스와 비상장업체인 엠비온을 합병하려는 애초 계획에 소액주주들이 찬물을 끼얹는 행동을 하고 나선 것이다. 소액주주는 합병에 반대하면서 100억 원에 달하는 주식을 회사 측에서 사달라면서 주식매수청구권(주주가 자신이 소유한 주식을 일정 가격으로 매수할 것을 회사에 청구하는 것)을 행사할 움직임을 보였다. 하지만 액티투스의 현금 보유량은 바닥이 났다. 이대로 소액주주가 주식매수청구권을 행사하면 합병은 불발이었다.

"문 사장님. 이번에는 주가 좀 띄워야겠습니다. 지금 매수청구권 행사 가격이 4,287원인데, 이보다는 주가가 높아야 합니다."

박상현의 다급한 목소리가 수화기를 통해 들려왔다.

"소액주주의 매수청구권 행사를 최소화 해달라는 말씀이죠?"

문형원은 여유 있게 창밖으로 한강 전경을 둘러보고 있었다. 박상현이 무엇을 요구하는지 훤히 꿰뚫는 눈치였다.

"그렇죠. 우리에게 사달라고 요구한 가격보다 주가가 높으면 당연히 안 팔겠죠."

"투입 자금과 기간은 어떻게 할까요?"

"자금은 30억. 그리고 기간은 주식매수청구권 행사 기간인 9월 22일부터 10월 12일까지로 해주시면 됩니다."

박상현은 구체적인 요구 사항을 늘어놨다.

"잘 알겠습니다."

문형원이 군소리 없이 전화를 끊었다. 박상현의 요구는 주가가 4,287원 아래로 내려오지 않도록 주식을 장내에서 매수해달라는 것이었다. 만약 주가가 이 아래로 내려오면 합병에 반대하는 소액주주들은 자신의 주식을 매수청구권 행사 가격에 사달라고 요구할 게 분명했다. 반면 문형원이 주가를 지지해주기만 하면 소액주주들은 회사에 주식매수청구권을 행사하지 않고 합병 때까지 주식을 보유할 게 분명했다. 그렇게 되면 비용을 얼마 들이지 않고 합병에 성공할 수 있다. 박상현은 문형원이 잘해주기만을 기대하고 있었다.

## 추적

"뭐라고? 검찰이 들이닥쳤다고? 무슨 일 때문에?"

문형원은 정주민의 전화를 받자마자 운전 중이던 차를 세웠다.

"잘 모르겠어요. 압수 수색 영장 들고 와서는 서류랑 컴퓨터 들고 나갔어요."

정주민도 경황이 없기는 매한가지였다.

"무슨 서류?"

문형원이 꼬치꼬치 물었다.

"업체들하고 맺은 대부 계약서하고, 여러 가지 있는 것 같아요."

정주민은 아예 주눅이 들어 있었다.

"미치겠구먼. 일단 문 잠그고 당분간 흩어져 있어."

문형원은 짜증스럽게 전화를 끊고 생각에 잠겼다. 검찰이 무슨 이유로 압수 수색을 했는지 도무지 알 수 없었다. 그동안 문형원의 사업은 잡음 없이 매끄럽게 진행되었다.

코스닥 시장에서 이름난 M&A 전문가에게 문형원은 신사적인 큰손으로 통했고, 큰 거래가 있을 때마다 문형원에게 도움을 요청하면서 사업은 번창 일로였다.

2008년 5월에는 선운중공업 대대주에게서 200억 원 규모의 유상증자에 참여해달라는 요청을 받고 해외 펀드 명의로 50억 원을 투자했다. 효과는 곧바로 나타났다. 해외 펀드가 지분을 대량 취득했다는 공시가 나오자 700원에 불과했던 주가가 일주일 만에 1,045원까지 폭등했고, 문형원은 주식 전량을 처분해 27억 원을 챙겼다. KTI글로벌과의 거래도 쏠쏠했다. 챙긴 금액만 18억 원.

문형원이 개입하면서 액티투스 합병 문제도 깔끔하게 해결됐다. 문형원이 30억 원을 투자하면서 주가가 꾸준히 올라 주식매수청구권 행사 가격이상으로 주가가 유지됐던 것이다. 액티투스 박상현은 애초에 주식매수청구권이 모두 행사되면 100억 원을 투입해야 했다. 하지만 주가 부양으로 고작 12억 원으로 합병을 성사시켰다. 이대로라면 문형원은 증권시장에서 큰손으로 자리매김할 수 있었다. 그런데 갑자기 검찰이 들이닥치면서 분위기가 묘하게 흘러갔다.

'검찰이 무슨 낌새를 눈치챈 것일까?'

좀처럼 갈피를 잡을 수 없었다. 그는 돈을 조달해줄 때도 자신과 해외 펀드의 관계를 철저하게 숨겼다. 홍콩에 해외 펀드를 운용하는 사람과 잘 알아서 투자자를 찾는 상장업체 오너와 연결해주는 역할만 한다고 둘러대는 식이었다. 그가 실제로 해외 펀드를 운용한다는 사실을 아는 것은 극소수에 불과했다. 검찰이 설마 그 부분을 들여다보리라고는 상상하지 못했다.

## 유령의 몰락

"문씨는 조세회피지역인 버진아일랜드와 홍콩에 펀드를 설립해 마치 외국계 펀드가 투자하는 것처럼⋯⋯."

서울중앙지방검찰청 기자실. 금조3부장이 수사 결과 발표문을 읽어 내려가고 있었다. 검찰은 브리핑 내내 외국계 펀드를 가장한 국내 투자자를 직접 인지해 무려 7개 업체의 주가조작을 적발했다며 한껏 고무된 분위기였다. 그도 그럴 것이 처벌 대상만 20명이 넘었다.

헛웃음이 나왔다.

마 기자는 브리핑 내용을 토대로 빠르게 기사를 써 내려갔다.


해외 펀드를 이용해 주가조작을 일삼던 국제 금융전문가가 검찰에 적발됐습니다. 해외 펀드라는 사실만 믿고 돈을 쏟아부었던 투자자는 큰 손실을 봤습니다. 마주식 기자입니다.


지난해 5월 외국계 펀드인 퍼시픽애셋과 머큐리애셋은 선운중공업에 50억 원을 투자했습니다. 외국인이 투자했다는 소식에 주가는 치솟았고, 이들 펀드는 이 틈에 주식을 처분해 27억 원의 시세 차익을 남겼습니다.

하지만 이들 펀드는 국제 금융전문가인 문모 씨가 주가조작을 위해 조세회피지역인 버진아일랜드나 차명으로 펀드를 손쉽게 설립할 수 있는 홍콩과 같은 곳에 세운 유령 회사였습니다.

두산가 4세 박중원 씨가 개입한 주가조작에도 동원됐지만, 지난 2008년 수사 때도 실체가 드러나지 않았습니다. 문씨가 굳이 해외 펀드를 동원한 것은 개인 투자자가 외국인을 추종한다는 심리를 이용하기 위해서였습니다.

문씨는 기업사냥꾼인 박모 씨가 기업을 인수·합병할 때도 주가조작에 나섰습니다. 비상장업체와 합병을 추진 중이던 액티투스의 주가를 올려, 합병에 반대하는 주주들이 100억 원에 달하는 주식을 팔지 않도록 한 것입니다.

　이렇게 문씨가 2008년 7월부터 지난해 10월까지 7개 업체 대표와 짜고 420억 원을 투자해 챙긴 금액만 57억 원. 검찰은 문씨와 KTI글로벌 서민식 전 대표 등 4명을 구속 기소하고, 업체 임직원과 사채업자 27명을 불구속 기소했습니다. MBS 뉴스 마주식입니다.


마 기자는 사회부장에게 전화를 걸었다.

"부장님, 기사 올렸습니다. 데스킹 해주세요."

마 기자는 기사를 송고하고 얼마 전 찾아갔던 여의도 오피스텔을 떠올렸다.

'코스닥 시장을 주물렀던 외국계 펀드의 아지트가 여의도의 작은 오피스텔이라니……'

# 사건의 진실

'검은 머리 외국인'은 홍콩과 영국령 버진아일랜드에 각각 퍼시픽얼라이언스애셋매니지먼트와 머큐리파이낸셜어드바이저리라는 펀드를 설립해 상장업체의 시세조종에 관여했던 국제 금융전문가 문모 씨의 사건을 바탕으로 했다.

문씨는 외국인을 가장한 국내 투자자로, 속칭 '검은 머리 외국인'이었다. 문씨는 원래 대기업이 외국 투자자를 대상으로 자본을 유치할 때 연결 고리 역할을 했던 인물이었다. 하지만 문씨는 2000년대 초반부터는 홍콩에 퍼시픽얼라이언스에셋매니지먼트를, 영국령 버진아일랜드에 머큐리파이낸셜어드바이저리라는 해외 펀드를 직접 설립해 국내 상장기업에 돈을 빌려주는 사업을 시작했다.

문씨는 일반 사채업자가 돈을 빌려주고 원금과 이자를 받는 것과는 달리, 원리금을 보장받는 조건으로 한 달에서 석 달 동안 이들 펀드로 주식을 매입하거나 유상증자에 참여해 시세 차익을 남겼다. 해외 펀드를 동원해 개미들의 뇌동매매(외국인이나 기관이 사면 따라 사는 것) 심리를 활용한 셈이었다.

실제로 퍼시픽과 머큐리가 지분을 매입하면 개인 투자자들은 해외 자금이 유입된 줄 알고 추격 매수에 나섰다. 문씨를 찾은 사람은 주로 주식을 담보로 대출을 받은 기업 대주주들이었다. 주식 담보 대출의 경우 주가가 하락하면 담보 비율이 낮아지기 때문에 사채업자가 대주주의 의사와는 관계없이 주식을 팔아치울 수 있었다. 바로 반대매매다. 반대매매 위기에 놓인 대주주들은 문씨를 끌어들여 주가 하락을 막아달라고 요청했다. 그래서 문씨가 개입한 주가조작은 주가를 올리는 게 아니라 주가가 떨어지지 않게 하거나 유지하는 데 주로 목적이 있었다.

　문씨와 짜고 주가조작을 하다 검찰에 적발된 업체만도 7개(브이에스에스티, 선우중공업, 한국기술투자, KTIC글로벌, 에스씨디, 엔티피아, 액티투어)에 달한다.

　검찰은 문씨가 이들 업체에 421억 원을 투자해 대주주와 함께 57억 원의 부당 이득을 얻었다고 판단했다.

　문씨는 의뢰한 업체에서 매일 매수 수량과 단가를 하달받아 시세조종에 나

## KTIC글로벌 사건 일지

그림 5-1　KTIC글로벌

| 2008년 7월 24일 | KTIC글로벌 주식 매입 계약(금액 30억). ① |
| 8월 29일 | 한국기술투자 주식 매입 계약(금액 30억). |
| 10월 17일 | KTIC글로벌과 한국기술투자 주식 매입 계약(금액 45억). |
| 12월 17일 | KTIC글로벌과 한국기술투자 주식 매입 계약(금액 150억). ② |
| 2009년 7월 1일 | KTIC글로벌 주식 매입 계약(금액 20억). |
| 7월 9일 | KTIC글로벌 주식 매입 계약(금액 5억). |
| 7월 20일 | KTIC글로벌 주식 매입 계약(금액 25억). ③ |

섰고, 장이 끝나면 어김없이 결과를 의뢰 업체에 보고했다. 시세조종 방식은 소설에서 설명했던 고가 매매, 물량 소진 주문, 시종가(주식 정규 시장이 시작할 때와 끝날 때의 가격) 관여 주문, 허수 매수 주문 등이었다.

특히 문씨에게 주가조작을 의뢰한 기업 중에는 우리나라 벤처 캐피탈의 시초라고 할 수 있는 한국기술투자와 그 계열사인 KTIC글로벌도 있다. 한국기술투자 서일우 전 대표도 증권업에 진출하려고 무리하게 주식 담보 대출을 받았지만 좌절됐고, 급기야는 한국기술투자와 계열사 주가가 하락하면서 반대매매 위기에 놓여 있었다. 결국 서 전 대표는 문씨에게 주가 하락을 막아달라고 요청했고, 문씨는 2008년 7월부터 1년 동안 305억 원을 투입해 한국기술투자와 KTIC글로벌 주가조작에 나섰다.

흥미로운 점은 조세회피지역인 필리핀 라부안에 설립된 JJ인베스트먼트도 한때 한국기술투자의 유상증자에 참여해 지분을 보유했는데, 이 JJ인베스트먼트의 실질 소유주로 카자흐스탄 구리 광산 개발로 대박을 터트린 차용규 씨가 지목됐다는 점이다. 차씨 역시 검은 머리 외국인이었던 셈이다. JJ인베스트먼트도 문씨처럼 원리금을 보장받고 상장업체의 유상증자에 참여하거나 신주인수권부사채·전환사채 등을 매입했다.

그렇다면 기업 대주주들은 원리금을 어떻게 보장했을까. 대부분 자신이 보유하는 회사의 자금을 빼돌려 지급했다. 특히 에스씨디와 액티투오, 엔티피아의 대주주였던 박모 씨의 경우에는 회사에 손해를 끼치거나 회삿돈을 빼돌린 액수만 1,165억 원에 달했다.

문씨는 해외 펀드를 동원해 세련되고 신사적으로 사채업을 했다. 하지만 오히려 해외 펀드가 문씨의 발목을 잡았다. 자본시장통합법은 부당한 이익을 얻

## 에스씨디 사건 일지

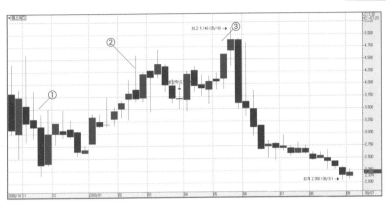

에스씨디 주봉

2008년 11월 25일    에스씨디 주식 매입 계약(기간 석 달, 금액 20억). ①

2009년 3월  3일    에스씨디 주식 매입 계약(기간 석 달, 금액 30억). ②

　　 6월  3일    에스씨디 주식 매입 계약(기간 한 달, 금액 6억). ③


## 그 외 사건 일지

2008년 9월 30일    브이에스에스티 주식 매입 계약(계약 기간 석 달, 금액 30억).

　　 12월  3일    브이에스에스티 유상증자 참여 계약(금액 27억).

2009년 5월 12일    선우중공업 유상증자 참여 계약(금액 50억).

　　 5월 20일    엔티피아 유상증자 참여 계약(금액 38억).

　　 10월  7일    액티투오 주식 매입 계약(기간 석 달, 금액 30억).

기 위하여 고의로 허위의 시세 또는 허위의 사실 기타 소문을 유포하거나 위계를 쓰는 행위를 해서는 안 되며, 중요한 사항에 관하여 허위의 표시를 하거나 필요한 사실의 표시가 빠진 문서를 이용하여 타인에게 오해를 유발하게 함으로써 금전 기타 재산상의 이익을 얻고자 하는 행위를 해서는 안 된다고 규정하고 있다(사기적 부정 거래).

만약 문씨가 돈만 빌려주고 원리금만 챙겼다면 처벌 근거가 미약했을 것이다. 하지만 내국인인데도 외국계 펀드인 것처럼 속였고, 외국계 펀드로 시세조종까지 했으니 법망을 피해 갈 수 없었다. 법원은 1심에서 문씨에게 징역 2년의 실형을 선고했지만, 2심에서는 형을 다소 낮춘 집행유예형을 내렸다.

재미있는 것은 외국계 펀드 수사가 이뤄질 수 있었던 계기가 바로 두산가 4세 박중원 조가조작 사건이라는 점이다. 문씨는 이때도 해외 펀드를 통해 박중원이 관여했던 뉴월코프에도 투자했는데, 수사 과정에서 퍼시픽의 실제 주인이 문씨라는 단서가 잡혔다고 한다.

## 외국인도 단타족은 있다

주식시장에서 외국인은 큰손으로 통한다. 자본력이 탄탄한 데다가 정보력도 개인 투자자에 비해 한발 앞서기 때문에 외국인이 사는 종목은 대부분 주가가 오른다. 그래서 개인 투자자들은 외국인을 따라 주식을 사기도 하고, 외국인이 사들이면 좋은 주식으로 생각하곤 한다. 투자자의 이런 심리를 교묘히 악용하는 게 외국인으로 행세하는 국내 투자자, 검은 머리 외국인이다.

검은 머리 외국인을 이용한 주가조작은 고전에 속한다. 그만큼 오래됐지만, 여전히 위력이 세다. 박중원 주가조작 사건에서 홍콩계 펀드인 딘에셋매니지먼트를 만든 조모 씨도 검은 머리 외국인으로 볼 수 있다.

한국 증권시장에 검은 머리 외국인의 문제가 본격적으로 대두된 계기는 이용호 게이트였다. 삼애실업 대표였던 이용호는 2000년 900만 달러의 전환사채를 해외 금융 기관에서 모두 인수했다는 공시를 내보냈다. 전환사채를 인수한 당사자는 노무라증권 홍콩 지점과 니탄에이피 싱가포르 지점이었다. 하지만 이내 이들은 이 전환사채를 한국산업은행에 매각했고, 다시 산업은행은 이용호의 지인인 김모 씨에게 넘겼다.

공교롭게도 삼애실업은 김씨가 전환사채를 인수한 이후인 2001년 초부터 전라남도 진도 앞바다에서 보물선 인양 사업을 한다는 소문에 주가가 급등했다. 고려 시대 좌초됐던 배에 어마어마한 금괴와 유물이 수장되어 있어 인양만 하면 막대한 이익을 얻을 수 있다는 논리였다. 이 과정에서 김씨는 인수한 전환사채를 매각해 150억 원의 시세 차익을 남겼다.

검찰은 이용호 게이트 수사를 하면서 이용호가 실제로는 국내에서 자금을 조달하면서 외국인 투자자가 전환사채를 매수한 것처럼 허위 사실을 유포했다고 판단했다. 외국인이 투자하는 것처럼 꾸며 주가를 상승시키려 했다는 것이다. 1, 2심 법원도 이 점을 인정했다. 하지만 대법원은 나중에 한국산업은행이 전환사채를 인수했더라도 애초에는 외국인이 전환사채를 인수한 만큼 허위 사실 유포는 아니라며 무죄를 선고했다.

역설적이게도 이용호 게이트는 해외 전환사채 규정이 재정비되는 계기를 마련해줬다. 이전까지만 해도 해외 전환사채를 발행할 때 금융감독원에 유가증권 신고서를 제출하지 않았지만 2002년 3월부터는 신고서 제출을 의무화했다.

현대그룹의 현대전자(현 하이닉스반도체) 주가조작 사건에도 검은 머리 외국인이 등장한다. 1998년 현대그룹은 말레이시아 라부안에 역외펀드를 설립하고 현대전자 주식을 대거 매집했다. 당시는 LG전자와 반도체 맞바꾸

그림 5-3 하이닉스 일봉(1998년 5월~11월)

기 설이 흘러나오던 시기였던 만큼 주가는 민감하게 반응했다. 결국은 자체 자금을 외국계 투자 자금으로 둔갑한 것이다.

LG가 방계였던 구본호의 미디어솔루션 인수 과정에서도 검은 머리 외국 인이 등장한다. 다름 아닌 무기 중개상 조풍언. 구본호는 외국인 후광 효과 를 누리려고 조풍언이 소유하던 홍콩계 펀드를 동원해 미디어솔루션에 투 자했다.

주가조작에서 검은 머리 외국인과 떼려야 뗄 수 없는 것이 조세회피지역 이다. 조세회피지역이란 세금이 면제되거나 현저히 경감되는 지역으로 조 세피난처라고도 한다. 바하마, 버뮤다, 캐이먼 제도, 필리핀 라부안, 파나마, 영국령 버진아일랜드 등이 대표적인 조세회피지역이다(홍콩은 조세회피지 역은 아니지만 세율이 낮음).

검은 머리 외국인은 이런 조세회피지역에 페이퍼컴퍼니(해외 펀드)를 설 립한다. 현지 브로커를 통해 바지 사장으로 세울 인물 선정부터 각종 절차 를 해결한 뒤에 이 유령 회사를 통해 돈을 세탁하거나 본국의 세금을 피하는 것이다.

2009년 박연차 게이트에서도 조세회피지역이 등장한다. 박연차는 세계적인 나이키 신발의 OEM(주문자 상표 생산 방식) 업체인 태광실업을 보유하던 인물. 그는 중국과 베트남 공장에 원재료를 납품하는 APC라는 회사를 외국인 명의로 홍콩에 설립했다. 생산 공장에서 곧바로 원재료를 수입해도 되는데 중간에 회사 하나를 끼워 넣은 셈.

APC는 받은 원재료에 일정한 차액을 붙여 생산 공장에 납품하는 방식으로 막대한 수익을 냈고, 이렇게 거둬들인 수익을 외국인 명의로 배당을 받다 보니 한국 세무 당국에 소득세를 한 푼도 내지 않았다.

노무현 전 대통령을 죽음으로 몰고 간 50억 원도 조세회피지역을 통해 돈세탁이 됐다. 당시 박연차는 조세회피지역인 영국령 버진아일랜드에 설립된 엘리쉬앤파트너스라는 업체에 50억 원을 송금했다. 겉으로는 외국계 회사처럼 보였지만 실질적인 주인은 노 전 대통령의 조카사위인 연철호 씨였다. 연씨는 이 돈의 일부를 국내에 투자하기도 했다. 하지만 노 전 대통령이 박연차 게이트 수사 전에 이미 50억 원이라는 거금이 이런 식으로 전달된 걸 알았는지는 그의 서거로 역사 속에 묻혔다. 또한 이 돈이 과연 박연차가 노 전 대통령에게 전달한 뇌물이었는지는 알 수 없다. 개인적인 생각으로는 만약 노 전 대통령이 마음먹고 뇌물을 받을 생각이었다면 재단이나 사업체를 주변 사람을 내세워 차리고, 박연차에게 투자를 받는 방식을 선택하지 않았을까 싶다.

조세회피지역을 통해 세금을 회피하는 경우는 비일비재하다. 뉴브릿지캐피탈은 제일은행을 스탠다드차타드 은행에 매각해 인수 5년 만에 1조 2,000억 원에 가까운 차익을 남겼다. 하지만 우리 정부는 뉴브릿지캐피탈에 대해 세금을 매기지 못했다. 애초 제일은행을 인수한 법인이 말레이시아 라부안에 본거지를 둔 KFB 뉴브릿지 홀딩스로 등록되어 있었기 때문이다. 한미은행을 인수한 후에 씨티은행에 6,000억 원의 차익을 남기고 매각한 칼라일 펀드도 라부안을 거쳐 투자했다는 이유로 세금 추징을 하지 못했다.

라부안의 경우에는 주식 시세 차익에 대해서는 소재지에서만 과세할 수 있다는 이중과세 방지 협약이 맺어져 있기 때문이다(2019년 10월 기준 우리나라는 총 95개국과 체결되어 있다).

특히 국세청은 검은 머리 외국인의 세금 포탈을 원천봉쇄하기 위해 각종 규정을 엄격하게 적용한다.

2011년 국세청은 선박 왕 시도상선 권혁 회장에 대해 탈세 혐의를 잡고 4,100억 원 추징을 결정했다.

권혁 회장은 현대자동차 출신으로 일본에서 시도상선을 설립해 보유 선박 수 175대, 매출액 2조 1,700억 원, 자산 5조 원에 달하는 매머드급 회사로 키웠다. 하지만 국세청은 권혁 회장이 해외에서 사업을 주로 하지만 국내 거주자로 볼 수 있기 때문에 소득세를 추징할 수 있다는 논리를 펼쳤다. 1년 중 국내에 반년 이상 거주하면 국내 거주자로 볼 수 있고, 권 회장의 부인이 국내에 살고 있다는 것이 그 근거였다. 권혁 회장은 이에 대해 "2007년에만 허리디스크 치료를 위해 190일 동안 국내에 머물렀을 뿐이고 주로 홍콩에서 거주하고 있다"고 밝히면서 치열한 법정 공방을 예고했다.

'선박 왕' 권혁 회장에 이어 '구리 왕' 차용규 씨도 국세청의 타깃이 됐다. 국세청은 카자흐스탄 구리 광산 투자로 1조 원을 벌어들이고도 조세피난처를 통해 수익을 빼돌린 차씨에 대해 최대 7,000억 원을 추징하는 방안을 검토했다. 차씨도 권혁 회장처럼 국내에서 실질적으로 사업 활동을 하는 검은 머리 외국인으로 볼 수 있다는 것이 국세청의 판단이었다.

차씨의 대박 스토리는 1995년으로 거슬러 올라간다. 카자흐스탄 정부는 1995년 구리채광 제련업체인 카작무스가 파산할 지경에 이르자 삼성물산에 위탁 경영을 맡겼고, 삼성물산은 카작무스의 지분을 42.55%까지 인수하면서 2대 주주로 자리 매김했다. 당시 차씨는 삼성물산의 직원으로 카작무스 경영에 관여했다.

카작무스는 삼성물산의 뛰어난 운영 시스템과 세계 구리 값 급등이 맞물리면서 점차 견실한 회사로 변모해갔다. 그러자 2004년 6월에는 일부 외신에서 카작무스의 런던 증권시장 상장이 예상된다는 보도를 하기도 했다. 상장만 된다면 삼성물산은 그야말로 초대박을 터트릴 수 있는 상황이었다.

그러나 삼성물산은 2004년 8월 카작무스 지분을 블라디미르 김이 대표로 있던 페리파트너스사에 매각했고, 이듬해 10월 카작무스가 상장되면서 대박의 영광은 삼성물산이 아닌 페리파트너스사가 누렸다.

문제는 상장이 되면서 공개된 카작무스의 보고서에 페리파트너스사의 대표가 그동안 알려져 있던 고려인 3세 블라디미르 김이 아니라 삼성물산의 직원이었던 차용규 씨라는 것이 밝혀졌다. 그래서 일각에서는 삼성물산이 차씨를 내세워 비자금을 조성한 것 아니냐는 의혹을 제기하기도 했다. 하지만 삼성물산은 카작무스의 회계 투명성 부족과 심각한 환경 문제 때문에 카작무스가 상장이 힘들 것이라고 판단해 자산을 처분한 것이라며 의혹을 전면 부인했다.

그렇다면 외국계 펀드가 조세회피지역에 설립됐는지 어떻게 확인하면 될까. 상장기업의 지분 5% 이상을 취득한 개인이나 법인은 반드시 신고하도록 규정하는 5%룰이 단서가 될 수 있다. 이때 보고자 현황에서 국적을 확인해야 한다. (표5-1)은 KTIC글로벌에 투자했던 머큐리 펀드가 5% 이상 지분을 취득했다며 낸 공시 내용 중 일부다. 이 표에서 머큐리 펀드의 국적은 조세회피지역인 영국령 버진아일랜드로 되어 있는 것을 알 수 있다.

외국계 펀드가 실은 검은 머리 외국인이라는 것은 주가조작이 이미 끝난 후에 밝혀지는 경우가 많다. 때문에 무작정 외국인이라고 추종하면 주가조작의 희생양이 될 수 있다는 점을 명심하라.

특히 중소형 주의 경우에는 시가총액이 많지 않기 때문에 검은 머리 외국인의 손을 타기 쉽다. 검은 머리 외국인의 먹잇감이 되지 않으려면 중소형 주는 피하는 게 좋다. 특히 피터백은 코스닥 업계에서 기업을 망쳐놓는 악명 높은 헤지펀드다.

다만 피델리티나 템플턴처럼 장기적으로 투자하는 업체라면 투자를 고려해볼 만하다. 만약 헤지펀드가 투자한 코스닥 업체라면 십중팔구는 개인

| 보고 구분 | 신규 | | 개별 | | |
|---|---|---|---|---|---|
| 보고자 구분 | 외국 법인 | | 국적 | British Virgin Island | | |
| 성명(명칭) | 한글 | 머큐리 파이낸셜 어드바이저리 리미티드 | 한자(영문) | Mercury Financial Advisory Limited | | |
| 주소 | Offshore Incorporation Centre, Road Town, Tortola, British Virgin Island | | 생년월일 또는사업 자등록번호 등 | 13262 | | |
| 사업 내용 | Investment Advisory &Consulting | | 발행 회사와의 관계 | 주주 | | |
| 업무상 연락처 및 담당자 | 소속 회사 | 법무 법인 ** | 전화번호 | 02-6004-2*** | | |
| | 부서 | - | 성명 | 신○○ | 직위 | 변호사 |

(표 5-1) 대량보유상황 보고서(2009년 7월 27일 금융감독원 공시)

투자자를 멍들게 하는 머니게임(돈놀이)일 개연성이 높다. 외국인 관련 종목에 투자할 때 이 점만은 주의해야 한다.

- 외국인이 투자할 만한 우량주인가?
- 업체에 투자한 외국계 펀드가 롱텀펀드인가?
- 외국인이 계속 지분을 늘리고 있는가?

외국인이 투자하는 종목에 관심을 두는 건 나쁘지 않다. 하지만 종목에 대한 자신의 판단 없이 외국인만 따라 매매한다면 친구 따라 불구덩이에 뛰어드는 격이다. 과연 외국인이 투자할 만큼 회사가 내실이 있는지를 따져보는 건 기본이다. 또한, 치고 빠지기식의 행태를 보일 수도 있으니 외국계 펀드의 과거 행적을 조사하고 꼼꼼히 따져봐야 한다.

외국인이라고 모두 장기 투자자라고 생각하는 건 주식투자 실패의 지름 길이다. 헤지펀드나 사실상 사채업자와 비슷한 외국인들은 단타를 노린다. 따라서 외국인의 매수세가 확연해지거나 적어도 3일 연속 매수세가 들어올 때 주식을 매입하는 게 바람직하다.

## 금융감독원 전자공시시스템은 정보의 보고

개미투자자들이 작전 세력과의 전쟁에서 승리하기 위해 빼놓을 수 없는 무기 중의 하나가 금융감독원 전자공시시스템이다. 일명 다트[DART(Data Analysis, Retrieval and Transfer System)]라고 한다.

전자공시시스템에서는 유가증권이나 코스닥 시장에 상장된 업체뿐만 아니라 외부 감사를 받는 주식회사의 사업보고서와 감사보고서, 주식등의 대량보유보고서(5% 이상 지분 확보 때 신고하는 서류), 임원 · 주요 주주 특정 증권 소유상황보고서(대주주와 특수 관계자들이 지분 변동이 있을 때 신고하는 서류) 등 기업이 공시하는 모든 서류를 검색할 수 있다. 대표적인 가치 투자자인 워런 버핏이 포스코 등에 투자할 때도 이 다트를 활용해 정보를 얻었다면서 극찬했을 정도로 정보량이 방대하다.

이제 활용법을 알아보자. 일단 포털에서 금융감독원 전자공시시스템을 검색해 접속하거나 직접 사이트 주소(dart.fss.or.kr)를 입력해 보자.

그러면 〔그림 5-4〕와 같은 화면이 뜬다.

화면 중에서 위쪽 오른편에 있는 검색 창을 잘 활용해야 한다. 만약 투자하려는 회사에 대해 알고 싶다면 일단 사업보고서를 살펴보면 된다. 사업보

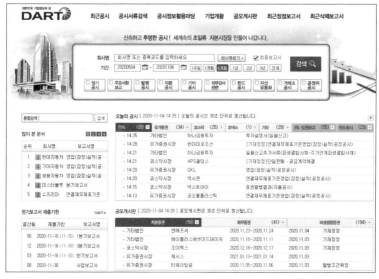

〔그림 5-4〕 금융감독원 전자공시시스템

그림 5-5 금융감독원 전자공시시스템 검색 창

고서에는 회사의 연혁과 사업 내용, 그리고 재무제표 등 전반적인 내용들이
총망라되어 있다.(그림 5-5)

기아자동차의 2005년부터 2010년까지의 사업보고서를 살펴보도록 하자.

> 회사명에 기아자동차 입력 → 검색 기간을 20050101~20110331(사업
> 보고서는 이듬해 3월 말까지 제출함)으로 설정 → 정기 공시 클릭 →
> 사업보고서 클릭 → 오른쪽 검색 버튼 클릭

검색 결과는 다음과 같다.

조회건수 [15 ▼]

| 번호 | 공시대상회사 | 보고서명 | 제출인 | 접수일자 | 비고 |
|---|---|---|---|---|---|
| 1 | 유 기아자동차 | 사업보고서 (2010.12) | 기아자동차 | 2011.03.31 | 연 |
| 2 | 유 기아자동차 | [첨부정정]사업보고서 (2009.12) | 기아자동차 | 2010.05.28 | 연 |
| 3 | 유 기아자동차 | 사업보고서 (2008.12) | 기아자동차 | 2009.03.31 | 연 |
| 4 | 유 기아자동차 | 사업보고서 (2007.12) | 기아자동차 | 2008.03.31 | 연 |
| 5 | 유 기아자동차 | 사업보고서 (2006.12) | 기아자동차 | 2007.03.30 | 연 |
| 6 | 유 기아자동차 | [첨부정정]사업보고서 (2005.12) | 기아자동차 | 2006.05.15 | 연 |

그림 5-6 기아자동차의 사업보고서(2005년~2010년)

이중에서 2008년 사업보고서를 보고 싶다면 '사업보고서(2008. 12)'인 곳에 마우스를 대고 클릭하면 된다. 사업보고서에는 회사의 개황, 사업 내용, 재무제표 등 재무에 관한 사항, 계열사 및 출자 법인 현황, 주주 현황, 주주에 관한 사항 등을 검색할 수 있다.

만약 지난 2005년부터 2010년까지 기아자동차의 지분 5% 이상을 보유한 주주와 변동 내역을 알고 싶다면 처음 검색 화면에서 회사명과 기간은 사업보고서 검색 때와 똑같이 한 뒤에 아래대로 한다.

> **정기 공시가 아닌 지분 공시 클릭 →**
> **주식등의 대량보고상황 보고서 클릭 → 검색 버튼 클릭**

검색 결과는 다음과 같다. (그림 5-7)

박재홍, 미래에셋자산운용, 현대자동차, 국민연금관리공단 등이 기아자동차 지분 5% 이상을 취득했거나, 5% 이상 지분 취득 이후에 지분 1% 이상 변동이 있어 신고한 것을 볼 수 있다.

이중에서 국민연금관리공단은 2009년 10월 9일과 2010년 4월 8일에 신고를 했는데 2009년 신고 내용을 보면 2009년 3월 16일에는 국민연금관리공단이 기아자동차 지분을 5.33% 보유했는데 2009년 8월 26일에는 240만 주가량을 매도해 지분이 4.26%로 낮아졌다는 것을 알 수 있다.(그림5-8) 이렇게 되면 국민연금관리공단은 지분이 5% 이하가 되기 때문에 이후에는 따로 공시를 할 필요가 없다.

그런데 이후 국민연금관리공단은 2010년 4월 8일에 지분 5%를 확보했

| 변호 | 공시대상회사 | 보고서명 | 제출인 | 접수일자 | 비고 |
|---|---|---|---|---|---|
| 1 | 유 기아자동차 | 주식등의대량보유상황보고서(약식) | 국민연금공단 | 2010.04.08 | |
| 2 | 유 기아자동차 | 주식등의대량보유상황보고서(약식) | 국민연금공단 | 2009.10.09 | |
| 3 | 유 기아자동차 | 주식등의대량보유상황보고서(약식) | 미래에셋자산 | 2009.10.05 | |
| 4 | 유 기아자동차 | 주식등의대량보유상황보고서(약식) | 박재홍 | 2009.09.30 | |
| 5 | 유 기아자동차 | 주식등의대량보유상황보고서(약식) | 미래에셋자산 | 2009.09.02 | |
| 6 | 유 기아자동차 | 주식등의대량보유상황보고서(약식) | 박재홍 | 2009.07.29 | |
| 7 | 유 기아자동차 | 주식등의대량보유상황보고서(약식) | 미래에셋자산 | 2009.07.01 | |
| 8 | 유 기아자동차 | 주식등의대량보유상황보고서(약식) | 미래에셋자산 | 2009.06.01 | |
| 9 | 유 기아자동차 | 주식등의대량보유상황보고서(일반) | 현대자동차 | 2009.04.07 | |
| 10 | 유 기아자동차 | 주식등의대량보유상황보고서(약식) | 국민연금공단 | 2009.04.07 | |
| 11 | 유 기아자동차 | 주식등의대량보유상황보고서(일반) | 현대자동차 | 2009.03.03 | |
| 12 | 유 기아자동차 | 주식등의대량보유상황보고서(약식) | 국민연금공단 | 2009.03.02 | |
| 13 | 유 기아자동차 | 주식등의대량보유상황보고서(약식) | 미래에셋자산 | 2008.11.03 | |
| 14 | 유 기아자동차 | 주식등의대량보유상황보고서(약식) | 박재홍 | 2008.10.14 | |
| 15 | 유 기아자동차 | 주식등의대량보유상황보고서(약식) | 미래에셋자산 | 2008.08.01 | |

그림 5-7 기아자동차의 지분 5% 이상을 보유한 주주와 변동 내역(2005년~2010년)

다고 또다시 공시를 했다. 결국 공시 내용만을 놓고 보면 국민연금관리공단
은 2009년부터 기아차 지분을 매각했다가 2010년에 또다시 지분을 매입한
것을 알 수 있다.

만약 미래에셋자산운용이나 소설에서 예로 들었던 퍼시픽얼라이언스애
셋매니지먼트의 활동 내역을 알고 싶다면 어떻게 하면 될까?

이럴 땐 상세 검색을 하면 된다. 일단 전자공시시스템 사이트 제일 위 카
테고리 중에서 회사별 검색 옆에 있는 최근 공시 검색에 마우스를 가져가
면 하위 카테고리로 회사별 검색, 상세 검색, 통합 검색 등이 뜨고, 이중에
서 상세 검색을 클릭하면 다음 그림 5-9 와 같은 창이 나온다.

이제 퍼시픽얼라이언스애셋매니지먼트가 2000년부터 최근까지 투자한
회사를 알아보자. 일단 검색창에서 다른 건 그대로 둔 채 제출 인명에 퍼시

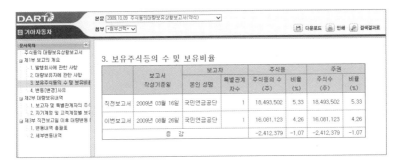

3. 보유주식등의 수 및 보유비율

| 보고서 작성기준일 | | 보고자 | | 주식등 | | 주권 | |
|---|---|---|---|---|---|---|---|
| | | 본인 성명 | 특별관계 자수 | 주식등의 수 (주) | 비율 (%) | 주식수 (주) | 비율 (%) |
| 직전보고서 | 2009년 03월 16일 | 국민연금공단 | 1 | 18,493,502 | 5.33 | 18,493,502 | 5.33 |
| 이번보고서 | 2009년 08월 26일 | 국민연금공단 | 1 | 16,081,123 | 4.26 | 16,081,123 | 4.26 |
| 증 감 | | | | -2,412,379 | -1.07 | -2,412,379 | -1.07 |

그림 5-8  국민연금, 기아자동차 지분 변동 신고 내역

픽얼라이언스애셋매니지먼트라고 입력한다. 이때 정확한 이름을 알지 못하면 퍼시픽이라는 글자만 입력하면 퍼시픽으로 시작하는 회사 이름들이 나열되고, 이중에서 원하는 업체의 이름을 골라 입력을 완료하면 된다. 검색 기간을 '20001010~최근'으로 설정한 뒤에 검색 버튼을 누르면 검색 결과가 뜬다. 그림 5-10

검색된 결과를 보면 퍼시픽얼라이언스애셋매니지먼트는 엑사이엔씨, 엔티피아, 케이앤에스홀딩스 등에 투자했다는 걸 알 수 있다.

미래에셋자산운용이 지분 5% 이상을 보유한 업체를 알아볼 때도 별반 다르지 않다. 다만 지분에 관한 부분만 알아보는 절차이기 때문에 지분 공

| 상세검색 | | | ↟ > 공시서류검색 > 상세검색 |
|---|---|---|---|

그림 5-9  상세 검색

| 번호 | 공시대상회사 | 보고서명 | 제출인 | 접수일자 | 비고 |
|---|---|---|---|---|---|
| 1 | 코 엑사이엔씨 | 주식등의대량보유상황보고서(약식) | 퍼시픽얼라이언스에… | 2009.08.31 | |
| 2 | 코 엔티피아 | 주식등의대량보유상황보고서(약식) | 퍼시픽얼라이언스에… | 2009.08.18 | |
| 3 | 코 엔티피아 | 임원·주요주주특정증권등소유상황보고서 | 퍼시픽얼라이언스에… | 2009.08.18 | |
| 4 | 코 엑사이엔씨 | 주식등의대량보유상황보고서(약식) | 퍼시픽얼라이언스에… | 2009.08.12 | |
| 5 | 코 엔티피아 | 주식등의대량보유상황보고서(약식) | 퍼시픽얼라이언스에… | 2009.05.29 | |
| 6 | 코 엔티피아 | 임원·주요주주특정증권등소유상황보고서 | 퍼시픽얼라이언스에… | 2009.05.29 | |
| 7 | 기 케이엔에스홀딩스 | 임원·주요주주특정증권등소유상황보고서 | 퍼시픽얼라이언스에… | 2008.12.08 | |
| 8 | 기 케이엔에스홀딩스 | 주식등의대량보유상황보고서(약식) | 퍼시픽얼라이언스에… | 2008.12.08 | |
| 9 | 기 케이엔에스홀딩스 | 주식등의대량보유상황보고서(약식) | 퍼시픽얼라이언스에… | 2008.11.24 | |
| 10 | 기 카라반케이디아이 | 임원·주요주주특정증권등소유상황보고서 | 퍼시픽얼라이언스에… | 2008.11.06 | |
| 11 | 기 카라반케이디아이 | 주식등의대량보유상황보고서(약식) | 퍼시픽얼라이언스에… | 2008.11.06 | |
| 12 | 기 카라반케이디아이 | 주식등의대량보유상황보고서(약식) | 퍼시픽얼라이언스에… | 2008.10.15 | |
| 13 | 기 케이엔에스홀딩스 | 임원·주요주주특정증권등소유상황보고서 | 퍼시픽얼라이언스에… | 2008.10.13 | |
| 14 | 기 카라반케이디아이 | 주식등의대량보유상황보고서(약식) | 퍼시픽얼라이언스에… | 2008.10.07 | |
| 15 | 기 카라반케이디아이 | 임원·주요주주특정증권등소유상황보고서 | 퍼시픽얼라이언스에… | 2008.10.07 | |

1 | 2 | 3 | 4 | 5 | 6 　 [페이지 1/6] [총 76건]

(그림 5-10) 퍼시픽얼라이언스애셋매니지먼트의 투자내역(2000년 10월~최근)

시, 그리고 하위 카테고리에서 주식등의 대량보유상황보고서를 클릭하면
된다. 순서를 보자.

> 제출 인명 '미래에셋자산운용투자자문' 입력 → 검색 기간 설정 → 지분
> 공시 클릭 → 주식등의 대량보유상황보고서 클릭 → 검색 버튼 클릭

이처럼 금융감독원 전자공시시스템은 투자자에게는 요긴한 정보의 창이
자 보고다. 하지만 정작 공시하는 기업이 잘못된 정보를 게재하는 것까지
막는 데는 한계가 있다. 마음먹고 속이려는 사기꾼을 당할 재간은 누구에게
도 없다. 그런 사람을 만나지 않는 방법밖에. 투자자들도 작전이 개입할 종
목은 거들떠보지 않는 것이 바람직하다.

# 반대매매는 작전 세력도 당한다

주가조작에서 빠지지 않는 것 중의 하나가 주식 담보 대출이다. 주식 담보 대출은 주가조작의 진원지라고 해도 과언이 아니다. 제2금융권이나 사채업자에게 주식을 담보로 대출을 받았다가 갚지 못할 처지에 놓이면 주가조작을 해서라도 돈을 챙기려 하기 때문이다.

주식 담보 대출은 말 그대로 주식을 담보로 대출을 받는 것을 뜻한다. 이때 대출 한도와 이율 등은 해당 기업과 주식 보유자의 신용도에 따라 달라진다. 만약에 우량주라면 담보 비율은 70~80%, 코스닥 종목은 50% 정도 된다. 주식은 부동산과 달리 가격 변동이 심해서 담보력이 높지 않다.

주식 담보 대출이 무서운 것은 반대매매 때문이다. 주가가 일정 가격 아래로 하락하면 사채업자는 주식을 맡긴 대주주의 의사와 반대로 주식을 팔아서 담보권을 행사한다.

상장기업 대주주에게 주가가 3만 원 아래로 내려가면, 추가 담보를 받거나 주식을 팔아 담보권을 행사하겠다는 계약을 맺었다고 하자. 현재 주가가 4만 원인데, 주식 담보력을 참작해서 반대매매 개시 가격을 3만 원으로 정한다. 대주주도 주식 가격이 3만 원까지 내려가지 않을 것이라는 확신 아래 별다른 토를 달지 않는다.

그런데 이게 웬일인가. 주가가 급락하더니 주가가 3만 원을 찍었다. 사채업자는 대주주에게 일주일 내에 추가 담보를 넣으라고 요구한다. 하지만 대주주는 더는 줄 담보가 없는 상황이다. 그렇게 되면 사채업자는 여지없이 주식을 내다 판다.

가격은 얼마라도 상관하지 않는다. 주식을 팔아 일단 현금화하고, 부족한 금액은 다시 대주주에게 요구하면 되기 때문이다. 문제는 매도가 또 다른 매도를 부른다는 것이다. 반대매매 물량이 나오면 겁에 질려 또 다른 물량들이 쏟아지면서 주가가 끊임없이 하락하기도 한다.

이 정도는 양반이다. 악랄한 사채업자는 대주주 몰래 주식을 팔아 치우는 예도 있다. 일단 주식을 내다 팔아서 주가 하락을 부추기고 다시 주식을 사들인다.

그러고 나서는 채무자에게 담보 비율을 맞추라고 한다. 이런 때 주가가 급락하는 건 불 보듯 뻔하다. 하지만 사채업자가 회사나 대주주 몰래 주식을 팔아치웠기 때문에 회사와 대주주는 왜 주가가 급락했는지 알 수 없다. 거래소에서 주가 급락에 대한 사유를 밝히라고 조회 공시를 내보냈는데도, 회사에서 특별한 사유가 없다고 하는 것도 이런 이유다. 물론 주식 담보 대출 물량이 나온 걸 알면서도 '사유 없다'라고 하는 업체도 많다.

에스큐엔이라는 종목을 보자. 에스큐엔이라는 종목은 2010년 12월 3일 −10%이더니, 다음 거래일(12월 6일)에는 매도 물량이 수백만 주 쌓이면서 하한가를 기록한다. 그리고 3일 연속 하한가를 기록한 이후에 물량이 소화되는 모습을 보인다. 그림 5-11

이에 대해 거래소가 주가 급락 사유를 묻자 에스큐엔은 아니나 다를까 "사유 없다"라고 답변했다. 그나마 유상증자를 검토 중이고, 대주주 물량 일부 처분된 것 같다며 성의를 보인 것은 다행이다.

에스큐엔은 전형적인 반대매매 사례다. 하지만 쏟아진 모든 물량이 반대매매라고 할 수는 없다. 사채업자가 반대매매로 물량을 내놓으면, 다른 투자자들도 겁에 질려 물량을 쏟아내다 보면 대폭락이 연출된다.

반대매매는 흔적을 남기기도 한다. 거래소가 공시를 통해 '소수 지점 ·

소수 계좌 집중 종목'이라는 제목으로 알리는 경고 메시지다. 다음 (표 5-2)는 12월 7일 에스큐엔에 대해 거래소가 내보낸 내용이다.

12월 3일부터 7일까지 에스큐엔 매도 물량 중에 특정 지점에서 매도한 물량의 비율이 18.96%에 달한다는 내용이다. 이들 지점은 주로 사채업자가 몰려 있는 명동인 경우가 많다.

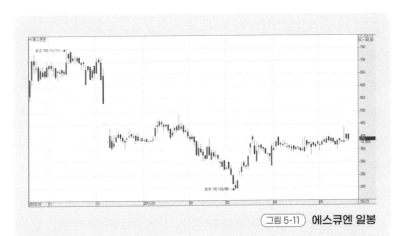

(그림 5-11) 에스큐엔 일봉

**12월 8일** 거래소, 조회 공시 요구
현저한 주가 급락에 대해 영향을 미칠 만한 사유.

**12월 9일** 에스큐엔 공시
"영향 미칠 만한 사유 없다. 다만, 유상증자 검토 중이고, 대주주 물량 일부 처분."

| 종목명 | 지정 구분 | 매도 및 매수 | 관여 지점 비율 | 대상 기간 |
|---|---|---|---|---|
| 에스큐엔 | 소수 지점 | 매도 | 18.96 | 12월 3일~12월 7일 |

(표 5-2) 한국거래소 공시

소수 지점이나 계좌를 통해 특정 세력이 매도하는 물량이 많다는 경고 메시지를 간과해선 안 된다. 기존 투자자는 연속 하한가 중에 나온 메시지라서 별 소용이 없겠지만, 새로 입성하려는 투자자라면 돌다리도 두드려봐야 한다.

개인 투자자는 반대매매에 취약할 수밖에 없다. 반대매매는 주가조작 세력도 당할 만큼 폐해가 크다. 2008년 상장폐지된 UC아이콜스라는 종목이 있다. UC아이콜스는 2006년 말부터 2007년 4월까지 소프트웨어 개발업체인 신지소프트와 게임 업체인 수달앤컴퍼니 등을 인수하면서 거침없는 기업사냥에 나섰다. 그러면서 주가는 2,000원대 중반에서 2만 8,000원으로 무려 10배나 치솟았다.

기업사냥꾼들은 UC아이콜스를 인수할 때부터 사채업자에게 돈을 조달했다. 인수할 UC아이콜스 주식 400만주를 담보로 인수 대금 166억 원을 빌렸다. 문제는 주가 하락으로 담보로 맡긴 주식이 반대매매되면 모든 게 수포로 돌아갈 수 있는 상황이었다는 것이다. 기업사냥꾼들은 결국 반대매매를 막기 위해 시세조종에 나섰다.

시세조종 자금은 모두 UC아이콜스와 신지소프트 등에서 빼돌리거나 이들 주식을 담보로 대출받은 돈이었다. 코스닥 기업을 잇달아 인수하면서 인수할 기업에서 돈을 조달하는 전형적인 돌려막기였던 셈이다.

하지만 돌려막기의 최후는 장렬했다. 자금이 부족해지면서 주가는 게걸음을 걷기 시작했고 급기야 주식을 담보로 보유하던 사채업자와 저축은행, 증권사가 담보권을 행사하면서 UC아이콜스는 13일 연속 하한가를 기록했다. 10여 일 만에 주가는 2만 8,000원대에서 2,000원으로 10분의 1토막이 됐다. 반대매매 물량에다 실망 매물까지 겹치면서 대재앙이 발생한

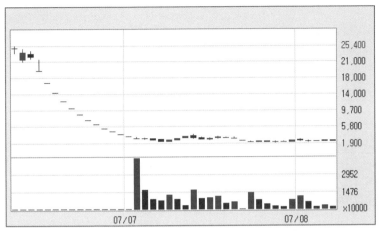

그림 5-12 UC아이콜스 일봉

것이다. (그림 5-12)

UC아이콜스 대주주들은 총 137개 계좌로 8,000차례에 걸쳐 시세조종을 한 끝에 모두 351억 원의 이익을 얻었지만 이중에서 153억 원만 챙길 수 있었다. 198억 원은 차익 실현을 못하고 반대매매와 함께 휴지 조각이 되어 버렸다.

반대매매에 대한 폐해가 심각해지면서 2009년 자본시장통합법 발효와 함께 주식 담보 대출에 대한 공시 의무가 새로 생겨났다. 이 법에는 자기 자본의 100분의 10 이상의 담보 제공 또는 채무 보증에 관한 결정 또는 사실이 있을 때는 그 사유 발생일 다음 날까지 신고하도록 규정하고 있다. 이에 따라 기업 대주주들의 주식 담보 대출 공시를 자주 볼 수 있게 됐다. 대주주들은 주로 5%룰에 따른 주식등의 대량보유상황보고서를 통해 주식 담보 대출을 공시한다.

(표 5-3)은 최태원 SK 회장이 SK C&C의 주식 400만주가량을 우리투자증

| 성명 | 관계 | 주식수 | 계약 상대방 | 계약의 종류 | 계약 체결일<br>(변경일) | 비고 |
|------|------|--------|-------------|-------------|------------------------|------|
| 최태원 | 본인 | 4,010,696 | 우리투자증권 | 담보 계약 | 2010년<br>09월 14일 | 담보 대출 |

표 5-3 최태원 SK 회장 주식 담보 대출 공시(2010년 9월 20일)

권에 담보로 해서 대출을 받았다는 내용의 공시다. 하지만 대출 금액과 기간, 이율은 적혀 있지 않다. 금융감독원은 모두 신고하도록 유도하지만, 자본시장통합법은 이런 내용을 세세하게 규정하지 않는다. 결국, 대출 금액과 기간 그리고 이율 등은 신고하지 않더라도 규정 위반으로 볼 수 없다.

주식 담보 대출 공시 의무를 위반했을 때 제재도 미약하다. 과징금을 물리는 정도다. 그러므로 머니게임을 즐기는 일부 코스닥 대주주들은 아예 공시 의무를 무시할 수 있다. 개미투자자들을 속여 한몫 챙기겠다는 작전꾼을 무슨 수로 막을 수 있겠는가.

## 작전 세력을 이기는 주식투자 비법 ⑤

1. 외국인도 단타족은 있다. 해외 펀드가 장기적으로 투자하는 롱텀펀드인지, 단기 차익을 노리는 헤지펀드인지 우선 파악하라. 만약 헤지펀드가 조세회피지역에 설립됐다면 투자하지 마라.

2. 헤지펀드가 신수인수권부사채나 전환사채를 인수했다면 투자를 재고하라. 리픽싱 조항을 악용해 개인 투자자들이 견디지 못할 정도로 주가를 떨어트리기 일쑤다.

3. 금융감독원 전자공시시스템은 기업을 알 수 있는 정보의 보고다. 사업 내용과 재무제표, 지분 변동 내역을 알고 싶다면 전자공시시스템을 검색하라.

4. 대규모 유상증자를 한 중소형업체는 대주주가 주식담보 대출을 받아 유상증자에 참여했을 개연성이 높다. 주가가 일정 수준까지 떨어지면 반대매매 위험성이 있으니 투자에 주의하라.

# Chapter 6

# 신기술 주는 채산성을
# 확인하고 투자하라

신기술은 매혹적이면서 치명적이다. 신기술 테마를 이용한 주가조작은 신기술 개발로 엄청난 매출이 기대된다는 내용을 퍼트려 개인 투자자들이 주식을 매수하게 하고는, 주가가 급등하면 차명 계좌로 보유하던 주식을 팔아치우는 방식으로 이뤄진다. 주가조작 세력은 의심받지 않도록 주로 공개 시연회를 활용한다. 많은 사람이 신기술을 직접 눈으로 확인할 수 있도록 하는 것이다. 하지만 눈에 보이지 않는 곳에 속임수가 도사리고 있다.

돈이란 힘이고 자유이며,
모든 악의 근원이기도 한 동시에,
한편으로는 최대의 행복이 되기도 한다.

— 칼 샌드버그

# 신기원 또는 신기루

## 막다른 골목

"최 사장님, 주가를 이렇게 엉망으로 만들면 어떻게 합니까. 제가 조금만 기다려달라고 그렇게 부탁드렸는데……."

수화기 너머로 울먹이는 목소리가 들렸다.

"윤 대표, 나는 정당하게 담보물 행사를 한 거야. 일주일만 빌리자고 해놓고 90억 원이 넘는 돈을 대출해갔으면 약속은 철두철미하게 지켜야지. 주가가 빌빌거려서 담보 가치가 떨어졌어."

정작 전화를 받는 사람은 아랑곳하지 않고 도리어 호통을 쳤다.

"제가 무슨 수를 써서라도 돈 안 떼먹을 테니까 조금만 기다려주세요."

윤성필은 사채업자 최성만에게 통사정했다. 최성만이 윤성필이 대주주로 있는 코스닥 업체 플란스90의 주식을 팔아치우면서 주가는 10% 넘게 급락해 있었다. 윤성필이 유상증자 대금 97억 원을 빌리면서 담보로 맡긴 주식 일부를 최성만이 반대매매로 팔아버린 것. 최성만이 마음먹고 나머지 주식을 모두 패대기치면 윤성필은 알거지로 전락할 처지였다.

주식 매각, 담보율 하락, 추가 담보 요구로 이어지는 악순환이었다. 윤성필은 최성만의 바지 자락이라도 붙잡아야 할 판이었다.

"윤 대표, 도깨비방망이라도 가지고 있어? 아니면 로또 복권에라도 당첨됐어? 갑자기 무슨 수로 해결한단 말이야?"

최성만은 고개를 갸우뚱거렸다.

"한 달만 기다려주세요. 그땐 맘대로 하셔도 됩니다."

윤성필의 목소리에 절실함이 묻어났다.

"옛정이 있으니 그 정도는 기다려주지."

윤성필은 최성만의 말에 안도했지만, 최성만을 곧이곧대로 믿을 수는 없었다. 빚을 갚지 못하면 윤성필이 운영하는 플란스90은 상장폐지 절차를 밟아야 하고, 그 또한 빚더미에 앉을 게 뻔했다.

가슴이 바짝 타들어갔다. 윤성필은 뭔가를 골똘히 생각하더니 전자연구원 김철현 연구센터장에게 전화를 걸었다.

"형님, 나노 이미지센서는 어떻게 되어가고 있어요?"

"쉽지 않아. 성능은 향상되고 있는데 아직 어둠 속에서 찍으면 노이즈가 심해서 피사체를 분간할 수가 없어."

"기존 칩보다는 성능이 좋은 거죠?"

"그거야 당연하지."

"그럼, 일단 만나서 이야기합시다."

윤성필이 떠올린 것은 2003년 기술 이전 계약을 맺은 나노 이미지센서 칩. 김철현은 지식경제부와 정보통신부가 의뢰한 나노 기술을 이용한 초고감도 이미지센서를 개발하고 있었다.

나노 이미지센서는 어둠 속에서도 별도의 플래시나 조명 없이 피사체를 찍을 수 있는 최첨단 반도체로 많은 과학자가 '개발할 수 있을지 의문'이라는 의견을 피력할 정도의 첨단 기술이었다. 개발한다면 세계 최초라는 영예도 안을 수 있었다.

이 프로젝트에 책정된 지원금만 해도 100억 원. 윤성필도 이 프로젝트에 50억 원을 투자하고, 나중에 기술이 개발되면 이전 받기로 계약을 맺어놓은 상태였다. 하지만 2002년부터 시작된 프로젝트도 내년이면 일단 마무리 지어야 했다. 만약 그때까지 프로젝트가 실패한다면 개발 책임자인 김철현이나 투자자인 윤성필이 곤란한 상황에 부닥치기는 매한가지였다.

## 공범

"형님, 일단 나노 이미지센서 칩 개발 성공한 걸로 하죠."

윤성필은 대뜸 말을 꺼냈다.

"무슨 소리야? 한창 개발 중인데……."

김철현의 눈이 휘둥그레졌다.

"형님도 초조하잖아요. 내년이면 프로젝트 끝나는데 그때까지 개발 못하면 그 책임을 어떻게 지려고 그러세요?"

"그거야……."

김철현은 말을 잇지 못했다.

"일단 성능은 기존 칩보다 훨씬 좋잖아요. 그리고 남은 1년 동안 개발할 수도 있는 거고요."

윤성필은 끈질기게 설득하고 있었다.

"그럼 과대 포장하자는 말이야? 그건 좀 그렇잖아?"

김철현은 고개를 절레절레 흔들었다. 윤성필이 제안한 것은 명백한 기술 조작이었다. 하지만 내년까지 기술을 개발하지 못하면 그의 입지는 옹색해질 수밖에 없었다. 국가 예산이 100억 원이나 투입된 프로젝트가 실패하면 누군가는 책임을 져야 하고, 첫 표적은 당연히 프로젝트 책임자인 자신이었다. 게다가 윤성필은 그에게 플란스90의 스톡옵션에다 사무실까지 제공했고, 전셋집을 구하는 데 돈까지 보태주는 성의를 보였다. 호형호제하는 사이가 된 것도 이런 이유 때문이었다. 윤성필의 요청을 한마디로 거절할 수 없었다.

"그런데 그게 가능하겠어? 보는 눈이 몇인데?"

김철현은 흔들리고 있었다.

"형님은 저만 믿으세요. 제가 사진 밥 먹은 지 10년입니다. 형님보다도 이미지센서는 더 잘 알걸요. 일단 소장에게 이미지센서 개발에 성공했다고만 말씀해주세요."

윤성필이 틈새를 비집고 들어왔다.

"난 그거만 하면 되는 거야?"

김철현은 자신이 해야 할 일이 생각보다 쉽다는 생각에 아예 마음이 돌아섰다.

"네. 제가 다 처리하겠습니다."

윤성필은 쐐기를 박았다. 윤성필은 지난해 말에도 전자연구원과 상의하지 않고 나노 이미지센서 칩 개발이 성공해 조만간 양산 체제에 돌입했다는 공시를 내보냈다. 당시 전자연구원이 개발한 T1 칩은 노이즈가 너무 심해 이미지센서로 사용할 수 없는데도, 기술을 이전 받아 218억 원의 매출이 발생할 것처럼 꾸몄다. 이때도 호재성 공시로 주가를 올려 사채업자에게 빌린 20억 원을 갚겠다는 심산이었다. 하지만 증권시장은 예상과는 달리 냉소적이었다. 윤성필은 실패한 작전을 또다시 펼치려고 작심했다. 그만큼 그는 다급했다.

## 공개 시연회

"고감도 나노 이미지센서는 망막세포와 같은 기능을 하는 전자 감지 부품입니다. 1룩스 이하의 어둠에서도 선명한 영상 촬영이 가능한 차세대 신기술입니다. 그럼 기존 칩과 비교해보도록 하겠습니다."

네 개의 카메라가 나란히 과일 바구니를 주시하는 가운데 방 안의 모든 불이 꺼지고, 등 하나만 오롯이 주변을 밝히고 있었다. 모두가 숨을 죽였다. 잠시 후 유일한 조명이었던 등도 점차 빛을 잃어 갔다.

'찰칵.'

카메라 셔터 소리가 고요를 흔들었다. 이어 카메라에서 촬영한 영상이 스크린을 통해 비쳤다.

세 개의 사진은 온통 까맣게 나와 피사체의 형체를 알아볼 수 없는 반면, 오직 한 개의 사진만 과일 바구니의 형체가 선명하게 드러났다.

"와! 대단한데!"

사진이 보이자 여기저기에서 탄성이 터졌다.

"보시다시피 이번에 개발한 나노 이미지센서인 M1 칩은 극장이나 터널과 같은 어두운 장소에서도 플래시 없이 선명한 사진이나 동영상을 촬영할 수 있습니다. 무엇보다 국내 연구진이 세계 최초로 개발했다는 점에서 더욱 의미가 있습니다."

사회를 진행하던 안동만도 한껏 들뜬 목소리였다. 안동만은 속으로 쾌재를 불렀다.

그는 김철현 팀장으로부터 공개 시연회를 할 테니 홍보 자료 준비와 시연회 사회를 맡아달라는 말을 전해듣고 곧바로 플란스90 주식을 10만주 매수했다. 친구와 부하 직원에게도 사두면 좋은 소식이 있을 것이라며 귀띔해둔 터였다.

이미 기술 이전 계약이 체결된 만큼 개발 성공의 과실은 플란스90이 누릴 게 뻔했다. 언론사 기자와 참관인의 반응으로 보아 플란스90의 주가는 수직으로 상승할 가능성이 컸다. 무엇보다 지식경제부 장관까지 시연회에 직접 참여해 흐뭇한 표정으로 지켜보았다.

내부 정보를 이용했다는 죄의식은 없었다. 이미 작년에도 플란스90은 이미지센서 칩 양산이 초읽기에 들어갔다는 공시를 내보냈다. 공개 시연회라는 쇼가 있긴 하지만 나노 이미지센서 칩 개발은 새로운 뉴스가 아니었다.

윤성필도 보도 자료를 기자들에게 배포하느라 분주했다. 보도 자료에는 '미세한 빛에도 반응하는 고감도 나노 이미지센서 칩을 세계 최초로 개발', '종래 디지털카메라와 CCTV 등에 활용되어 막대한 수입 대체 효과 누릴 듯'이라는 솔깃한 문구가 수두룩했다.

# 조작

"형님, 일이 이렇게 커질지는 몰랐네요. 어찌 됐든 공개 시연회도 무리 없이 끝났으니까 걱정하지 마세요."

윤성필은 진땀을 흘렸다.

"난 동생만 믿고 있을 테니 잘 처리해. 기술적으로 모호한 부분이 많으니까 이걸 문제 삼을 사람들은 얼마 없을 거야. 그런데 카메라가 안 나오면 사람들이 의아해할 텐데……."

이미 엎질러진 물. 김철현은 뜻밖에 차분했다.

"그건 먼 훗날 이야기고요. 일단은 모든 게 순탄하게 진행되고 있으니까 걱정하지 마세요."

윤성필은 김철현과 전화 통화를 마치고는 인터넷에서 올라온 뉴스를 유심히 쳐다봤다.

어제 배포한 보도 자료대로 많은 언론이 나노 이미지센서 칩 개발을 다루고 있었다.


국내 기술진이 세계 최초로 어둠 속에서도 플래시 없이 사진이나 동영상을 찍을 수 있는 나노 이미지센서 칩을 개발했다. 이에 따라 일본 업체가 장악하는 7조 원 규모의 세계 이미지센서 칩 시장의 주도권 쟁탈권이 뜨거워질 것으로 보인다. 여기다 매년 1조 원 규모의 수입 대체 효과를 거둘 수 있을 것으로 기대된다.

지식경제부 산하 전자연구원은 10일 사람의 눈으로 겨우 식별할 수 있는 1룩스 이하의 어두운 곳에서도 고화질 사진과 동영상 촬영이 가능한 나노 이미지센서 상용화 칩[SMPD(Single carrier Modulation Photo Director)]을 개발했다고 발표했다. 칩 개발의 주역인 전자연구원 김철현 팀장은 "양자역학을 응용해 사람의 망막세포와 같은 기능을 하는 나노 이미지센서를 개발했다"라고 설명했다.

이 칩의 크기는 디지털카메라와 폐쇄회로TV(CCTV) 등에 사용되는 CCD 칩이나 휴대전화 카메라에 쓰이는 CMOS 이미지센서 칩의 2분의 1 수준이지만 감도는 기존 제품보다 500배 이상 높다.

또한 연구원은 개당 생산 단가도 기존 제품의 100분의 1 수준으로 낮출 수 있다고 말했다. 나노 이미지센서는 현재의 반도체 공정으로 생산할 수 있어 별도의 시설 투자 없이 석 달 내에 본격적인 양산 체제에 들어갈 수 있을 것으로 보인다.

이 나노 이미지센서는 2003년 플란스90으로 기술이 이전됐고, 이후 연구원과 플란스90이 공동으로 양산 연구를 벌여왔다.

기술 이전 대가로 연구원과 김철현 박사 팀은 약 46억 원과 앞으로 발생할 매출액의 2%를 받기로 했다. 연말까지 김 박사에게 10억 원을 비롯해 총 20억 원이 연구진에게 인센티브로 전달될 예정이다.


윤성필은 김철현에게는 대담한 듯 행동했지만 스스로는 가슴을 쓸어내렸다. 애초에는 단순히 개발했다는 공시를 다시 한 번 내보내서 주가를 띄우려는 생각이었다. 하지만 갑자기 전자연구원은 개발에 성공했다는 내용을 지식경제부에 통보했고, 지식경제부는 공개 시연회를 준비하라고 알렸다. 그것도 기존 칩과 성능 비교를 하는 방식으로 진행하라는 지시였다.

가장 마음에 걸리는 것은 비교 시연이었다. 윤성필이 비교 시연을 무사히 넘기기 위해 선택한 것은 조작이었다. 그의 조작은 교묘했다. 일반 카메라는 빛의 성분 중에서 가시광선만 받아들일 수 있도록 적외선 차단 필터가 장착되어 있었다.

그는 나노 이미지센서 칩이 장착된 카메라에서 적외선 필터를 제거했다. 그리고 유일하게 빛을 밝혀줄 조명에는 적외선 방출량이 많은 할로겐 등을 설치했다. 필터가 제거된 상태에서 할로겐에서 발산된 적외선이 피사체를 비추도록 조작한 것이다.

모두 대학 시절 사진학을 전공한 데다가, 사회에서 포토그래퍼로 활동한 전력이 있었기 때문에 가능했다. 플란스90의 주가는 화려한 축포를 쏘듯 상한가를 기록하고 있었다.

## 창과 방패

"윤성필 씨, 시연회 때 적외선 필터 제거한 것 맞잖아요."

"검사님, 그건 모르셔서 하는 소리고요. 지식경제부도 인정했잖습니까?"

"석 달 내에 양산 가능하다는 카메라가 2년이 지난 지금까지 안 나왔으면 문제 있는 것 아닙니까?"

"그건 희망 섞인 예측이었고요. 기술에 보완이 필요한 부분이 있어서 조금 늦어지는 것뿐입니다."

서울중앙지방검찰청 금융 조세조사 1부 검사실. 30대 후반의 여 검사가 윤성필을 다그쳤다. 1997년 검사로 임관되어 금융 범죄 분야를 많이 다뤄보진 않았지만, 김선영 검사의 눈빛에는 열의가 가득 차 있었다.

김 검사는 윤성필이 나노 이미지센서 칩을 세계 최초로 개발했다는 허위 사실을 퍼트려 막대한 시세 차익을 남겼다는 의혹을 품고 있었다. 이런 의혹은 이미 공개 시연회 이후부터 꾸준히 제기되어 왔고, 급기야 금융감독원은 지난해 말 윤성필과 전자연구원 연구원이 미공개 정보를 이용했다며 검찰에 고발했다.

의혹을 규명하는 방법은 여러 가지가 있었다. 우회 경로를 선택해 차근차근 의혹의 핵심으로 접근하거나, 아예 모든 걸 제쳐두고 핵심을 찌르는 것. 김 검사는 후자를 선택했다. 윤성필의 혐의를 입증하려면 나노 이미지센서 칩 기술이 조작됐다는 걸 밝히는 게 급선무였다. 그러면 모든 게 명백하게 밝혀질 터였다.

김 검사는 수사를 위해 한 달 동안 카메라와 나노 기술에 대한 지식 섭렵에만 매달릴 정도로 전투에 임하는 자세가 남달랐다. 전문가들도 설명하기 어려운 기술 조작을 수사하려면 윤성필이나 김철현에게 휘둘려선 안 되는 일이었다. 황우석 박사의 줄기세포 논문 조작 사건이 세상을 떠들썩하게 만들면서 과학 기술의 진위 검증이 얼마나 힘든 작업인지 새삼 느꼈다.

"그럼 전자연구원 내부 검증 때 결과는 어떻게 설명할 겁니까?"

김 검사는 올해 초 전자연구원 내부에서 이루어진 시연회에 대해 추궁했다.

"그건 말이죠. 잠시 좀 오류가 있었던 겁니다. 그래서 지금 다시 검증 절차를 밟고 있잖습니까?"

윤성필은 완강했다.

전자연구원은 나노 이미지센서 칩에 대해 각종 의혹이 제기되자 외부 교수 5명을 초빙해 시연회를 열었다. 물론 나노 이미지센서 칩을 장착한 카메라는 첫 공개 시연회 때와 마찬가지로 조작되어 있었다. 그런데 갑자기 현장에 참여했던 세민대학교 한진걸 교수가 고개를 갸우뚱하더니 커튼을 들춰 모든 게 들통이 나버렸다. 윤성필은 적외선 필터를 제거한 나노 이미지센서 칩 카메라에 적외선이 잘 흡수되도록 적외선 방출 등을 따로 설치했다. 그런데 한 교수가 이 적외선 등을 발견한 것. 한 교수는 당장 치우라고 언성을 높였고, 시연회는 참담하게 끝났다.

이런 일이 벌어지면서 방송 매체에서는 나노 이미지센서 칩 개발은 사기극이라며 고발성 뉴스를 내보냈고, 지식경제부와 플란스90은 외부 전문가를 통해 기술의 진위를 확인하자며 연구 진실성 검증위원회를 구성했다. 황우석 사태에 이어 외부 전문가로 구성된 검증위원회가 발족한 것은 두 번째였다.

윤성필은 완고하게 버텼다. 김 검사는 한숨을 몰아쉬며 일단 측면 공격을 하기로 마음을 돌렸다.

"윤성필 씨, 5% 대량보유보고 의무 위반한 것 아시죠?"

"……."

윤성필은 역습을 받자 당황하는 기색이 역력했다.

"알아요? 몰라요?"

김 검사는 약점이 보이자 매섭게 추궁했다.

"그건 어쩔 수 없었습니다. 유상증자 참여율이 저조해서 저라도 들어가야 했어요. 90억이 넘는 유상증자를 저 혼자 실명으로 들어갈 수는 없어서 명의를 빌린 것뿐이고요. 다들 그렇게들 하잖아요."

윤성필의 해명은 궁색했다.

"주가조작하는 양반들 다 그렇게 하죠. 선량한 대주주들은 그렇게 하지 않습니다."

김 검사가 비꼬듯 말을 내뱉었다.

"……."

윤성필의 혐의 중에서는 차명 계좌를 이용해 막대한 시세 차익을 얻었다는 부분도 있었다. 김 검사는 이미 금융감독원의 통보를 바탕으로 계좌 추적을 해서 윤성필이 공개 시연회 직전에 플란스90이 실시한 100억 원 규모의 유상증자에 참여했을 때 정규만 등 22명의 명의를 빌렸다는 것을 밝혔다.

플란스90의 주가는 공개 시연회 직후 4,000원대에서 4만 6,000원까지 급등했다. 검찰은 윤성필이 이 틈에 무려 240만주의 차명 주식을 매도해 250억 원의 부당 이득을 챙겼다고 판단했다.

윤성필이 주식을 매도한 시기는 공개 시연회 일주일 후부터 이듬해 4월까지였다. 최대 주주의 주식 매각 사실을 알아채지 못한 개인 투자자들만 애꿎게도 총알받이를 해야 했다.

## 미꾸라지

"그럼 도대체 왜 플란스90에 투자하신 겁니까?"

"우연히 술자리에서 들은 것 같긴 한데 누구에게 들었는지 정확하게 기억나지 않습니다."

공중파에까지 출연하는 대형 병원 원장 김경식. 김선영 검사는 플란스90의 미공개 정보를 이용해 10억 원에 달하는 시세 차익을 얻었다는 혐의로 김경식을 조사하고 있었다.

"그게 말이 됩니까? 우연히 투자했는데 하루 만에 주가가 급등하기 시작했다고요? 그리고 1억 투자해서 시세 차익이 10억 원이나 되잖아요. 상식

적으로 이해가 됩니까?"

"……."

"윤성필 씨한테 나노 이미지센서 칩 개발에 성공했다는 말 듣고 바로 산 거잖아요?"

"검사님, 윤 대표랑 친하고, 평소에 나노이미지센서 칩에 대해서 이야길 한 것도 맞고요. 하지만 그날은 그냥 안부만 나눴어요."

김선영 검사는 통화 기록까지 뽑아서 들이밀었지만, 김경식은 완고하게 버텼다. 이미 김경식은 변호사로부터 모든 코치를 받고 온 듯한 느낌이었다. 미공개 정보 이용은 내부자에게서 직접 들어야만 범죄가 성립된다. 한 다리 건너면 처벌이 어렵다. 그래서 대부분이 중간에 한 사람을 끼워 넣거나, 아니면 누구에게 들었는지 기억이 나지 않는다고 버티는 게 비일비재했다. 법의 맹점을 활용해 미꾸라지처럼 빠져나가려는 술수였다.

김 검사는 김경식이 공개 시연회 바로 전날 윤성필과 전화 통화한 게 미심쩍었다. 더구나 김경식은 다음 날 장이 열리자마자 플란스90 주식 1억 원어치를 사들였다. 윤성필로부터 나노 이미지센서 칩 이야기를 전해 듣고 주식을 사들였다는 정황은 분명했다. 그런데도 김경식은 짜맞추기라며 날뛰고 있었고, 딱히 증거가 없어서 조사를 강행하는 것도 무리였다. 온 힘을 다해 미꾸라지를 잡았지만, 얄팍한 미꾸라지는 비웃기라도 하듯 유유히 법의 손아귀에서 빠져나가고 있었다.

## 아이러니

"부장님. 나노 이미지센서 칩은 조작된 게 분명합니다. 윤성필을 구속해야 합니다."

부장 검사와 마주 앉은 김선영 검사는 열변을 토했다.

"지금 검증위원회가 진행되고 있잖아. 일단 결과 보고 판단하자고."

부장 검사는 "수사에 신중을 기하라"라며 김 검사를 애써 외면했다.

"플란스90에서 압수한 자료에도 1룩스가 아닌 10룩스에서도 형체가 구분되지 않는다는 시험 결과물도 있습니다. 윤성필도 제대로 기능을 못한다는 것을 알고 있습니다."

김 검사의 말은 울분에 가까웠다.

"글쎄 너무 조급해하지 말고 기다려보자니까. 우린 기술적인 부분을 판단하기에는 무리가 있어. 비전문가잖아. 전문가들 검증을 존중해줄 수밖에 없어."

부장이 잘라 말하자 김선영 검사는 가슴이 답답했다. 모든 증거와 진술이 나노 이미지센서 칩이 거짓이라는 것을 증명하고 있었다. 기술 조작을 들통나게 한 세민대학교 한진걸 교수도 검찰까지 직접 나와 세세히 기술 조작의 정황을 설명했고, 사법 공조를 통해 일본에서 전달받은 자료도 기술 조작을 뒷받침하고 있었다.

나노 이미지센서 칩이 세계적으로 개발된 전례가 없는 만큼, 호시탐탐 노리는 업체가 잇따랐다. 그 와중에 전자연구원 일부 연구원은 이 기술을 외부로 유출하려다 적발되기도 했다. 그런데 정작 기술 도입을 검토한 대형 업체들은 고개를 저었고, 유명 카메라 업체인 일본의 펜탁스도 그중 하나였다.

김 검사는 이미지센서 칩 기술을 도입하려고 플란스90과 접촉한 펜탁스의 직원에게서 진술을 받아달라고 동경지방검찰청 특수부에 요청했다. 동경지방검찰청에서 보내온 진술서에는 "기술이 조잡해 쓸모가 없었다"는 내용이 쓰여 있었다.

안간힘을 다했지만 부장 검사는 요지부동이었다. 기실 부장의 말이 맞을지도 몰랐다. 황우석 사태도 검증에 검증을 거듭하면서 진실이 한 꺼풀씩 벗겨졌다. 그런데도 한쪽 구석에서는 '과학계가 황우석 죽이기에 나섰다'라며 게거품을 물고 있었다.

누구도 성과를 내지 못한 영역에서 이룬 신기원을 판단하는 것 자체가 난센스일지도 몰랐다. 검증 위원들은 이론으로 무장한 채 자신이 가보지도 않은 곳을 묘사하는 아이러니에 부닥친 꼴이었다. 이런 상황에서 뒷맛이 씁쓸한 걸 감출 수는 없었다.

"부장님. 학계를 어떻게 믿습니까? 벌써 전자연구원 김 팀장 라인으로 검증 위원이 구성될 것 같은데……. 이대로라면 어정쩡한 결론을 내서 면죄부를 줄 겁니다."

김 검사는 검증위원회 자체를 의심했다.

"최대한 공정한 사람이 들어가게 해야지. 그건 나도 BH(청와대) 쪽에 부탁해볼 테니까 걱정하지 말고……."

부장 검사가 일단 안심을 시켰다.

"세민대학교 한진걸 교수는 꼭 들어가야 합니다. 기술 조작을 밝힌 분이 빠지면 검증위는 이도 저도 아닌 꼴이 됩니다."

"그러게 말이야. 그런데 한진걸 교수는 플란스90 쪽에서 반대할 것 같은데……."

김 검사나 부장 검사 모두 전자연구원 내부 검증에서 기술 조작을 밝혀낸 한진걸 교수가 외부 검증위원회에 포함되어야 한다는 데는 이견이 없었다.

외부 전문가로 꾸려진 1차 검증위원회는 기술 조작에 대해 결론을 내리지 못했다. 그러자 다시 2차 검증위원회를 통해 끝장을 보자는 쪽으로 의견이 모였다. 하지만 누굴 참여시켜야 할지를 놓고 검찰과 플란스90은 신경전을 벌였다.

김 검사는 거대한 세력과 힘겨운 싸움을 벌이고 있는 듯한 느낌이었다. 플란스90이나 전자연구원은 물론이고 지식경제부도 나노 이미지센서 칩에 100억 원이나 투자한 만큼, 기술 조작이 사실로 드러나면 난감할 수밖에 없었다. 일부 투자자들 또한 뜬금없이 검사실에 전화해 "수사 때문에 주가가 엉망이 됐다"라며 볼멘소리를 내곤 했다. 아군은 양심을 지키는 소수의 교수뿐이었다.

## 벽

"박 수사관님. 그게 무슨 소리예요. 나노 기술은 아니지만 그렇다고 아니라고 할 수도 없다니요?"

김 검사는 귀를 의심했다.

"저도 어처구니가 없습니다. 전문가들의 결론이니까 반박할 수도 없고요."

박 수사관은 서류철을 던지며 짜증스런 목소리로 답했다.

"전자연구원이 공개 시연회 때 보여줬던 결과가 나오지 않고 있는데, 기술 조작이 아니면 뭐란 말이에요?"

김 검사의 언성이 높아졌다.

"일단은 기존 칩보다는 성능이 훨씬 업그레이드됐고, 기술 독창성도 인정됐다고 하더라고요."

2차 검증위원회 결과 발표장에 다녀온 박 수사관의 말을 전해 들은 김 검사는 긴 한숨을 내쉬었다. 박 수사관은 결과 발표장에 기자들이 전혀 보이지 않았다고 전했다. 플란스90 직원들과 윤성필만이 자리를 지키고 있었다는 것이다. 더군다나 검증위원장이 혼자 나와서 결과 발표문을 읽고 10여 분 만에 끝났다고 했다. 검증위원회의 결론도 우려했던 대로였다.

검증위원회는 나노 이미지센서 칩의 영사 감도가 기존 칩보다 500배 이상이라고 보기는 어렵지만, 일부에서 의혹을 제기했던 적외선 전용 센서는 아니라고 설명했다. 또 나노 기술이 사용된 것은 아니지만, 양자 효과가 발생하면 나노 기술로 표현할 수 있다는 모호한 설명을 늘어놨다.

이런 결과를 예측 못한 것은 아니었지만 최소한의 학자적 양심에 기대를 걸었다. 그러나 검증위원회의 결론은 진실을 중시했다기보다는 세력 다툼의 결과물로 보였다. 그렇다고 검사가 억울하다며 하소연할 수도 없는 노릇이었다.

검증위원회의 구성만 봐도 조짐이 좋지 않았다. 부장 검사는 청와대 민정수석실을 통해 최대한 객관적인 교수가 참여하도록 말을 넣어놨다고 했지만, 면면은 기대와 달랐다. 더군다나 나노 이미지센서 칩에 강한 의혹을 품었던 교수들도 좀처럼 나서지 않았다.

적극적으로 진술을 했던 교수들은 슬금슬금 눈치를 보며 참고인이 되는 것을 꺼렸다. 한때 검찰 편에 섰던 한국대학교 김영한 교수가 미안하다며 털어놓은 말에서 그 이유를 알 수 있었다.

많은 교수가 지식경제부에서 용역을 받아 연구를 진행했다. 지식경제부가 100억 원이나 투입한 프로젝트를 부인하면 연구 자금이 끊길 수밖에 없었다. 김 교수는 제자들이 찾아와서 "선생님께서 학계와 맞서면 제 앞길이 막힌다"라며 애끓는 소리를 해대는 바람에 어쩔 수 없다고 말했다.

김 검사는 검증위원회가 내린 결론을 살피면서 양심이 침묵하는 사이에 허위와 가식이 창궐하는 부조리와 대면했다. 무너트릴 수도 넘어설 수도 없는 벽이 느껴졌다.

## 진실을 죽인 허위

"김 검사, 이게 뭐야?"

"저도 이제 돈 좀 벌어보려고요."

"아닌 밤중에 홍두깨라고 사건 잘 처리해놓고 갑자기 왜 이래?"

"진 다 빠져서 이제 다른 사건 못할 것 같아요. 검사 생활도 할 만큼 한 것 같고요."

김 검사는 부장검사 앞에 사표를 내려놓으면서 멋쩍은 웃음을 짓고 있었다. 부장은 의아해했지만, 속마음을 모두 털어놓고 싶지는 않았다.

그렇다고 수사가 실패한 것도 아니었다. 윤성필은 지난 1월 횡령과 사기에다 증권거래법 위반으로 구속됐다. 빛이 거의 없는 저조도에서 플래시 없이 촬영할 수 있는 나노 이미지센서 칩을 개발해 분기별 매출 전망이 218억 원에 달할 것이라는 허위 공시로 주가를 끌어올린 혐의였다. 윤씨가 차명 계좌로 주식을 매각해 벌어들인 금액도 250억 원에 달했다. 미꾸라지처럼 빠져나간 의사도 있었지만, 공개 시연회 정보를 미리 입수해 주식에 투자한 전자연구원 연구원 7명도 재판에 넘겼다. 이런 사실을 언론은 희대의 사기극이라며 대서특필했다. 하지만 자괴감이 밀물처럼 밀려왔다.

"범죄 척결에는 성역이 없다. 검사는 부정부패를 막기 위해서는 불길에라도 뛰어들어야 한다."

검사 초임 시절 한 검사장이 술자리에서 던진 말은 지금까지 김 검사가 이 길을 걷게 한 버팀목이었다. 하지만 플란스90 수사는 성역은 존재한다는 사실을 여실히 보여줬다.

검증위원회는 이미지센서 칩 개발은 허위가 아니라고 결론 내렸다. 지식경제부는 기다렸다는 듯이 의혹이 해소됐다며 선전하기에 바빴고, 나노 이미지센서 칩 개발을 담당한 팀은 인센티브 잔치를 벌였다. 여기다 윤성필은 전자연구원 공터에 김철현 동상까지 세워 줬다. 하지만 플란스90은 며칠 전 상장폐지됐다. 그리고 3개월 내에 양산 가능하다는 이미지센서 칩은 3년이 지난 지금도 상용화되지 못하고 있었다.

얽히고설킨 실타래를 일도 단마로 끊으면 모든 게 분명했다. 그러나 진실은 허위 속에서 질식사하고 말았다.

"부장님. 마음 이미 굳혔습니다. 빨리 처리해주세요."

부장실 문을 닫고 나오는 김 검사의 얼굴에 쓸쓸함이 묻어났다. 사무실 한쪽 구석에 플란스90 수사 결과를 보도한 기사가 덩그러니 놓여 있었다.


서울중앙지방검찰청 금융 조세조사1부에 따르면 윤씨는 전자연구원과 나노 이미지센서 칩에 대한 기술 이전 계약을 맺었다. 하지만 나노 이미지센서 칩이 어두운 곳에서 촬영할 수 있지 않다는 점을 알고도 '빛이 거의 없는 저조도에서 플래시 없이 촬영할 수 있고, 양산되면 2분기별 매출 전망이 총 218억 원에 달할 것'이라는 허위 공시를 내보내 주가를 끌어올린 혐의를 받고 있다.

또한 윤씨는 2005년 '세계 최초 개발', '500배 이상 감도', '3개월 내 양산 가능' 등의 내용이 담긴 보도 자료 등을 배포하는 한편, 다른 카메라에만 적외선 차단 필터를 장착해 자사 제품이 우수한 것처럼 보이도록 시연회를 조작했다.

그 결과 플란스90의 주가는 2005년 당시 1,650원에서 4만 6,950원으로 뛰어올랐고, 윤씨는 2005년 11월부터 2006년 4월까지 차명 보유 주식 427만주를 팔아 250억 원을 챙겼다고 검찰은 밝혔다. 이 밖에도 윤씨는 100억여 원을 차명 계좌에 은닉하고 플란스90 유상증자 시 가장납입을 한 혐의도 받고 있다. 전자 부품 대형 업체는 이 나노 기술을 도입하려 했지만, 실용화 가능성이 거의 없어 포기한 것으로 알려졌다.

전자연구원 소속 직원 7명도 미공개 정보를 이용해 억대 차익을 챙긴 혐의로 불구속 기소됐다. 이들은 2005년 11월 기술 시연회가 있을 것이라는 정보를 미리 듣고 주식을 거래해 수억 원대의 차익을 챙긴 혐의를 받고 있다.

# 사건의 진실

'신기원 또는 신기루'는 나노 기술 테마로 주가가 급등한 플래닛82를 소재로 삼았다. 나노 기술은 10억 분의 1 수준의 정밀도를 요구하는 극미세 가공 과학 기술이다. 예를 들면 비가 내리면 자동차 유리창에 빗물이 맺힌다. 유리가 매끄럽게 보이지만 관찰하면 틈새가 많아 빗물이 걸려 흘러내리지 못하는 것이다. 반면에 토란잎이나 연꽃잎에 빗물이 떨어지면 방울로 맺혀 굴러떨어진다. 그만큼 잎의 섬유질이 촘촘하다는 말이다.

이처럼 자동차 유리에도 나노 기술을 접목하면 빗방울이 바로 방울져서 떨어져 와이퍼가 필요 없게 된다. 나노 기술을 활용할 수 있는 분야는 철강과 전자, 섬유, 의학 등 매우 다양하고 광범위하다. 그래서 한국은 2002년부터 나노기술촉진법을 제정해 나노 기술을 육성해왔다.

전자부품연구원 나노 광전소자 김모 연구센터장은 지식경제부로부터 2002년부터 2006년까지 100억 원을 지원받아 고감도 나노 이미지센서 칩 개발에 나섰다. 플래닛82가 이 프로젝트에 합류한 것은 2003년 말. 전자부품연구원에 기술료 50억 원과 앞으로 발생할 매출액의 2%를 지급하는 것을 조건으로 기술 이전 계약을 맺었다.

하지만 플래닛82는 경영난을 겪고 있었다. 윤씨는 2004년 유상증자 때 19억 원을 사채업자에게 빌렸다가 매달 5,700만 원 정도를 이자로 지출했고, 적자도 매달 3~5억 원에 달했다. 그 와중에 윤씨는 그해 12월에 나노 이미지센서 칩 개발에 성공해 곧 양산에 들어간다는 내용을 공시했다. 하지만 예상외로 주가는 꿈쩍도 하지 않았고, 플래닛82의 재무 구조는 호전될 기미를 보이지 않은 채

시간만 흘렀다.

이듬해인 2005년 윤씨는 운영 자금 마련을 위해 100억 원의 일반 공모 유상증자를 한다. 하지만 청약률은 턱없이 낮았고, 하는 수 없이 또다시 사채업자에게 97억 원을 빌려 자신이 차명으로 유상증자에 참여했다.

그리고 두 달여 후인 11월 10일 지식경제부와 전자부품연구원은 세계 처음으로 나노 이미지센서 칩을 개발했다며 공개 시연회를 개최했다. 윤씨는 전자부품연구원에서 작성한 보도 자료를 각 언론사에 뿌리며 '석 달 내에 양산도 가능하다'라는 장밋빛 청사진을 제시했다.

지식경제부 장관까지 참석해 직접 그간의 노고를 위로하자 주가는 그야말로 불기둥처럼 치솟았다. 4,000원대에 불과했던 주가가 한 달여 만인 12월 7일에는 10배가량인 4만 6,000원대까지 급등했다. 플래닛82의 시가총액도 200위에서 4위로 뛰어올랐다. 이 과정에서 윤씨는 주식 427만주를 팔아(주식을 담보로 가지고 있던 사채업자가 주식을 팔아서 자신 몫을 떼고 윤씨에게 넘겨준 형식) 250억 원가량을 챙겼다. 하지만 시간이 지나도 나노 이미지센서 칩은 제품화되지 않았다.

그러자 2007년 새해 벽두부터 언론을 중심으로 의혹이 일기 시작했다. 다급해진 것은 전자부품연구원이었다. 전자부품연구원은 이에 따라 4월에 내부 검증위원회를 열었지만, 결과가 좋지 못했다.

검증 위원으로 참석한 연세대학교 모 교수가 나노 이미지센서 칩을 장착한 카메라에만 적외선 차단 필터가 제거됐고, 적외선 방출 등을 몰래 설치해 실험을 조작했다고 주장했기 때문이다. 이를 토대로 KBS에서는 '신기술이 만든 풍경, 대박과 유혹'이라는 제목 아래로 고발성 프로를 내보냈다.

반응은 생각보다 거셌다. 플래닛82는 곧바로 KBS에 대해 손해배상 소송을 제기했고, 지식경제부는 외부 전문가로 된 검증위원회를 구성해 다시 검증하자고 나섰다. 외부 검증위원회가 꾸려지는 건 황우석 사태 이후 두 번째였다. 그 와중에 검찰은 금융감독원에서 윤씨와 전자부품 연구원 직원들이 미공개 정보를 이용한 정황이 있다며 통보한 사건에 대해 수사에 착수했다.

외부 검증위원회는 구성부터 치열한 신경전이었다. 검찰과 전자부품연구원 그리고 플래닛82가 서로 자신들에게 우호적인 검증 위원을 포함시키려고 물밑 작업을 한 것이다. 외부 검증위원회는 1차와 2차까지 이어졌고, 이듬해 1월에야 결과가 나왔다. 결론을 간단하게 말하자면 '기술이 좀 과장되긴 했지만, 완전히 허위라고 할 수 없다'라는 정도로 정리할 수 있다. 이 부분에 대해 당시 수사 검사는 말 못할 사연이 많다고 했다.

어찌 됐든 검찰은 윤씨를 증권거래법 위반(허위 사실 유포)과 횡령 등의 혐의로 구속 기소했다. 나노 이미지센서 칩이 개발됐다는 허위 사실을 퍼트려 막대한 시세 차익을 남겼다는 게 주요 혐의였다. 1심 법원도 공개 시연회 때 조작이 있었다는 의혹을 포함해 혐의 대부분을 인정했다. 검찰 쪽 논리 대부분을 인용한 것이다.

하지만 항소심은 검증위원회의 결론을 주로 인용한 듯하다. 이에 따라 윤씨가 허위 사실을 퍼트렸다고 볼 수 없고, 나노 기술이 적용된 것이라 볼 수 있다고 판단했다. 결국, 1심에서 징역 5년형을 받았던 윤씨는 집행유예를 받았다.

이후 검찰은 기술 조작 부문에 대해 항소를 포기했다. 일부에서는 대법원에서까지 충분히 다투었어야 할 사안을 너무 쉽게 포기했다는 지적도 나왔다.

플래닛82는 상장폐지의 절차를 밟았다. 4만 6,000원까지 치솟았던 주가는 이미지센서 칩 상용화가 차일피일 미뤄지면서 2008년에는 700원까지 하락했고 결국, 자본 잠식 등의 이유로 상장폐지됐다.

재미있는 것은 미공개 정보 이용 혐의로 기소된 전자부품연구원 직원과 그 지인들이다(유명 의사는 검찰 수사 과정에서 무혐의 처분을 받음). 대법원에서 유죄 확정 판결을 받은 이들은 이미 나온 기사를 토대로 투자했다고 항변했지만, 대법원은 기사에 공개 시연회를 개최한다는 정보가 없었다는 점을 들어 유죄를 선고했다. 미공개 정보 이용에 대한 법률을 광범위하게 적용한 것으로 보인다.

플래닛82 주가조작 사건을 장황하게 설명한 것은 소설 부분을 주로 검찰 시각과 1심 법원의 시각에서 재구성했기 때문이다. 법원의 최종 판단과는 많은 차이가 있다.

플래닛82 주가조작은 필자에게 수사기관과 법원에서 밝힐 수 있는 '실체적 진실'이 부인할 수 없는 진실과 과연 얼마나 부합하는지 의문을 던지게 한 사건이다.

## 플래닛82(상장폐지) 사건 일지

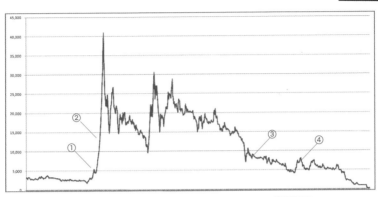

그림 6-1 플래닛82 일봉

| 2003년 | 12월 24일 | 플래닛82, 전자부품연구원과 기술 이전 계약. |
|---|---|---|
| 2005년 | 9월 2일 | 유상증자(유상증자 대금 96억 원 대출). |
| | 11월 10일 | 지식경제부와 공개 시연회 공동 개최. ① |
| | 11월 20일 | 차명 주식 매도(2006년 4월 10일까지). ② |
| 2006년 | 5월 | IBM과 양산 계약 체결. |
| 2007년 | 1월 | KBS, 이미지센서에 대한 의혹 제기. |
| | 4월 | 전자부품연구원, 이미지센서 의혹 내부 검증. ③ |
| | 5월 20일 | KBS, '신기술이 만든 풍경, 대박과 의혹' 제하로 의혹 제기. |
| | 6월 | 외부 검증위원회 1차 검증. |
| | 9월 | 검찰, 주가조작 수사 착수. ④ |
| | 11월 | 검증위원회 2차 검증. |
| 2008년 | 1월 | 검증위원회 결과 발표. |
| | 1월 | 플래닛82 대표, 허위 사실 유포 혐의로 구속. |

## 신기술로 매출이 발생할 때 투자하라

신기술 테마는 증권시장에서 잊을 만하면 등장하는 단골손님이다. 이중에서 가장 유명한 게 바로 '냉각 캔' 사건이다. 무더위가 기승을 부리던 지난 1998년 8월, 미래와사람(현 월비스)은 세계 최초로 냉각 캔 기술을 개발해 수출 기술특허사용료로만 한 해에 1억 달러를 벌어들일 수 있다는 공시를 내보냈다. 냉각 캔을 따면 그 안에 든 음료수가 차가워져서, 사막 한가운데서도 시원한 음료수를 마실 수 있다는 소식에 증권시장은 흥분의 도가니가 됐다. 미래와사람은 냉각 캔이 1년 안에 상용화가 된다며 곧 필리핀, 캐나다와 계약을 체결할 것이라고 덧붙였다.

발표 후 미래와사람 주가는 한 달여 만에 5,000원대에서 3만 4,000원으로 7배 이상 상승했다. 이때를 이용해 유상증자로 173억 원을 유치했다. 그리고 이듬해 미래와사람은 일본 회사와 냉각 캔 제조 기술 독점 판매 대행 계약을 체결하고 또다시 유상증자를 했다. 하지만 독점 판매 계약과 유상 증자 공시의 약발이 다했을까. 일반 투자자의 청약이 저조해 실권주(100억 원)가 발생했다. 하지만 미래와사람은 캐나다 업체와 1억 달러의 냉각 캔 제조 기술 허가 계약을 체결했다고 발표하면서 건재함을 과시했다.

금융감독원은 미래와사람 대표와 관련자가 허위 기술로 주가조작을 했다며 검찰에 고발했지만, 검찰은 기소 유예 처분을 내렸다. 당시 검찰이 밝힌 이유는 사안이 가볍고 냉각 캔 개발 사실이 허위가 아닌 점, 실제 양산을 위해 159억 원을 투자해 특허까지 받았다는 점 등이었다. 당시 수사에 참여했던 관계자에 따르면 냉각 캔 기술은 실제로 있었다고 한다. 하지만 원가가 높아 시장 경쟁력이 없다는 게 문제였다. 기술은 있지만, 채산성이 없었던 셈이다.

무세제 세탁기로 유명한 '신동방' 사건도 별반 다르지 않다. 신동방은 1998년 8월 경원생명과학연구소와 공동으로 세제가 필요 없이 빨래할 수 있는 세탁기용 촉매 장치인 미다스를 세계 최초로 개발했다고 발표했다. 7년여 동안 50억 원을 투입했고, 60여 국에 특허를 출원했다며 공개 시연회까지 열었다. 이 소식이 퍼지면서 신동방 주식은 14일 연속 상한가를 기록해 3,200원 하던 주가는 한 달도 채 안 돼 2만 원까지 6배 이상 뛰었다. 하지만 일부에서는 이. 기술이 과연 업체가 말하는 것처럼 혁신적인지 의문을 제기했고, 이듬해 신동방은 경영난을 이기지 못해 워크아웃에 들어갔다. 물론 대우전자는 2001년 신동방과 함께 무세제 세탁기 미다스를 개발했다며 시장에 출사표를 던졌다. 하지만 이번에는 소비자의 외면으로 자취를 감췄다.

신기술은 매혹적이면서 치명적이다. 모든 장미에는 가시가 있는 법. 신기술 테마를 이용한 주가조작은 신기술 개발로 엄청난 매출이 기대된다는 내용을 퍼트려 개인 투자자들이 주식을 매수하게 하고는, 주가가 급등하면 차명 계좌로 보유하던 주식을 팔아치우는 방식으로 이뤄진다. 주가조작 세력은 의심받지 않도록 주로 공개 시연회를 활용한다. 많은 사람이 신기술을 직접 눈으로 확인할 수 있도록 하는 것이다. 하지만 눈에 보이지 않는 곳에 속임수가 도사리고 있다.

특히 신기술 개발이라는 호재는 입에서 입을 거치면서 화려하게 치장된다. 심지어 아예 허위 사실을 퍼트리는 예도 있다. 이런 식의 주가조작은 처벌이 쉽지 않다. 무엇보다 신기술을 검증할 만한 사람들이 많지 않기 때문이다.

황우석 박사의 줄기세포 논문 조작만큼 신기술에 대한 진위 검증이 얼마나 어려운지 여실히 보여주는 사건도 없을 것이다. MBC ⟨PD 수첩⟩의 폭로로 시작된 논문 조작 의혹은 연구 진실성 위원회가 수차례 난상 토론을 거친 후에야 겨우 가닥이 잡혔고, 황 박사에 대한 형사 소송은 수년째 진행됐다.

신기술 개발로 엄청난 수익이 날 것처럼 선전하는 회사는 피해야 한다. 특히 '세계 최초', '조만간 양산', '매출액 향상' 등과 같은 문구가 공시나 뉴스에 나온다면 사기일 가능성이 크다.

대형 업체와 공급 계약을 체결했다는 식의 구체적인 공시도 개인 투자자들을 안심시키기 위한 속임수일 수 있다. 신기술을 개발한 회사라면 나중에 기술 개발로 구체적인 매출액이 생겼을 때 투자해도 늦지 않다.

신기술 테마 종목에 투자할 때 이 점만은 명심하자.

- 시장성이 있는 신기술인가? 냉각 캔처럼 원가가 높아서 시장성이 없는 신기술도 있다.
- 신기술로 매출이 발생했나? 예상 매출액은 업계가 기대하는 최고치일 뿐이다.
- 업체가 제품화까지 걸리는 시간과 비용을 감당할 수 있을 만큼 건실한가?

신기술은 신기루에 불과할 때가 많다. 뜬구름을 잡기보다는 그 분야에 종사하는 전문가에게 조언을 듣고 기술이 시장성이 있는지 파악하는 게 우선이다. 시장성 있는 신기술이라면 구체적인 매출이 발생할 때 투자해도 늦지 않다. 그리고 신기술이 양산될 때까지 걸리는 기간을 고려해야 한다. 또한, 양산이 실패했을 때 손실을 견딜 수 있는지 따져봐야 한다.

## 미공개 정보는 당신 몫이 아니다

주식 투자자라면 증권시장에 떠도는 정보가 평등하다고 생각하는 사람은 드물다. 정보를 입수하는 계층을 부등호로 표기하면 다음과 같다.

> 개인 투자자 〈 애널리스트 · 펀드매니저 〈 회사 중역

자산 운용사에서 펀드를 운용하는 펀드매니저(투자 관리자)는 일반 투자자보다 빨리 정보를 접할 수 있다. 펀드매니저는 실적이 좋은데도 저평가되어 있는 가치 주, 적자를 지속하다 흑자로 돌아선 턴어라운드 주, 신기술 개

발 등으로 높은 성장세가 예상되는 성장주 등을 발굴한다. 이들은 기업의 재무 담당자나 중역에게 기업의 실적이나 전망을 듣거나, 직접 생산 현장을 방문하기도 한다.

기업도 펀드매니저가 투자하면 주가가 오르는 경우가 많아서 이런 탐방을 마다할 이유가 없다. 펀드매니저의 탐방은 대부분 기업 실적과 전망을 공개적으로 설명하는 기업 설명회(IR)보다 먼저 이뤄지는 경우가 많다. 결국, 펀드매니저들이 이미 기업에 투자해놓은 후에 개미들이 늑장 투자를 하는 셈이다.

하지만 펀드매니저들도 회사의 기밀에 접근할 수 있는 중역이나 대주주보다 정보가 늦을 수밖에 없다. 그래서 회사 임직원이나 대주주의 미공개 정보 이용을 근절하기는 쉽지 않다.

미공개 정보 이용이 시세조종, 사기적 부정 거래와 함께 대표적인 주가조작 수법으로 꼽히는 이유다. 주로 회사 내부 임직원이 저지르기 때문에 '내부자 거래'라고도 한다.

현재 미공개 정보를 이용하면 처벌받는 사람은 우선 회사의 임직원과 대주주 등 내부자다. 또 내부 정보에 쉽게 접근할 수 있는 관련 공무원과 감독 기관 임직원, 공인회계사, 주거래 은행 임직원, 증권회사 직원도 준 내부자로 분류되어 처벌받는다(기자는 준 내부자가 아님).

그렇다면 회사 임직원으로부터 정보를 얻은 기자의 말을 듣고 투자한 사람은 어떨까? 처벌할 수 없다. 2차 정보 수령자는 미공개 정보 이용 혐의로 처벌하지 못한다는 판례가 있기 때문이다.

이 판례는 신동방 사건으로 생겼다. 신동방은 1998년 무세제 세탁기 개발 공시를 내기 전에 보도 자료를 언론사 기자들에게 뿌렸다. 그런데 J일보

길모 기자가 아직 공시도 안 된 내용을 친동생에게 알려줬고, 친동생은 다음 날 곧바로 신동방 주식을 사들였다. 이후 무세제 세탁기 보도가 잇따르면서 주가가 치솟았다.

길 기자의 동생은 주식을 내다 팔아 4억 6,000만 원의 시세 차익을 남겼다. 하지만 대법원은 길 기자의 동생에게 무죄를 선고했다. 증권거래법에는 2차 정보 수령자를 처벌한다는 규정이 없다는 이유였다.

이런 맹점을 악용해 막대한 시세 차익을 남기고도 처벌되지 않는 사람은 부지기수다. 박연차 게이트의 장본인인 박연차 태광실업 회장이 대표적인 인물이다. 박 회장은 2005년 5월 세종증권 주식을 100억 원가량 사들였다. 당시는 세종캐피탈 측이 자회사인 세종증권을 농협에 매각하려고 당시 농협중앙회 회장 정대근 회장에게 접근하던 시기였다. 이후 세종캐피탈 홍기옥 대표는 노무현 전 대통령의 친형인 노건평 씨를 만나 세종증권을 농협에 매각할 수 있도록 도와달라며 청탁을 하면서 거액을 건넸다.

노건평 씨는 정대근 회장에게 "가까운 데 있는 사람들이 전화할 테니 이야기 좀 들어보라"라는 말을 전했고, 농협은 그해 12월에 세종증권과 매각 양해각서를 체결했다. 그 와중에 세종증권은 매각설이 솔솔 새어나오더니 주가가 치솟았고, 박 회장은 차례로 주식을 팔아서 170억 원에 달하는 시세 차익을 남겼다. 그림6-2

검찰은 박 회장이 세종증권 핵심 관계자로부터 내부 정보를 듣고 투자했을 것이라고 의심했지만, 결국 혐의를 밝혀내지 못했다. 검찰이 무혐의 결론을 내린 이유를 추정해보면 박 회장이 증권시장에 파다한 소문을 듣고 투자했다고 이야기했거나 노건평 씨로부터 전해 듣고 투자했다고 진술했을 개연성이 있다.

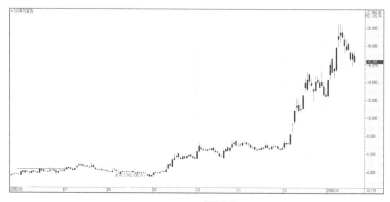

그림 6-2 세종증권 일봉 (2005년 5월~12월)

　세종증권 홍기옥 대표가 내부자라면 노건평 씨는 1차 정보 수령자, 그리고 박 회장은 2차 정보 수령자가 되기 때문에 박 회장을 미공개 정보 이용으로 처벌할 수 없다. 노건평 씨의 딸과 사위도 세종증권 주식거래로 시세 차익을 남겼지만 이런 이유로 처벌을 면했다.

　플래닛82에 투자했던 유명 의사도 비슷한 사례다. 이 의사는 플래닛82 윤모 대표로부터 직접 정보를 들은 게 아니라고 했을 가능성이 크다. 내부자로부터 직접 정보를 들었더라도 가공의 인물을 1명 끼워 넣어버리거나, 술자리에서 전해 들었다고 둘러대면 처벌하기가 모호하다. 정보의 원천이 내부자라는 것만 규명되면 몇 다리를 건너뛰어 정보를 받더라도 처벌하는 미국과는 다른 풍경이다.

　미공개 정보 이용을 규제하는 법률은 2009년 2월 자본시장통합법 시행과 함께 많은 보완이 이뤄졌다. M&A 협상 중인 사람이 기업 실사를 하면서 취득한 내부 정보로 시세 차익을 남길 경우에도 처벌할 수 있도록 한 게 대표적이다. 이 같은 법 개정에도 박연차 태광실업 회장이 혁혁한 공(?)을 세웠다.

태광실업은 2006년 7월 말 농협의 알토란 자회사였던 휴켐스를 인수했다. 그런데 박 회장이 이 휴켐스 주식으로 70억 원을 벌어들였다는 게 뒤늦게 밝혀졌다. 박 회장이 주식거래를 한 시기는 태광실업이 농협과 휴켐스 인수를 위한 양해각서를 체결하고, 기업 실사를 했던 때였다. 자신이 인수하려고 하는 회사의 내부를 들여다보고는 주식을 산 것이다. 하지만 박 회장은 이마저도 법망을 피해갔다.

당시까지만 하더라도 M&A 협상 중인 사람은 내부자가 아니라 정보 생성자로 분류되어 처벌 대상에 포함되지 않았기 때문이다. 하지만 처벌 규정이 생긴 만큼 이제는 박 회장과 같은 황당한 경우가 생기지 않을 거라 믿는다. 미공개 정보를 받아서 부자가 되길 바라는가? 공교롭게도 대박 정보는 개인의 몫이 아니다. 특히 정보 투자의 맹점은 팔아야 할 때를 알 수 없다는 점이다.

대형 수주 공시가 있다고 하자. 정보를 준 사람은 'ㅇ월 ㅇ일에 1조 원 공사 수주 공시가 나올 것'이라며 몰래 주식에 투자하라고 말한다. 그러면 투자자 대부분은 '얼씨구나, 잘됐다!' 생각하고 냅다 투자한다. 실적이나 재무제표를 볼 생각도 하지 않는다. 당일 말한 대로 공시가 나온다. 그런데 이게 웬일인가? 공시가 나오자마자 주가가 급등하는 듯하더니 마이너스로 돌아선다.

누군가는 이를 두고 "소문에 사서 뉴스에 팔아라"라는 증권시장의 격언을 무시해서 당했다고 말한다. 하지만 그 정보가 이미 소문났다는 사실을 투자자 대부분은 알지 못한다. 자신만이 아는 고급 정보라고 철석같이 믿는 것이다. 주로 이렇게 당하는 부류는 정보 독점 욕구가 강한 검찰과 경찰,

기업 정보팀, 기자, 정보기관 직원들이다. 또 이들은 설마 나를 속일까 하는 착각에 빠져 있다. 자신에게 오는 정보는 이미 시장에 파다하게 알려진 정보라는 점을 명심해야 한다.

## 작전 세력을 믿느니 침팬지를 믿어라

증권가는 정보와 뜬소문이 난무한 곳이다. 출처도 회사 재무 담당자, 세력 끄나풀, 명동 사채업자, 공시 담당자 등 다양하다. 그래서 쓸 만한 정보를 얻기는 모래밭에서 바늘 찾기처럼 어려운 일이다. 정보를 몇 단계 거쳐 듣는다면 정보의 출처 자체를 확인하기 어렵다. 하지만 일단 정보가 흘러나온 곳이 어디인지 안다는 전제하에서 말한다면, 가장 경계해야 할 정보 출처는 흔히 이야기하는 작전 세력의 입에서 나온 정보다.

작전 세력이 내뱉는 정보는 대부분 호재 공시와 함께 주가를 띄운다는 것. 하지만 이것은 작전 세력의 예정 사항일 뿐이다. 작전 세력의 전략은 하루가 멀다 하고 바뀐다. 더군다나 작전 세력 내부에서도 배신자가 생겨 작전 중에 빠져나가면 작전은 실패한다. 한마디로 작전 성공률이 그리 높지 않다는 이야기다.

작전 세력은 정보를 곧잘 흘린다. 실제로 세종로봇은 가수 '비'의 우회상장 가능성을 흘려서 주가를 부양했다. 가수 비가 최대 주주로 있는 하얏세상이 현물 출자 방식으로 유상증자에 참여한다는 내용이었다. 그러나 현물로 출자한다는 가족호텔은 공사가 잠정 중지된 상태였고, 실제로 보니 모텔 수준이었다.

작전 세력의 방정식은 이렇다. 우선 "조만간 엄청난 호재가 있을 것"이라며 "기본 10배다. 혼자만 알고 조용히 투자하라"라고 귀띔해준다. 작전 세력이 이렇게 말하자마자 주가가 꿈틀대기 시작한다. 이때 투자자는 앞뒤 보지 않고 투자한다. 하지만 기다려도 호재성 공시나 뉴스는 나오지 않고, 주가는 빌빌대기 시작한다. 심지어 반대매매로 며칠씩 하한가를 맞기도 한다.

문제가 있느냐고 물으면 "개미들이 붙어서 털어내려면 시간이 필요하다"라거나, "다른 작전 세력이 붙어서 정리해야 한다" 등과 같은 갖가지 변명을 늘어놓는다. 시간이 흐르면서 수익률은 −10% …… −30%…… 결국 반 토막이 나 있다. 너무한 것 아니냐며 항의하면 "이제 막바지다. 조금만 기다리면 된다"라고 위안한다. 하지만 주가는 계속 급락하고, 심지어 상장 폐지된다.

이때가 되면 작전 세력은 "나도 당했다. 미안하다. 다음에 더 좋은 주식이 있으니까 그때 손실을 복구하자"라고 말한다.

투자는 전적으로 개인의 몫. 피 같은 돈이 날아갔지만, 작전 세력을 나무랄 수 없다. 결국, 작전 세력이 하는 말을 뒤집어보면 이렇다.

---

기본 10배다. → 기본 반 토막이다.
혼자만 알고 사라. → 주변에 널리 퍼트려라.
개미들 털려고 한다. → 당신을 속일 준비를 하고 있다.
막바지다. 조금만 기다려라. → 거의 다 털어먹었다.
나도 당했다. 미안하다. → 아직도 속은 걸 모르느냐. 이 바보야.

---

회사 공시 담당자(주담)가 흘리는 정보는 어떤가. 이들이 전하는 정보는 대부분 들어맞는다는 점에서 작전 세력이나 그 끄나풀이 흘리는 말과 성격이 다르다. 하지만 이들의 정보는 대부분 뒷북이다.

이들이 정보를 획득하는 루트를 생각해보자. 공시 담당자는 정보 취득 시 항상 막차를 탈 수밖에 없다. 일단 모 회사가 중동에서 수천억 원짜리 수주에 성공했다고 가정해보자.

일단 이런 사실을 아는 사람은 수주 전에 뛰어들었던 회사 중역들이다. 결국, 적어도 2~3명은 안다. 이들이 주변 사람 2명에게만 알려주고, 또 그들이 다른 2명에게 알려준다면 정보를 아는 사람 수는 셀 수 없이 많아진다. 그리고 나서 마지막으로 공시를 위해 담당자에게 알려준다.

그때부터 공시 담당자들은 지인들에게 정보를 흘린다. 회사에서 알 만한 사람은 모두 아는 정보를 마치 아무도 모르는 정보인 양 홍보한다. 일반 투자자들은 공시 담당자들에게 직접 또는 간접적으로 정보를 듣고 주식을 사기 시작한다.

결국, 공시가 나오면 여지없이 주가는 반짝 올랐다가 고꾸라진다. 먼저 사두었던 투자자들이 재료가 노출됐다는 생각에 주식을 모두 내다 파는 것이다. 호재 공시가 나왔다고 주식을 사는 개미들은 영락없이 희생양이 된다.

또한 공시 담당자는 장밋빛 정보만을 흘린다. 그들은 호재 공시 이후에는 예상하지 못한 악재 공시가 도사리고 있는데도 악재를 쏙 뺀 정보만 주변에 알린다.

스타엠(현 웰메이드스타엠)의 경우를 보자. 2007년 10월 말부터 스타엠은 장동건의 할리우드 진출 작품에 거액을 투자한다는 정보가 나돌았다. 유명인이라는 흥행 요소가 있는 데다가 할리우드 영화는 전 세계적인 배급 루트를 가지고 있어서 엉터리 영화가 아닌 이상 손익분기점은 넘길 수 있다는 관측이 나왔다. 이 때문에 주가는 공시가 나오기 직전인 사흘 동안 10% 가량 상승했다.

이후 스타엠이 100억 원을 투자했다는 공시(11월 19일)가 뜨자마자 주가는 11.68%까지 반짝 상승했다가 오히려 11% 빠진 채 거래를 마쳤고, 주가는 계속 내리막길이었다. 의아심이 증폭되더니 결국, 90억 원 적자라는 보고서가 나왔다. 더구나 2010년 장동건의 할리우드 진출 작품이 개봉됐지만, 흥행 성적은 좋지 않았다.

회사 중역, 특히 CEO는 '우리 회사만큼 건실한 곳이 없다'라며 선의의 뜻으로 투자를 권유한다. 하지만 안타깝게도 주가를 좌지우지하는 것은 CEO가 아닌 시장 참여자다. 심지어는 회사 중역들이 금융권 대출이나 투자 유치를 하려고 부실을 숨기는 때도 있다.

한 기업의 정보팀 직원의 예를 들어보자. P씨는 2010년 W 건설회사의 주식을 사들였다. 평소 주식투자는 절대로 하지 말라는 말을 입에 달고 살았던 명동 사채업자가 난생처음 투자하겠다고 했기 때문이다. 이 사채업자는 W사가 자금 조달을 하려고 사채 시장을 두드리자, 회사의 재무 상태를 알아보기 위해 실사까지 다녀왔다. 결론은 '좋아질 일만 남았다'였다. 그리고 여윳돈 수천만 원으로 주식을 사들였다.

평소 주식투자를 말렸던 사채업자가 주식을 샀다는 말에 P씨는 곧장 아내 몰래 마이너스 대출을 받아 W사의 주식을 따라 샀다. 그런데 공교롭게도 그날 바로 W사가 1차 부도를 냈다. 그런데도 사채업자와 P씨는 콧노래를 불렀다. W사 중역으로부터 "○○전선으로부터 100억 원이 입금됐다"라는 문자가 왔던 것이다. 이들은 다음 날이면 모든 게 정상으로 돌아오고, 주가는 점상을 기록할 것이라는 기대감에 한껏 부풀어 올랐다. 그러나 갑자기 W사의 중역과 연락이 끊겼고, 회사는 최종 부도 처리됐다.

이들은 나중에서야 W사의 중역이 분식 회계를 교묘히 숨기고, 명동에서 투자받은 돈을 가지고 도망갔다는 사실을 알게 됐다. 당시 명동 사채시장에서 빼앗긴 돈만 400억 원에 달한다고 한다. 물론 주식은 그야말로 휴지 조각이 됐다. 만약에 P씨가 사채업자로부터 이 회사의 속사정을 듣지 않았다면 아예 투자하지 않았을 것이다. 또한, 사채업자나 P씨가 회사 중역으로부터 문자메시지만 받지 않았더라도 뭔가 이상하다는 것을 눈치채지 않았을까. 정보가 많은 것은 오히려 탈이 된다.

직장인이나 자영업자가 기업에 대한 철저한 분석 없이 다른 사람이 알려주는 정보만 믿고 수익을 내려는 것은 손 안 내고 코 풀려는 불량한 심보다. 검은 양심을 먼저 버려야 주식투자에서 성공할 수 있다. 귀가 솔깃한 정보일수록 분석하고 의심해야 한다.

## 작전 세력을 이기는 주식투자 비법 ⑥

1. 신기술은 신기루에 불과하다. 시장성도 없고 양산되지도 않은 신기술에 섣불리 투자하지 마라. 실제 매출이 발생할 때부터 투자해도 늦지 않다.

2. 작전 세력의 솔깃한 투자 정보는 속임수일 가능성이 크다. 자신들이 팔아 치우는 지분을 넘겨받는 총알받이로 개인 투자자를 활용할 수 있다.

3. 회사 공시 담당자의 뒤늦은 정보, 감언이설에 불과한 정보에 휘둘리지 마라. 예상하지 못한 악재 공시가 숨어 있다. 믿고 투자하기 전에 의심하라.

4. 회사의 중역은 선의로 투자를 권유하지만 부실을 숨기기 마련이다. 철저히 분석하고 따져본 후에 투자하라.

# 주가조작 세력을 탓하기 전에 자신의 욕심부터 돌아보라

주변에 고수익을 보장하며 투자를 꼬드기는 사람이 있는가? '땅 짚고 헤엄치기'처럼 쉬운 일이라면, 왜 그들은 주변에 권유하는 것일까? 수익과 위험성은 비례한다. 위험성이 없는데 고수익을 내는 금융 상품은 세상 어디에도 없다.

돈은 어떻게 쓰느냐가
돈의 가치를 결정하는 것이다.

— 유럽 속담

사건파일

**7**

# 무너진 피라미드

## 은밀한 제안

"케이피티 주식 많이 올랐네."

김영만이 사무실로 들어오자마자 회전의자에 풀썩 앉았다.

"넌 형 솜씨를 너무 과소평가하는 것 같다."

덕만은 동생 영만의 말을 비아냥거리듯 받아쳤다.

"이제 오를 만큼 올랐으니까 다른 종목 해보는 건 어때요? 돈은 내가 조달할 테니."

김영만은 담배에 불을 당겼다.

"네가 무슨 수로 돈을 조달해?"

덕만은 책상 위 물잔을 들어 벌컥벌컥 들이켰다.

"형이야말로 나를 너무 건성건성 보는 것 같네. 걱정하지 말고 다른 종목이나 물색해 보시라고요."

김영만은 형인 덕만에게 은밀한 제안을 던졌다. 그동안 덕만은 시세조종을 통해 케이피티 주가를 2,000원에서 1만 9,000원까지 밀어올렸다. 호재성 공시나 그럴싸한 뉴스를 퍼트려 주가를 올린 게 아니었다. 비법은 유동성. 8월부터 다섯 달 동안 돈을 쏟아부으면서 개미들의 추격 매수를 자극한 것이다.

김덕만이 동생인 영만을 끌어들인 것도 자금난을 없애기 위해서였다. 덕만은 주가조작 혐의로 수감 생활을 하다 교도소에서 출소하자마자 작전을 할 만한 업체를 물색했다.

조건은 적은 유통 물량. 발행 주식 수가 1,000만주 이하면서 대주주의 물량이 많으면 금상첨화였다. 그런 면에서 케이피티는 안성맞춤이었다. 발행 주식 수가 280만주인 데다가 최대 주주의 지분율은 55%에 달했다. 유통 주식이 씨가 마른 만큼 적은 돈으로도 주가조작이 쉬운 구조였다. 덕만은 초기 자금은 한때 주먹 세계에 몸 담았다 사업가로 변신한 교도소 동기에게서 조달했다.

덕만은 교도소를 출소하면서 돈을 불려줄 테니 투자하라고 했고, 교도소 동기는 아예 자신이 운용하던 법인 명의로 7억 원을 종잣돈으로 댔다. 하지만 시세조종 두 달여가 지나자 돈은 바닥이 났고, 결국 건설 시행업을 하는 동생에게 손을 벌렸다.

덕만이 시세조종을 하는 케이피티의 주가 흐름을 유심히 지켜보고 있던 영만은 형이 투자를 권유하자마자 2억 원을 맡겼다. 그리고 어느새 수익률은 50%에 달했다. 상황이 이렇게 되자 영만은 좀 더 판을 키우고 싶은 마음이 새록새록 솟아났다.

# 다단계

"정 대표, 회원들 손실 어떻게 회복할 거야? 나랑 같이 일해보자니까."

서울 남대문의 작은 카페. 김영만이 제이유 피해자 대책위원회 공동대표를 맡은 정종석과 마주 앉아 있었다.

"그래도 좀……."

정종석은 고개를 숙인 채 커피 잔만 응시했다.

"이건 주가조작이 아니야. 회원들에게 자금 모집해서 우리가 투자하는 거잖아. 펀드하고 다를 게 없어."

김영만이 애써 외면하는 정종석에게 서류까지 들이밀면서 장황하게 설명을 늘어놓았다.

"그렇긴 하네요."

정종석의 시선이 어느덧 서류에 집중됐다.

"이제 좀 말이 통하네. 정 대표 밑에 있는 조직만 붙이면 이건 노나는 장사야."

김영만은 그제야 앞에 놓은 커피 잔을 들었다. 커피는 이미 식어 있었다.

검찰이 불법 다단계 영업으로 2조 원대의 사기 행각을 벌인 혐의로 주수도 제이유 대표를 수사하자 투자금을 고스란히 날린 회원들은 아우성이었다. 김영만과 정종석도 투자하면 매달 15% 이윤이 보장된다는 말에 속아 친인척과 친구들까지 끌어들였지만 결과는 참담했다. 이들은 투자금을 얼마라도 건져볼 요량으로 피해자 대책위원회 공동 대표까지 맡으면서 검찰 수사를 예의 주시하고 있었다.

김영만은 피해액이 크다는 이유만으로 대표로 추대됐지만 정종석은 달랐다. 제이유에서도 5명에 불과한 부회장 직함을 달고 있어서 새끼 회원들만 수백 명에 달했다. 정종석만 끌어들이면 주가조작은 식은 죽 먹기였다. 정종석 아래 있는 회원들에게 1,000만 원씩만 받아도 금세 수십억 원. 케이피티 같은 업체 2~3개는 시세조종을 할 수 있는 자금이었다.

"제가 뭘 어떻게 하면 됩니까?"

정종석이 나직이 물었다.

"백문이 불여일견이라고 일단 우리가 하는 걸 보여줄게. 제이유에서도 터졌는데 쉽게 믿진 않을 거잖아."

김영만이 가방에서 코스닥 업체 루보에 대한 설명이 담긴 서류를 꺼냈다.

"어떻게 하시려고요?"

정종석이 서류를 넘겨받아 루보의 주가 차트를 유심히 들여다봤다.

"매매팀이 사들이면서 주가 오르는 거 보여주면 다들 믿지 않겠어."

김영만은 정종석에게 입 무겁고 믿을 만한 회원을 방배동 대민증권 사이버트레이딩 룸으로 데려오라고 했다. 이미 김영만의 친형인 덕만은 루보를 점찍어 매매를 시작하고 있었다.


## 워밍업

"형님, 오셨습니까?"

서울 서초구 방배동의 대민증권 사이버트레이딩 룸. 김영만이 들어서자마자 홈트레이딩 시스템으로 주식거래에 한창이던 30대 중반의 남성이 인사를 건넸다.

"그래. 준비는 다 됐지?"

김영만은 다짜고짜 HTS 앞으로 향했다.

"딱히 준비할 게 있나요. 항상 하던 건데요."

깡마른 체구에 뿔테 안경. 하지만 눈매는 매서웠다. 김영만의 친형인 덕만과 함께 주가조작을 해온 윤재식이었다. 윤재식은 시세조종을 통해 주가를 올리는 데 천부적인 재능을 보여 주식 판에서도 소문난 기술자였다.

김영만을 따라 방에 들어선 정종석과 여남은 명의 제이유 회원들은 신기한 듯 트레이딩 룸을 두리번거렸다. 영만은 이들에게 잠시 물러서서 지켜보고 있으라며 능청스럽게 말했다.

"재식아, 그럼 슬슬 시작해볼까?"

김영만이 와이셔츠 소매를 걷어올렸다.

"분부만 내리십시오."

윤재식이 안경테를 만지작거렸다.

"그럼 오늘도 상한가로 말아 올려보자고."

김영만의 이야기가 떨어지자마자 윤재식은 각자의 책상에서 주식거래를 하던 4명에게 지시를 내렸다.

"체결가보다 5원 높은 1,080원에 10만주 걸어."

윤재식의 지시대로 한 트레이더가 수량을 입력하자마자 1,075원에서 1,079원까지 가격에 걸려 있던 물량이 순식간에 사라지면서 주가는 1,080원으로 치솟았다. 하지만 여기에서 그치지 않는다.

"이번에는 100만주로 1,150원까지 올려. 눈치채지 못하게 4명이 잘 쪼개서 사고……."

앉아 있던 4명의 트레이더는 잠시 쑥덕이더니 재빠르게 수량과 가격을 입력한 후 버튼을 눌렀고, 주가는 여지없이 1,150원까지 치솟았다. 주가가 치솟자 추격 매수세가 급속히 유입되면서 주가는 상한가에서 공방을 벌였다. 윤재식은 여유 있는 표정으로 매매 창을 쳐다보면서 상한가에 매수 잔량이 10만주 정도 남게 하라고 트레이더에게 지시했다. 주가 창은 어느새 상한가를 찍었다.

"와!"

지켜보고 있던 제이유 회원들은 일제히 탄성을 내지르면서 김영만에게 달라붙었다.

"진정들 하세요. 보신 것처럼 주식 매매팀이 매일 주가를 관리해 줍니다. 제이유에서 잃은 돈은 쉽게 만회할 수 있어요."

김영만은 흥분한 회원들을 진정시키면서 입을 열었다.

"투자를 어떻게 하죠?"

지켜보던 제이유 회원들이 이구동성으로 물었다.

"일단 1계좌당 1,000만 원이라고 생각하시면 됩니다. 수익률은 월 15%에서 40% 정도 날 겁니다. 수익 나면 일정 수수료 떼고 분배해 드릴 겁니다."

김영만이 일목요연하게 기대 수익률까지 설명했다.

"그 정도만 하면 되나요?"

제이유 회원들은 수첩에다 투자 요령을 적다 펜을 멈췄다.

"아, 깜빡했네요. 증권사에 계좌 터서 아이디랑 비밀번호, 공인 인증서 넘겨주시면 됩니다. 매매팀이 여러분 계좌로 거래해야 하니까요. 제반 사항은 여기 정종석 대표님께서 총괄할 겁니다."

김영만이 정종석에게 나머지를 위임하자 회원들은 잽싸게 그에게 고개를 돌렸다. 정종석은 회원들의 갑작스러운 호들갑에 어안이 벙벙했다. 정종석이 제이유 회원들에게 손실을 만회할 좋은 기회가 있다고 할 때만 해도 다들 고개를 갸우뚱거렸다.

30명이 넘는 회원에게 귀띔했지만, 대부분이 더는 속고 싶지 않다며 외면했고, 정종석을 따라온 5~6명도 주가가 오르는 것을 눈으로 직접 목격하기 전까지는 속는 셈 치고 따라온다는 심정이었다. 하지만 10분도 채 안 되는 시간에 주가가 상한가를 기록하자 상황은 급변했다. 사이버 트레이딩 룸은 흥분의 도가니였다.

정종석도 마음 한쪽에 담아둔 의심이 걷히는 기분이었다. 김영만의 말만 들으면 제이유 투자의 아픔은 눈 녹듯 흔적 없이 사라질 것 같았다. 정종석이 잠시 생각에 잠겨 있는 사이에 머리가 희끗희끗한 초로의 남성이 바짝 다가서더니 귓속말을 건넸다.

"내가 투자자 모집하는 데 힘 좀 쓸 테니까 같이 한번 해보는 건 어때?"

목사로 행세하는 김은삼이었다. 그가 진짜 목사인지는 알 수 없었지만, 말은 청산유수처럼 유려하게 하는 사람이었다.

그는 최면을 걸듯 사람을 빠져들게 하는 묘한 재주가 있었다. 중저음의 안정된 목소리에다 다양한 사례를 들어 이야기를 맛깔나게 이끌어냈다.

김은삼은 단순 투자자가 아니라 주도적으로 시세조종에 끼고 싶다는 속마음을 내비쳤다.

## 투자 설명회

경남 마산의 한 건물 지하실. 100여 평 남짓한 방에 50여 명이 스크린을 응시하고 있다.

"저희는 루보라는 종목에 투자하고 있습니다. 현재 수익률은 대략

150% 정도 됩니다. 저도 이 종목에 투자해서 한 달여 만에 더블을 먹었습니다."

김은삼은 스크린에 직접거래한 주식 계좌를 보여주면서 열변을 토했다. 계좌에는 103%라는 숫자가 도드라지게 적혀 있었다. 김은삼이 루보를 통해 거둔 수익률이었다. 장내가 웅성거리자 김은삼은 말을 이어 나갔다.

"저쪽에 앉아 있는 우리 정 대표 차가 뭔지 아십니까? 아우디 A8이에요. 정 대표도 얼마 전까지만 해도 제이유에 투자했다가 쪽박 신세였습니다. 그런데 지금은 어떻습니까? 말씀 안 드려도 다들 가늠이 되실 겁니다."

주식투자 설명회에 불려온 마산 제이유 회원들은 반신반의하면서도 한껏 고무된 분위기였다. 김은삼은 쐐기를 박기라도 하듯 목소리를 높였다.

"제가 사는 곳이 어딘지 아십니까? 그 유명한 타워팰리스입니다. 자동차도 벤츠500입니다. 이 모든 게 여기 김 회장님 덕분에 가능한 일이었습니다."

김은삼은 김영만을 국제 금융계의 거목으로 소개했다. 김대중 정권 당시 대통령직 인수 위원으로 활약하면서 외자 94억 달러를 유치해 국가 부도를 막았고, 지난 20년 동안 쓴 술값만 500억 원에 달한다며 허세를 떨었다.

하루 숙박비가 500만 원이 넘는 힐튼호텔 21층 펜트하우스를 17년간 사용 중이고 펀드매니저 150명을 고용하고 있어 이만한 수익률이 가능하다는 말도 빼놓지 않았다. 하지만 김영만을 김 회장이라고만 부를 뿐 개인 신상에 대해서는 더는 자세히 설명하지 않았다.

일을 주도하는 김영만이 드러나면 모든 걸 그르칠 수 있다는 판단이었다. 여전히 의심의 눈초리가 군데군데 눈에 띄긴 했지만, 투자자들은 집단 최면에 걸린 듯했다.

"여러분, 기관 투자자와 개미의 차이가 뭔지 아십니까?"

김은삼은 잠시 뜸을 들이더니 힘주어 말을 내뱉었다.

"돈, 돈입니다. 기관 투자자는 돈이 많고 개미는 없다는 차이뿐입니다. 우리가 십시일반으로 돈을 모아서 주가를 올리면 어떻게 될까요? 결과는 지금 보시는 것처럼 수익률이 말해줄 겁니다."

김은삼의 말에 여기저기서 고개를 끄덕였다. 논리는 단순 명료했다. 기관 투자자가 개미보다 우세한 것은 자금력. 주가는 유동성의 힘으로 얼마든지 끌어올릴 수 있다는 주장이었다. 석 달에 3,000만 원으로 10억 원은 거뜬하다는 허황한 말도 불가능할 것 같지 않았다.

"그래도 못 믿으시겠습니까? 그럼 직접 보여드리죠."

김은삼은 자못 비장한 표정으로 단상 옆에 있던 윤재식에게 고개를 끄덕였다. 윤재식은 곧바로 어디론가 전화를 걸었다.

"지금부터 10분 내에 펀드매니저들이 주가를 5% 정도 올릴 겁니다."

김은삼의 말에 장내는 쥐죽은 듯 조용해졌다. 말이 떨어지기 무섭게 보합에 머물던 루보 주가가 꿈틀거리기 시작하더니 5분 만에 5% 급등했다.

"와!"

"어떻게 가능하지?"

제이유 회원들은 너나 할 것 없이 환호성을 질렀다.

정종석의 요청으로 제이유 마산 회원들을 끌어모은 이상은도 순간 감탄사를 내뱉었고, 어깨에 힘이 잔뜩 실렸다. 제이유 마산 팀장으로 활동할 때도 누려보지 못한 뿌듯함이었다.

식당을 운영하면서 제이유에 투자했다가 큰 손실을 본 후로는 남편에게 고양이 앞에 생쥐처럼 굴어야 하는 신세였다. 그나마 식당이 넘어가지 않은 게 다행이라고 여겼지만, 이제는 먹장구름을 뚫고 햇빛이 비치는 듯했다.

## 나는 놈

루보 주가는 거침없이 치솟았다. 10월 말 1,000원이었던 주가는 벌써 1만 원을 훌쩍 넘었다. 10배가 넘는 수익률이었다. 제이유 회원들은 환호를 질렀고, 입에서 입을 통해 소문이 퍼지면서 투자자는 줄을 잇고 있었다. 계좌당 1,000만 원, 적게는 100만 원도 받았던 투자금을 계좌당 5,000만 원으로 올렸지만, 고개를 젓는 투자자는 없었다. 지역별로 회원을 관리하는 지역팀장만 54명에 회원 수는 벌써 3,000명을 넘었다.

회원들은 김은삼의 말대로 현금뿐만 아니라 대출에다 미수까지 질렀다. 이렇게 모인 금액이 1,500억 원에 달했다.

김영만은 철저한 분업 방식으로 시세조종을 했다. 효율적인 데다가 다른 구성원들을 서로 알 수 없어서 비밀 유지에도 적당했다. 김영만 휘하에는 직접 주식을 거래하는 매매팀, 투자 설명회를 통해 투자자를 모집하는 홍보팀, 투자자에게 주의 사항을 전달하는 교육팀, 그리고 각 지역을 총괄하는 지역팀으로 나뉘었다.

매매팀은 윤재식이 팀장으로 5명으로 구성되어 있었다. 이들은 처음에는 루보로 시작했지만, 투자 자금이 밀물처럼 들어오자 제일창투까지 손을 댔다.

윤재식으로서는 무엇보다 감독 기관의 눈을 피해 매매할 방안이 중요했다. 하지만 그는 매매에만 밝을 뿐 감독 기관이 어떤 방식으로 시세조종을 찾아내는지는 알 도리가 없었다.

그때 등장한 게 증권회사 차장 출신인 황희만이었다. 그는 한국거래소나 금융감독원의 감시 시스템을 꿰뚫고 있었다. 그가 제안한 것은 무선 인터넷. 유선 인터넷은 IP를 추적하면 금세 들통이 난다는 게 그의 설명이었다.

가령 HTS로 매매팀 2명이 루보를 매매했을 때 한국거래소는 이상 징후가 보이면 IP를 추적한다. 그렇게 나오는 IP 주소가 102. 278. 306. 210과 102. 278. 305. 111처럼 앞자리가 비슷하게 나오면 같은 세력으로 본다. 하지만 무선 인터넷은 달랐다. 무선 인터넷은 특정 주소가 아닌 서버 주소가 나오는 구조였다. 그래서 전국에 흩어져 있는 서버를 아예 임대해서 사용하면 감독 기관의 추적을 피할 수 있었다.

황희만의 조언에 따라 윤재식은 대구, 부산, 대전, 광주, 인천에 있는 서버를 임대했다. 이렇게 되면 호텔에서 매매팀이 모여 주식을 거래하더라도 마치 전국 곳곳에서 매매하는 것처럼 표시됐다.

매매팀은 혹시 모를 추적을 따돌리려고 함정까지 파놓았다. 방식은 이랬다. 큰길을 사이에 두고 방을 2개 얻는다. 한쪽 방에는 유선 인터넷을 설치해놓고 방으로 가는 길목에는 CCTV를 설치해둔다. 길 건너 다른 방에는 CCTV를 볼 수 있는 모니터와 무선 인터넷을 설치한다.

잠시 유선 인터넷으로 거래하다 그대로 컴퓨터를 켜놓고 실제로는 길 건넛방에서 무선 인터넷으로 거래한다. 만약에 검찰이 유선 인터넷으로 매매한 부분에서 이상 징후를 포착하고 덮치더라도 건넛방에서 CCTV를 보고는 유유히 빠져나가는 술책이었다. 여기다 이들은 5일간 주가가 75% 이상 오르면 이상 급등 종목으로 분류되어 거래소의 감시 대상이 된다는 점을 너무도 잘 알았다. 루보 주가가 하루에 1~2% 찔끔찔끔 오르는 이유도 여기에 있었다.

홍보와 교육을 맡은 김은삼도 만일에 있을 수사에 철저하게 대비했다. 김은삼은 회원을 모집할 때 "이런 주식투자 방법은 증권회사에 다니는 사람들은 믿지 않으니 절대 이야기하지 마라. 주식투자 방법을 상세히 알려주지 말고, 주식거래 시간에는 전화해서 방해하지 마라"라는 말을 잊지 않았다. 시세조종이 들통나지 않도록 회원들을 입단속 시키는 차원이었다.

김은삼은 지역팀장에게 수시로 주의 사항을 알렸다. '금융감독원이나 검찰에서 오는 전화를 받지 마라. 금융감독원이나 증권사에서 연락이 오면 투자자 스스로 HTS를 이용해 주식거래를 하는 것처럼 답변해라. 혹시 걸리면 주가조작의 주범은 교보증권 출신에 안경을 낀 이상길이라는 인물이라고 진술해라' 등이었다.

지역팀은 점조직으로 운영되기 때문에 회원끼리도 알지 못하는 데다가 누가 얼마를 투자했는지는 더더욱 알 수 없었다. 회원들의 실체를 아는 것은 지역팀장뿐이었다. 지역팀장은 '매달 15% 이상의 이윤을 보장한다며 신규 회원을 모집하는 한편, 기존 회원에게는 교육팀에서 하달되는 지시 사항을 전달했다. 1명이 잡혀도 핵심 구성원은 알 수 없었다. 김영만은 완전 범죄를 노렸다.

## 경고음

"이 검사, 이걸 어떻게 해야 하는지 모르겠네."

오랜만에 전화를 건 금융감독원 김석현 국장이 어렵게 말을 꺼냈다. 김석현 국장은 이상훈 검사가 금융감독원에 파견 나가 있을 때 친하게 지냈던 임원이었다. 하지만 이 검사가 검찰로 복귀하면서 업무에 바쁘다 보니 안부 전화도 제대로 나누지 못했다. 그런 그가 갑작스레 전화해서 밑도 끝도 없는 말로 입을 떼자 긴장감마저 감돌았다.

"무슨 말씀이세요?"

"루보라는 종목이 작년 10월부터 40배 넘게 올랐어. 시세조종 세력이 있는 것 같긴 한데 감이 안 잡혀."

"의심스러운 부분이 있나요?"

"수백 개 계좌로 며칠 거래를 하다 갑자기 계좌를 폐쇄해버리거든. 이 정도 규모면 일반적인 주가조작 세력이라고 보긴 어려워. 아무래도 요즘 떠들썩한 다단계 업체가 개입한 것 같기도 하거든."

김 국장은 루보를 다단계 조직이 개입해 시세조종을 하고 있다고 설명했다. 그렇다면 원래 하던 대로 금융감독원에서 계좌 추적을 해서 혐의를 잡은 다음에 검찰로 인계하면 될 일이었다.

"조사해서 보내시면 되잖아요?"

"거래소에서도 갑작스럽게 대량 거래가 일어나서 넉 달 동안 감시를 했는데 좀처럼 정체가 잡히지를 않아. 우리도 의심 계좌 700개 정도만 파악한 정도고……."

"그래도 좀 조사를 해보지 그러세요?"

"그게 좀 급박해. 여전히 시세조종이 이뤄지고 있어. 만약에 다단계 조직이 개입했다면 사태가 커질 수 있어. 하루빨리 저지를 해야지."

김 국장은 다른 주가조작과는 양상이 다르다는 점을 강조했다.

이 검사는 수화기를 볼과 왼쪽 어깨 사이에 끼고 모니터 화면으로 루보의 도표를 확인했다. 작년 10월 23일 1,000원 하던 주가는 이미 4만 원 중반대까지 치솟아 있었다. 이 검사는 그때야 증권사 임원으로 있는 친구가 한 달여 전 술자리에서 핀잔처럼 건넨 농담이 생각났다.

'요즘은 루보가 죽이지. 상한가 한 번도 없이 하루에 1~5%씩 올라서 다섯 달 만에 주가 상승률이 4,000%야. 이런 종목은 분명히 누가 만지고 있는 거거든. 너는 이런 주식 수사 안 하고 뭐하는 거야.'

"그럼 일단 있는 자료만 보내주세요. 검토해보겠습니다."

이 검사는 김 국장의 전화를 끊자마자 문득 서울 동부지방검찰청에서 수사하는 제이유 그룹이 떠올랐다. 주수도 회장은 회원들의 투자금을 받아 문어발식으로 사업을 확장하다 사기 행각이 들통났다. 하지만 잔당들이 모두 종적을 감춘 만큼, 이들이 무슨 일을 벌이고 있는지 알 수 없었다. 주수도 회장이 구속된 이후에도 투자자들에게 "걱정하지 마라. 투자금을 모두 돌려줄 것이다"라고 호언장담하는 배경에는 뭔가 믿는 구석이 있을 것이라는 추측도 가능했다.

'혹시 제이유 잔당들이 주가조작에 참여하는 것은 아닐까.'

이 검사의 추측은 그럴싸했다.

## 베팅

"가판 마감도 다 했는데 갑자기 무슨 기자회견을 한다는 거야?"

한세일보 강철민 기자는 시계를 보면서 투덜거렸다. 6자를 향하는 시침. 신문 기자들 대부분이 가판을 마감한 시간대다. 그런데 검찰이 기자회견을 한다고 하니 못마땅할 법도 했다. 강 기자가 다시 고개를 돌려 동료 기자에게 말을 걸려는 순간 이상훈 검사가 빠른 걸음으로 기자실로 들어왔다. 그는 곧바로 단상으로 가더니 결연한 표정으로 입을 뗐다.

"코스닥 업체 루보의 시세조종에 개입한 것으로 보이는 9개 계좌를 동결 조치했습니다. 40배가 넘도록 오르는 동안 다단계 조직이 시세조종에 동원된 걸로 보입니다."

기자실은 일순간 술렁였다.

"계좌를 동결했다는 게 무슨 의미예요?"

강 기자는 계좌 동결이라는 단어가 와닿지 않았다.

"말 그대로 해당 계좌로 거래하지 못하도록 일종의 가압류를 했다는 의미입니다."

기자들은 계좌 동결이라는 단어가 생소했다. 그동안 주가조작 사건을 수사하면서 계좌를 동결하는 것은 전례가 없었다.

"금융감독원에서 계좌 추적까지 해서 넘길 텐데 굳이 계좌 동결까지 할 필요가 있나요?"

"루보는 다단계 조직이 개입한 정황이 있는 데다가 현재도 시세조종이 이뤄지고 있어서 한시가 급합니다. 원래대로 하자면 금융감독원에서 충분히 검토해서 넘기지만 이 종목은 예외입니다. 검찰과 금융감독원이 공조한다고 보면 될 것 같습니다."

"시세조종에 투입된 자금이 얼마나 됩니까?"

기자들의 질문은 꼬리에 꼬리를 물었다.

"700개 의심 계좌에 투입된 자금만 1,500억 원 정도 됩니다."

"1,500억?"

시세조종으로 쓰인 자금이 거론되자 기자들은 다들 눈이 휘둥그레졌다. 지금까지 주가조작이라고 하면 아무리 돈이 많은 세력이라도 수백억 원이 고작이었다. 하지만 루보 주가조작은 규모부터 달랐다. 기자들의 잇따른 질문에 답하고 나온 이 검사의 이마에 땀방울들이 맺혔다. 긴장감이 가시지 않은 듯 손도 바르르 떨렸다.

이 검사는 금융감독원에서 의심 계좌 700여 개를 받자마자 일주일 내내 밤잠을 설치면서 계좌 분석에 착수했고, 700개 중에서 메인 계좌로 보이는 9개 계좌를 골랐다. 그리고 이 계좌에 대해 법원에 계좌 동결 요청을 한 것이다.

기자회견은 치밀하게 준비된 절차였다. 금요일 오후 5시. 하루의 장이 끝난 데다가 토요일과 일요일은 거래가 없는 휴일이다. 시세조종 세력들은 월요일이나 되어야 대처 방안을 모색할 수 있다. 이 검사가 금요일 오후를 택한 것도 세력들에게 대처할 수 있는 시간을 주지 않으려는 의도였다. 주요 일간지에는 월요일인 16일에 계좌를 동결했다는 내용을 보도해달라고 요청했다.

그러나 계좌 동결은 도박이었다. 계좌 동결 기자회견으로 루보는 월요일부터 하한가 행진을 할 게 뻔했다. 만약 9개 계좌가 세력들의 메인 계좌라면 의도대로 일반 투자자의 피해를 줄일 수 있었다. 하지만 잘못 짚었다면 이 검사는 계좌 주가 주가 하락으로 입는 손실을 보전해줘야 했다.

한 계좌당 투자금은 수십억 원. 쥐꼬리만 한 월급으로는 답이 나오질 않았다. 치기 어린 선택이 아니었나 잠시 의문이 들기도 했다. 하지만 물러설 수 없는 싸움이었다.

## 추격전

"이 검사님, 이상은이 움직일 것 같습니다."

마산으로 내려간 김은석 수사관이 다급하게 전화를 걸어왔다.

"체포 영장이 효과가 있었나 보네요. 일단 지켜보고 움직이면 다시 연락합시다."

김영만의 내연녀인 배수정의 집 앞에서 잠복을 하고 있던 이상훈 검사는 입가에 미소를 지으며 전화를 끊었다. 이 검사는 루보 수사에 애를 먹었다. 계좌 동결로 시세조종은 막을 수 있었지만 세력은 모두 자취를 감췄다.

교도소 동기의 자금으로 시세조종을 한 김덕만을 잡아들였지만 혼자서 한 일이라며 시치미를 뗐다. 그나마 시세조종에 사용했던 계좌 주들을 소환해 집중적으로 추궁하면서 세력의 배후가 조금씩 윤곽이 드러났다.

계좌 주들은 처음에는 주동자가 교민증권 출신 이상길이라는 사람이라며 수사팀을 혼란스럽게 했다. 하지만 추궁이 계속되자 결국, 사실을 털어놨다. 그러나 이들이 이구동성으로 말한 인물은 김 회장. 얼굴 생김새도, 이름도 알지 못했다. 점조직으로 회원이 관리되다 보니 피라미드의 가장 꼭대기에 누가 있는지 알 수 없었던 것이다.

수사팀이 김 회장이 다름 아닌 김영만이라는 사실을 알 때까지 몇 고개를 더 넘어야 했다. 처음 추측했던 제이유 잔당은 아니었다. 하지만 김영만은 이미 30억 원을 챙겨 달아난 후였다. 김영만이 행적을 감춘 만큼 정공법을 쓸 수는 없었다. 이상훈 검사가 정공법 대신 택한 것은 주변부터 두드리는 우회전법. 그런 점에서 마산팀장을 맡은 이상은은 미끼로 제격이었다.

이상은은 회원 160명을 모집할 만큼 시세조종에 열성적이어서 김영만이 '마산이 제2의 고향'이라고 칭찬할 정도로 총애하는 인물이었다. 더군다나 김영만이 도주할 수 있도록 차량을 빌려준 정황도 엿보였다. 수사팀은 이런 이상은을 잡아들이지 않고 동태만 살핀 채 놔두고 있었다. 이상은이 김영만과 접촉할 때를 노려 모두 잡아들이려는 생각이었다. 하지만 이상은은 전혀 그럴 낌새가 엿보이지 않았다.

이 검사는 하는 수 없이 너구리가 굴에서 나오도록 연기를 피울 수밖에 없었다. 이 검사는 창원으로 내려가는 김 수사관에게 체포 영장을 딸려 보냈다. 이상은에게 겁을 잔뜩 먹게 해서 움직이도록 하려는 고육책이었다.

너구리굴 작전은 효과만점이었다. 김 수사관이 음식점에 들러 체포 영장을 제시하며 이상은을 찾자 그의 남편은 이상은이 자리를 비웠다며 김 수사관을 돌려세웠다. 하지만 김 수사관은 남편 어깨너머로 눈빛이 심하게 흔들리는 점원 복장의 한 여성이 눈에 들어왔다. 이상은이 분명했다.

김 수사관이 음식점을 나와 길 한 모퉁이에 차를 세우고 잠복에 들어간 지 30여 분이 지났을까. 음식점에서 다급히 나온 이상은은 여행용 가방을 승용차에 실었고, 김 수사관은 이때를 기다려 이 검사에게 전화했다. 이상은은 곧바로 차를 몰고 음식점을 빠져나왔다.

"이 검사님, 이상은이 지금 음식점을 빠져나왔습니다."

김 수사관은 다시 전화로 이상은의 동태를 전달했다.

"일단 거리를 두고 미행하세요. 어디로 가는지 파악하는 게 급선무입니다."

이 검사의 가슴이 왠지 모르게 뛰기 시작했다.

"이 검사님, 배수정도 움직일 것 같습니다."

지하 주차장 구석의 중형차에 동석해 있던 문재형 수사관이 앞을 주시한 채 입을 뗐다. 이 검사는 곧바로 문 수사관의 시선이 향하는 곳으로 눈을 돌렸다. 김영만의 내연녀인 배수정이 휴대 전화기를 붙들고는 차에 올라타는 모습이 포착됐다. 오른팔인 이상은과 내연녀 배수정이 동시에 움직인다면 김영만의 은신처로 향할 가능성이 컸다. 사흘 밤을 꼬박 새우며 잠복한 보람이 있었다.

배수정의 차는 목동에서 강변북로를 타더니 어느새 한남IC를 통해 경부고속도로를 질주하고 있었다. 속도계는 시속 100킬로미터를 넘어 150킬로미터를 오락가락했다. 핸들은 떨리기 시작했고, 엔진도 방아를 찧는 것처럼 쿵쾅거렸다. 하지만 배수정의 차는 비웃기라도 하듯 도로를 활보했다.

"문 수사관님, 도대체 무슨 놈의 차가 저렇게 빨리 달려요?"

이 검사가 울화통이 터지는 목소리로 물었다.

"아까 슬쩍 보니까 외제 차던데요. 인피니티였던 것 같아요."

문 수사관은 시선을 배수정의 차량에 고정한 채 짤막하게 답했다. 핸들을 잡은 문 수사관의 손아귀에는 땀이 흥건했다.

"아, 미치겠네. 점점 멀어지네."

짜증 섞인 이 검사의 말에 문 수사관은 가속 페달을 더 힘껏 밟았다. 속도계는 170킬로미터를 오르락내리락했고, 차는 덜덜 떨렸다.

"어어……!"

문 수사관이 다급하게 외쳤다. 차가 갑자기 휘청이다가 옆으로 미끄러졌다.

'끽!'

차는 둔탁한 마찰음을 내고 200여 미터를 더 미끄러져서야 멈췄다.

문 수사관과 이 검사는 숨을 몰아쉬었다. 일단 차량 통행이 없어서 추돌 사고가 날 것 같지는 않았다.

"차가 퍼진 것 같습니다."

잽싸게 내린 문 수사관이 차를 살펴보더니 난처한 표정으로 말을 건넸다.

"에이, 이런 똥차 같으니라고."

이 검사도 애꿎은 차를 발로 차며 성을 냈다. 그나마 이 검사가 탄 차량 이외에도 다른 두 대가 배수정을 쫓고 있어 다행이었다. 한 대는 이미 배수정을 쫓아 지나갔고, 뒤따라오던 다른 한 대가 사고 난 걸 보고는 멈춰 섰다.

"문 수사관님, 여기 뒷정리 좀 해주시고요. 저는 이 차량으로 움직이겠습니다."

이 검사는 다른 차에 몸을 싣고는 곧바로 출발했다. 하지만 배수정의 차량은 어둠 속에서 빨간 점으로 보일 정도로 멀어져 있었다.

## 토끼몰이

새벽 2시. 어둠이 짙게 깔린 시각이지만 도심은 네온사인으로 불야성을 이뤘다. 이 검사는 한 모텔 앞에 멈춰 섰다. 배수정이 목동 집에서 나와 이리저리 배회하다가 도착한 곳은 경기도 의왕에 있는 한 모텔. 이 검사는 고개를 들어 간판을 보고는 피식 웃었다. 윈드 모텔. 불륜 커플이 드나드는 러브호텔인 듯했다.

이상은을 쫓아 마산에서 올라오던 김은석 수사관도 조금 전에 의왕으로 들어왔다는 전화를 했다. 이상은도 이곳으로 오는 게 확실했다. 이 검사가 배수정이 들어간 방 호수에 동행이 있는지를 확인하는 동안 김 수사관도 모텔 인근에 도착했다. 김영만이 잔당들과 함께 은신해 있는 합숙소라는 확신이 굳었다.

이제 토끼몰이를 할 시간. 김영만 일행은 현재 2개 방에서 모두 4명이 투숙하고 있었다. 여기다 배수정과 이상은을 합하면 총 6명. 수사팀도 이 검사를 포함해 모두 6명이었다.

"일단 저쪽도 6명인 데다가 2명은 여자니까 체포하는 데 어려움은 없을 겁니다.”

이 검사는 둘러선 수사관들에게 나지막한 목소리로 지시 사항을 전했다.

“일단 1명은 출입구를 봉쇄하고 2명씩 들어가서 체포하면 될 듯합니다. 1명씩 천천히 들어가서 방을 포위한 다음에 한꺼번에 덮칩시다.”

이 검사는 모텔 데스크에 검사 신분증을 제시하고는 손님인 척 엘리베이터를 타고 5층으로 향했다. 506호. 현관문에 귀를 가져다 대자 쑥덕이는 남녀의 목소리가 들렸다. 수사관들이 현관 양옆으로 바짝 붙어 들이닥칠 준비가 모두 끝났다. 이 검사는 조심스럽게 현관문에 데스크에서 가져온 마스터키를 꽂아 넣고는 문고리를 돌렸다.

‘찰칵.’

문이 열리는 소리가 들리자마자 수사관들이 잽싸게 방안으로 뛰쳐 들어갔고, 이 검사도 바로 따라 들어갔다. 배수정과 탁자에서 진지하게 대화를 나누던 중년 남자는 들이닥친 수사관들에게 화들짝 놀란 듯 멍하니 쳐다보았다. 김영만이 확실했다.

“김영만 씨 당신을 증권거래법 위반 혐의로 체포합니다. 당신은 묵비권을 행사할 권리와 변호사를 선임할 권리가 있습니다.”

이 검사가 미란다 원칙을 알리자 김영만은 체념한 듯 고개를 숙인 채 팔을 내밀었다. 이 검사도 순간 맥이 풀렸다. 두 달 동안 김영만을 잡으려고 하얗게 밤을 새웠던 날들이 주마등처럼 스쳐 지나갔다.

# 사건의 진실

'무너진 피라미드'는 베어링 제조업체 루보의 시세조종 사건을 소재로 했다.

루보 사건은 건설 시행업자 김씨 등이 다단계 업체인 제이유 회원 3,000여 명으로부터 1,600억 원을 투자받아 루보의 주가를 끌어올린 전형적인 시세조종이었다. 루보 시세조종에는 2006년 10월 23일부터 2007년 4월 16일까지 모두 724개 계좌가 동원됐고, 시세조종 횟수만 8,400회에 달했다.

시세조종으로 루보 주가가 1,100원에서 5만 1,400원까지 상승하면서 시세조종 세력은 모두 450억 원의 시세 차익을 남겼고, 미실현 이익만도 1,000억 원에 달했다. 이 일당이 루보에만 관여한 것은 아니었다. 이들은 케이피티(현 케이피티유)와 제일창투 주식에도 손을 대 70억 원의 시세 차익을 남기기도 했다.

시세조종에 처음 나선 것은 주가조작으로 여러 차례 철창신세를 진 전력이 있던 김모 씨의 형이었다. 김씨의 형은 출소하면서 한때 주먹 세계에 몸담았다가 사업가로 변신한 교도소 동기 Y씨에게 돈을 불려준다며 자금을 받아 케이피티 시세조종에 돌입했다. 하지만 자금 부족으로 김씨에게 지원을 요청하면서 루보의 시세조종은 막이 올랐다. 김씨는 케이피티로 수익을 올리자 또 다른 종목의 시세조종을 제안했다.

김씨는 다단계 업체인 제이유에서 피해를 보았던 터라 이 시세조종으로 손실을 회복할 수 있을 것이라는 생각에 제이유 피해자 대책위원회를 맡고 있던 정모 씨와 목사 김모 씨 등을 끌어들였다.

이들은 주로 기존 제이유 회원들을 대상으로 투자 설명회를 개최하면서 월

15~40% 수익이 난다며 주식투자를 권유했다. 회원들의 불신을 없애려고 직접 시세조종을 시연하고, 구체적인 수익률을 보여주면서 기대감을 잔뜩 부풀렸다. 그러는 동안 주범인 김씨는 국제 금융계의 거목, 대통령직 인수 위원으로 포장됐다. 이렇게 끌어들인 회원이 전국적으로 모두 3,000여 명에 달했고, 지역팀장 54명이 이들을 관리했다.

이들은 수사망에 포착되지 않으려고 안간힘을 썼다. 우선 회원들로부터 증권계좌와 공인 인증서를 넘겨받아 시세조종을 하면서 증권사에서 제재가 들어오면 다른 증권사로 계좌를 옮겼다. 또 IP 추적을 피하려고 무선 인터넷을 사용했고, 회원들에게는 '검찰이나 금융감독원에서 오는 전화는 받지 마라. 주동자는 교보증권 출신 이상길'이라며 철저하게 교육했다. 검찰이 수사에 나섰을 때도 '5자로 시작되는 전화(서울중앙지방검찰청이 있는 서초동 일대 전화번호가 5자로 시작함)가 걸려오면 받지 마라. 직접 HTS로 거래했다고 해라' 등의 지시사항을 알리기도 했다. 또 도주하는 와중에 인터넷 카페에 '사랑의 불씨 살리기

## 다단계 시세조종 사건 일지

그림 7-1 케이피티

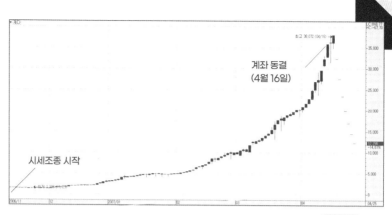

계좌 동결
(4월 16일)

시세조종 시작

그림 7-2) 루보

계좌 동결
(4월 16일)

시세조종 시작

그림 7-3) 제일 창투

| 2006년 | 10월 23일 | 케이피티 시세조종 시작(2007년 1월 10일까지). |
| | | 루보 시세조종 시작(2007년 4월 13일까지). |
| 2007년 | 1월 | 제일창투 시세조종 시작(2007년 4월 13일까지). |
| | 4월 16일 | "검찰, 주가조작 세력 계좌 동결" 언론 보도. |
| | 5월 15일 | 검찰, 주범 친형 체포. |
| | 6월 11일 | 검찰, 주범 김모 씨 체포. |

운동'이라는 카페를 설립해 회원들에게 모금 활동을 전개하도록 했고, 수사가 막바지에 이른 2007년 5월에는 아예 루보를 인수하려고 시도했다.

검찰은 루보 주가조작을 수사하면서 사상 유례없는 계좌 동결 조치를 취했다. 루보 시세조종이 계속 진행되고 있어서 그대로 내버려두면 뒷북 수사가 될 것이라는 우려 때문이었다. 계좌 동결로 더 진행될 주가조작을 막았지만 주가조작 세력들이 대부분 잠적하다 보니 수사는 난관에 부닥쳤다. 하지만 검찰은 주변 탐문을 통해 작전 세력을 하나둘 잡아들여 사법처리했다.

이렇게 검찰은 김씨 형제 등 11명을 구속 기소했고, 마산팀장이었던 이모 씨 등 36명은 불구속으로 재판에 넘겼다. 하지만 주가조작 기술자인 윤모 씨 등 3명은 여전히 잡히지 않았다. 주범인 김씨는 재판에서 징역 8년형이 확정됐고, 목사 김모 씨도 3년 6월형이 선고됐다. 나머지는 대부분 집행유예로 풀려났다.

## 개미도 주가조작 세력이 될 수 있다

주가조작은 전문적인 주가조작꾼의 전유물이었다. 돈을 대는 전주와 주가조작 기업을 선정하고 전반적인 계획을 짜는 설계자, 그리고 직접 주식거래를 하면서 주가를 부양하는 기술자가 유기적으로 움직이는 사기극이었다.

하지만 일반 투자자도 집에서 자유자재로 주식거래를 할 수 있는 홈트레이딩 시스템이 개발되면서 주가조작의 양상이 변하기 시작했다. 특히 인터넷 카페를 중심으로 주식 동호회가 결성되고 실시간으로 메시지를 전달하는 메신저가 개발되면서 일반 개미들의 힘이 세졌다.

2010년 검찰에 적발된 '간 큰 패밀리'는 스스로 작전 세력이 되어버린 개인 투자자의 말로를 보여준다. 주범인 정모 씨는 1990년 초반부터 인터넷 주식동호회에서 고가 매수, 시 · 종가 관여 매수, 허위 매수, 통정매매 등의 주가조작 기법을 배웠다. 미공개 정보를 이용하거나 허위 사실을 퍼트려 주가를 올리는 방식이 아닌 전형적인 시세조종이었다.

그러고는 2001년부터 배운 시세조종 기법으로 주가조작에 나섰다. 일단은 발행 주식 수가 많지 않고 대주주의 지분율이 높아 유통 물량이 적은 종목을 선정했다. 루보 시세조종 세력들이 하던 방법과 다르지 않았다. 김씨는 주로 인터넷 동호회와 산악회, 전 직장 동료를 끌어들였고, 수익금의 절반을 투자한 사람들에게 돌려주면서 종잣돈을 불렸다. 정씨는 종잣돈이 수십억 원으로 불어나자 친형 3명을 시작으로 아내와 처남, 조카, 사돈의 친인척 등 가족 11명을 가담하도록 했다. 정씨는 2003년 주가조작으로 집행유예를 받은 정씨는 이후에 또다시 금융감독원의 통보로 검찰 수사 선상에 올랐다. 하지만 도피 생활을 하면서도 시세조종을 멈추지 않았다.

정씨의 범행 거점은 자신이 직접 차린 입시학원과 커피 전문점 20여 곳이었다. 정씨는 공범들과 서울, 인천, 수원, 대전, 전주, 광주 등 전국에 흩어져 있으면서 주가를 조작했다. 또 속칭 클릭맨이라고 불리는 아르바이트생을 고용해 IP 추적을 따돌렸고, 통화 내용 추적을 할 수 없도록 인터넷폰이나 메신저를 이용해 매매를 지시했다.

여기다 증권 계좌를 한 달에서 석 달 거래하고는 폐기 처분하고 바꾸는 방식으로 모두 420개의 차명 계좌를 사용했다. 하루 현금 거래가 2,000만 원 이상이면 금융정보분석원에서 추적할 수 있다는 판단으로 현금 입출금 때에는 2,000만 원 미만씩 거래하는 치밀함도 보였다.

이렇게 정씨 일당이 2004년 6월부터 2007년 11월까지 시세조종에 나선 종목은 모두 23개. [표7-1] 무려 1만 7,000여 차례에 걸친 시세조종으로 모두 250억 원을 챙겼다.

| 시세조종 시기 | 종목수 | 종목 |
|---|---|---|
| 2004년 6월~10월 | 4 | 부산방직, 동일철강, 영신금속공업, 월드조인트 |
| 2005년 2월~3월 | 1 | 제일엔테크 |
| 2005년 5월~11월 | 11 | 가희, 나래시스템, 동보중공업, 마담포라, 원풍물산, 월드조인트, 코레스, 화성, 두일전자통신, 엠아이자카텍, 우경철강 |
| 2006년 1월~6월 | 7 | 에쎈테크, 동보중공업, 프리엠스, 피씨디렉트, 가희, 영찰실업, 대동기어 |
| 2007년 3월~5월 | 1 | 제일바이오 |
| 2007년 8월~11월 | 1 | 국영지엔엠 |

( 표 7-1 ) 간 큰 패밀리 시세조종 종목

정씨는 이 돈으로 호화로운 생활을 즐겼다. 입시학원과 커피 전문점을 차려 범행 거점을 마련했고, 서울에 고급 주상복합 아파트를 샀다. 또 검찰이 정씨의 집을 수색하면서 발견한 차량도 롤스로이스와 벤틀리 등 최고급 외제 차였다. 정씨와 함께 적발된 일당의 면면을 보면 실소를 금치 않을 수 없다. 딱히 직업이 없는 사람부터 회사원, 주방장, 축산업자, 식당 종업원, 농부, 골프강사, 중고차 판매업자 등 우리 주변에서 흔히 볼 수 있는 사람들이었다.

증권시장 전문가뿐만 아니라 일반인에게까지 실시간 메신저가 인기를 끌고, 인터넷 카페가 우후죽순으로 생기면서 이를 이용한 주가조작도 새로운 경향으로 등장했다. 시가총액과 유통 주식 수가 적은 종목을 골라 미리 주식을 산 뒤에 호재성 허위 사실이나 풍문을 인터넷 메신저나 게시판에 퍼트려 주가가 오르면 팔아버리는 식이다.

2011년 초에는 메신저와 주식 카페를 이용해 하루 만에 작전을 끝내는 일당이 붙잡혔다. 당시 적발된 주가조작범은 실업자와 증권회사 직원, 고등학생, 그리고 조직폭력배였다.

이들은 2010년 2월부터 9월까지 증권가에서 널리 쓰이는 미쓰리 메신저와 주식 카페에 특정 기업에 대한 허위 사실을 퍼트리거나 허위 내용을 담긴 보도 자료를 배포해 주가 부양에 나섰다. 이들이 이렇게 손을 댄 종목만 90개. 올린 차익은 수억 원에 달했다. 이들은 한 종목에서 크게 한탕을 하기보다는 수백만 원에서 수천만 원씩을 챙겼다. 그래서 감시의 눈도 피할 수 있었던 것이다.

문서 작성이 출중했던 고등학생 김모 씨는 허위 보도 자료를 작성해 인터넷 언론사에 뿌려 기사화시키기도 했다. 언론사가 속보 경쟁을 벌이면서 보도 자료의 진위에 대한 필터링을 제대로 하지 않는다는 맹점을 교묘하게 파고든 것이다. 이들이 메신저나 카페에 올린 허위 내용은 다음과 같다.

2010년 2월 24일
영신금속, 원자력 산업의 숨은 수혜 주로 떠오르다. 신 울진 원자력 부품 수주전 참여 예정. 실적 폭증 및 청산 가지에도 못 미치는 주가 눈길.

2010년 5월 2일
대호피앤씨우, 시가총액 19억. 유일한 유통 물량 40만주 동전 주. 벽산건설 우 6 점상 신화 재현 종목, 벽산건설 우 세력 대호피앤씨 우 집단 이동 완료, 우선주 지수 무관 수직 상승 시작.

2010년 6월 30일
가스하이드레이트 2차 탐사 시작 신화실업 수혜 받나?


이들은 '급등 전 선취매' '급등 주 작전 본부'라는 주식 카페와 미쓰리메
신저 대화방을 개설해 회원 등급별로 투자 상담비를 받아 종목을 매수하도
록 했다. 투자 상담비는 일반 회원은 10만 원, VIP는 수백만 원에 이르렀다.
금융감독원에 신고도 하지 않은 채 불법 투자 자문사를 차린 것이다.

등급에 따라 매수 적기를 달리 알려줬기 때문에 등급이 높을수록 미리
주식을 살 수 있었다. 하지만 회원으로 가입한 개인 투자자들은 모두 주가
조작 세력의 희생양일 뿐이었다. 특히 고등학생인 김모 군은 2009년 한 증
권사에서 개최한 실전투자대회에서 우승했지만, 이 또한 주가조작으로 이
룬 성과였다.

수익률 대회는 일종의 짜고 치는 고스톱이다. 수익률 대회 우승이라는 타
이틀만 있으면 투자 상담을 받으려는 투자자들이 줄을 잇기 때문에 돈을
쏟아 주가를 올린다. 그렇게 '주식 왕'이 되면 강연이나 투자 상담을 통해
수익을 올리고, 심지어는 증권사 투자 상담사로 활동하면서 자신의 권유로
투자한 사람들 덕에 발생한 수수료 일부를 증권사와 나눠 갖는다. 수익률
대회를 통해 배를 불리는 곳은 증권사다.

증권사는 상금으로 수억 원을 걸지만, 참여자들의 거래 수수료로 충분히
감당할 수 있다. 특히 장기 투자보다는 단타를 조장하는 수익률 대회는 하
루빨리 사라지는 게 바람직하다고 본다.

불법 투자 자문사의 기승은 모로 가든 서울만 가면 된다는 투자자의 막
가파식 심리가 일조하기도 한다. 2011년 한 주가조작 세력은 투자 상담을

주업으로 하는 유령 회사를 설립했다. 그러고는 비밀리에 모집한 투자자에게 줄기세포 업체를 우회상장시킬 계획을 귀띔하면서 투자를 제의했다.

문제는 투자자가 투자 상담 업체에 돈을 줄 때 투자 약정서가 아닌 차입계약서로 작성한 것. 투자한 돈이 아니라 빌려준 돈으로 꾸몄다. 이 회사가법으로 인정되는 투자 자문사가 아니기 때문이다. 투자자들은 불법성을 알면서도 단기간에 큰돈을 벌 수 있다는 생각에 개의치 않았다. 이 투자 자문사의 사기 행각은 책을 쓰는 이 순간에도 진행형이다. 과연 어떤 결과가 나올지 필자도 궁금하다.

루보 이후에 우리 증시에서는 유사 사건이 잇따랐고, 최근에는 불법 투자자문사가 횡행하면서 투자자를 고수익으로 유혹한다. 일부는 투자 종목은묻지 말고 일단 돈만 맡기면 종잣돈을 5~10배 불려 주겠다고 호언장담하기도 한다.

하지만 과연 주가조작이 이들이 원하는 만큼 진행될까? 주가조작에는 수없이 많은 변수가 있다. 또 작전 세력끼리 의견이 틀어지기도 한다. 이처럼럭비공처럼 어디로 튈지 모르는 주가조작에 돈만 벌면 된다는 생각으로 자신의 재산을 맡긴다면 결과는 뻔하다.

주변에 고수익을 보장하며 투자를 꼬드기는 사람이 있는가? '땅 짚고 헤엄치기'처럼 쉬운 일이라면, 왜 그들은 주변에 권유하는 것일까? 만약 투자권유에 혹한다면 이런 점만은 고려하자.

- 투자로 인한 손실 가능성을 언급하는가? 만약 원금 보장을 약속한다면 사기일 수 있다.
- 어떤 종목에 투자하는지 파악이 되는가? 종목을 알지 못하면 투자

하지 마라. 기회는 얼마든지 있다.

• 믿고 맡기는 만큼 투자로 말미암은 손실을 감수할 수 있는가? 투자 손실은 누구도 보장해주지 않는다.

수익과 위험성은 비례한다. 위험성이 없는데 고수익을 내는 금융 상품은 세상 어디에도 없다.

## 주가조작 적발 시스템은 뒷북?

주가조작 세력에게 당한 투자자는 분통이 터진다. 한국거래소나 금융감독원에 제보하고 하소연을 해도 꿈쩍할 생각을 하지 않는다. 가슴이 까맣게 타들어가 재가 될 무렵에야 주가조작 세력을 적발했다는 소식이 들리곤 한다. 짧게는 1년 길게는 2~3년이 지난 후다.

투자자로서는 죽은 자식 불알 만지기인 셈이다. 이런 일이 반복되다 보니 주가조작 적발 시스템이 소 잃고 외양간 고치는 격 아니냐는 비판도 적지 않다. 하지만 주가조작 세력들의 수법이 워낙 교묘하고, 겉으로 드러나지 않아 혐의를 잡기 쉽지 않다는 점을 고려해야 한다. 주가조작 적발은 일반적으로 한국거래소, 금융감독원, 검찰을 거쳐야만 한다. (그림 7-4)

한국거래소에서 주가조작 적발을 담당하는 부서는 시장감시본부이다. 시장감시본부는 시세조종이나 미공개 정보 이용, 사기적 부정 거래, 그리고 기업 임직원이 해당 기업의 주식을 6개월 내에 사고팔아서 단기 차익을 남긴 정황이 보이는 종목을 추출해낸다. 시장감시본부에서는 이런 정황이 보이는 종목을 자동으로 추출해주는 워닝(warning) 시스템을 갖추고 있다. 추

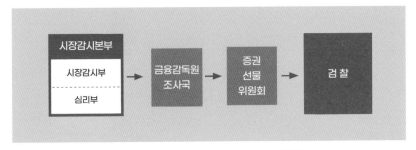

(그림 7-4) 주가조작 적발 흐름도

출해내는 패턴이 수백 가지에 달한다.

만약에 호재성 공시로 주가가 많이 올랐는데 그전에 대량 매매 흔적이 포착됐다면 시장감시본부는 해당 증권사를 통해 계좌 입출금 내용과 계좌주가 누구인지 파악할 수 있다. 하지만 계좌를 거슬러 올라가면서 돈의 원천을 파악하지는 못한다. 다음은 시장감시본부의 일상을 엿볼 수 있는 기사다.

증권선물거래소 시장감시본부는 속칭 30여 명의 감시요원들이 '작전세력'과 '총성 없는 전쟁'을 벌이는 현장이다. 모니터를 응시하던 감시 요원의 손놀림이 빨라진다. 시장 감시 시스템에 코스닥 K사가 '이상 매매' 종목으로 포착된 것. 주가 도표를 확인했더니 주가는 이미 상한가다. 곧바로 공시와 뉴스를 확인하자 바이오산업 진출 공시가 떠 있다. 요즘 한창 뜨고 있는 테마 중의 하나다.

그런데 주가가 공시 10여 일 전부터 슬금슬금 오른 게 왠지 꺼림칙하다. 퍼뜩 '기업 내부자들이 공시 발표 전에 주식을 미리 사놓았을 것 같다'라는 판단이 뇌리를 스친다.

최근 한 달간 거래 상위 20개 계좌를 봤더니 아니나 다를까 대부분 강남 인근이었다. 아무래도 정상적인 거래로는 볼 수 없는 상황. 하지만 아직은 추정일 뿐이다. 예의 주시하며 추이를 지켜보기로 했다.

시장감시팀에게 연말과 연초는 오히려 '끔찍한 계절'이다. 뒤숭숭한 분위기를 틈타 각종 테마가 형성되는 데다가, 이를 악용해 작전 세력들이 활개를 치기 때문이다.

평소에는 1인당 10여 개 종목을 집중적으로 감시하지만, 연말 · 연초만 되면 업무량이 2배 정도 늘어난다.

시장 감시요원은 "하루에만 감시본부가 대략 300개 종목을 집중적으로 감시하고 있지만, 연말 · 연초는 테마 주 광풍이 불기 때문에 힘에 부친다"라며 "테마 주에는 항상 작전 세력이 덫을 놓고 개미(개인 투자자)들을 기다리고 있다는 점을 알았으면 좋겠다"라고 귀띔했다.

감시요원들을 더욱 힘들게 하는 것은 우리나라의 뛰어난 IT(정보 통신) 기술. 몇 년 전만 해도 투자자들이 주문서에 손수 내용을 기재하는 방식이어서 작전 세력이 농간을 부리기 어려웠지만, 이제는 한 사람이 한 대의 컴퓨터에서 수십 개의 홈트레이딩 시스템을 켜놓고 주문을 낼 수 있어 적발이 쉽지 않다.

최근에는 다단계 조직까지 동원해 시세를 조종하는 등 수법이 갈수록 교묘해지고 있다. 하지만 뛰는 자 위에 나는 자 있는 법. 감시 요원들도 세계 최고 수준을 자랑하는 '시장감시시스템'으로 작전 세력을 들여다본다.

이 시스템은 거래량, 주가 변동성 등으로 이상 징후가 있는 종목을 자동으로 뽑아내 줄 뿐만 아니라 인터넷 IP를 추적해 동일 계좌 여부까지 뽑아낸다.

최근에는 작전 세력들이 IP 추적을 당하지 않으려고 인터넷 서비스 업체를 다양화하는 꼼수를 쓰고 있지만, 이 시스템을 피해가기는 어렵다.

요즘 시장감시본부의 가장 큰 골칫거리는 기업들의 허위·과장 공시. 기업들이 공공연하게 자원 개발이나 신재생 에너지 등 미래 성장 산업에 진출한 것처럼 공시를 내 투자자들을 현혹하는 것이다.

하지만 꼼꼼히 따져보면 실체가 없거나 과대 포장된 게 대부분. 얼마 전에도 한 업체가 외국에서 광산 사업권을 딴 것처럼 공시를 냈지만, 다양한 경로를 통해 알아보니 광산 사업권을 딸 수 있는 권리 정도를 얻은 것으로 파악됐다.

특히 불성실 공시는 코스피보다는 코스닥에서 더 난무한다. 시장 감시 요원은 작전 세력을 '기생충'에 비유했다. 많은 투자자가 아직 근거 없는 뜬소문을 맹신하면서 대박을 노리는 경향이 짙다 보니 작전 세력이 기생할 수 있다는 지적이다.

_〈한국일보〉에서

시장감시본부는 기계적인 추출뿐만 아니라 질적 관찰도 병행한다. 시장감시본부에 있는 풍문 감시팀에서 해당 회사에 관련된 각종 풍문을 취합해 종합적으로 판단하는 것이다. 수일 동안 관찰한 결과 미심쩍은 부분이 없다면 종결 처리를 하지만 뭔가 미심쩍은 부분이 있다고 판단하면 시장감시본부 내의 심리부로 자료를 넘기게 된다.

심리부는 시장감시본부에서 넘긴 자료를 토대로 기간을 좀 더 넓혀 전수조사를 한다. 의심 계좌뿐만 아니라 다른 계좌도 주가조작에 동원됐는지 파악하는 것이다. 조사를 통해 혐의가 없다면 종결, 있다고 판단되면 금융감독원에 모든 자료를 넘긴다.

금융감독원이 한국거래소와 다른 점은 계좌 추적권이 있다는 점이다. 거래소는 의심 계좌의 입출금 내용만 볼 수 있지만, 금융감독원은 의심 계좌에서 입출금한 계좌, 그리고 그 계좌에서 다시 입출금한 계좌를 볼 수 있다.

정부 기관 중에서 법원의 영장도 없이 계좌를 추적할 수 있는 곳은 금융감독원과 국세청 두 곳뿐이다. 금융감독원은 조사 결과를 의결 기구인 증권선물위원회에 의뢰한다. 그렇게 되면 증권선물위원회는 검찰 고발 내지는 벌금, 단기차익 반환 명령 등을 내린다. 증권선물위원회가 고발한 사건을 맡은 검찰은 법원에서 계좌추적과 압수 수색, 체포 영장을 발부받아 수사를 진행한다. 갈수록 수사 범위와 강도가 높아진다고 보면 된다. 검찰도 최소 수개월은 수사해야 재판에 넘길지 판단할 수 있다.

이렇게 거래소와 금융감독원을 거쳐 검찰이 결론을 내기까지는 최소 1년은 걸리는 듯하다. 하지만 루보 사건은 금융감독원이 시급을 다투는 사안으로 판단해, 자체 조사를 하는 중에 검찰에 통보해 공조 수사를 한 이례적인 경우다. 2010년 말 옵션 쇼크를 가져온 도이치뱅크도 비슷하다. 하지만 이런 공조 수사는 시급을 다투거나 사안이 중대하다고 판단될 때로 한정된다.

이처럼 한국거래소와 금융감독원, 그리고 검찰까지 총동원돼야 주가조작을 적발할 수 있다. 또 법원에서 어떤 결론을 내릴지도 알 수 없는 노릇이다. 검찰이 애써 기소까지 했는데 법원에서 집행유예를 내리면 주가조작 세력은 훈장 하나 달았다고 생각하고 거리를 마음껏 활보할 수 있다. 여기다 이들이 주가조작으로 얻은 시세 차익을 빼돌렸다면 범죄 수익을 환수하기도 쉽지 않다.

결국은 처벌을 강화하는 게 급선무겠지만 주가조작 세력이 장난칠 종목은 거들떠보지 않는 게 정신 건강에 좋다. 정부의 주가조작 세력 소탕 작전이 만날 뒷북이라며 볼멘소리를 하기 전에 과연 자신의 욕심이 지나쳐 기업을 제대로 연구해보지도 않고 무턱대고 투자하지는 않았는지 반성해야 한다.

## 기관·외국인 지속 매수는 청신호

증권시장에서 거래 주체는 크게 기관과 외국인, 그리고 개인으로 구분된다. 기관은 국민연금과 공무원 연금 등의 연기금, 그리고 은행, 증권, 보험, 투신, 사모펀드 등으로 나뉜다. 외국인은 피델리티와 템플턴처럼 장기 투자를 하는 롱텀펀드, 칼라일이나 론스타처럼 단기 차익을 노리는 헤지펀드로 분류할 수 있다.

우리 증권시장에서 기관 투자자의 보유 비중은 시가총액 대비 20% 이하. 펀드와 랩어카운트(종합자산관리계좌), 퇴직연금이 증권시장에 유입되면서 기관의 힘이 날이 갈수록 커지고 있지만, 기관 비중이 40~50%에 달하는 미국과 일본 등 선진국에 비하면 아직 낮은 수준이다. 그러다 보니 아직은 외국인의 입김이 센 편이다.

2010년 11월 11일 장 마감 10분을 앞두고 벌어진 사건은 우리 증권시장의 취약성을 그대로 보여주는 사례다. 당시 도이치뱅크가 2조 3,000억 원의 매물 폭탄을 쏟아내면서 코스피 지수가 50포인트 가까이 폭락했다. 아무런 악재가 없는 상황이었던 만큼 시장 관계자는 의아해할 수밖에 없었는데 금융 당국이 조사해보니 도이치뱅크가 주가가 내려가면 이득을 보는 상품으로 대규모 시세 차익을 얻은 정황이 드러났다.

| 투자자별매매종합 | 시간대별투자자 | 당일추이 | 일별동향/그래프 | 순매수추이 | 업종별투자자순매수 | 당 |

| 시장구분 | | 개인 | 외국인 | 기관계 | 증권 |
|---|---|---|---|---|---|
| 코스피 | 매도 | 32,802 | 11,140 | 13,750 | 2, |
| | 매수 | 32,013 | 9,874 | 16,036 | 2, |
| | 순매수 | -790 | -1,265 | +2,287 | - |
| 코스닥 | 매도 | 19,390 | 653 | 904 | |
| | 매수 | 19,704 | 611 | 727 | |
| | 순매수 | +314 | -42 | -177 | |

( 그림 7-5 ) 투자자별 매매 동향

이처럼 개인 투자자들은 골리앗 같은 외국인, 기관에 맞서 싸워야 하는 다윗 신세다. 고래 싸움에 등 터지는 새우 신세라는 게 더 적당한 표현일 것 같다. 싸움에서 지지 않으려면 외국인과 기관의 동향에 촉각을 곤두세워야 한다.

그렇다면 이들의 움직임을 어떻게 파악할 수 있을까. 바로 매일 집계되는 기관과 외국인 투자 동향을 주시하면 된다. 증권사 HTS를 보면 매일 외국인과 기관의 순매수·매도 현황을 보여준다. 그림 7-5를 보면 코스피 시장에서 개인과 외국인이 790억 원과 1,265억 원을 순매도했고, 기관이 2,287억원을 순매수한 것을 알 수 있다. 또 기관의 경우에도 구체적으로 증권, 보험, 투신 등이 얼마를 순매수하거나 순매도했는지를 알 수 있다.

또 일정 기간 외국인과 기관이 많이 사들인 종목도 찾을 수 있다.

그림 7-6은 2011년 1월 1일부터 24일까지 기관이 많이 사들인 종목을 검색한 결과(투자자별 일별 현황)다.

기관은 현대건설, 하이닉스, 삼성전자를 대거 순매수했지만 KB금융, 효성, 삼성증권을 내다 팔았다.

Chapter 7

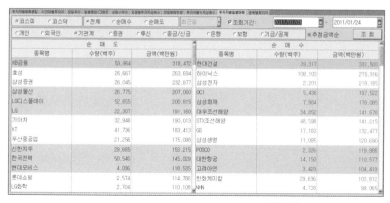

(그림 7-6) 투자자별 일별 현황

특정 종목을 기관과 외국인이 얼마나 사고파는지도 알 수 있다. 만약에 투자 종목을 결정했다면 기관과 외국인의 매매 동향을 파악하는 것은 기본이다. 기관과 외국인이 연속 순매수했다면 좋은 징조로 봐도 무방하다. (그림 7-7)은 조선 기자재 업체인 해덕파워웨이의 일별 매매 동향이다.

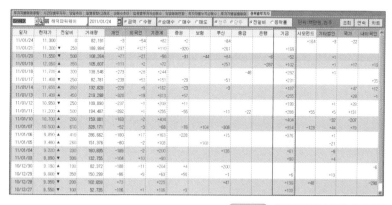

(그림 7-7) 해덕파워웨이 일별 매매 동향

2010년 12월 27일부터 2011년 1월 24일까지 기관이 끊임없이 순매수하는 것을 알 수 있다. 그중에서도 기금의 순매수가 두드러진다. 이때 해덕파워웨이 일별 주가 추이를 보자. (그림 7-8)

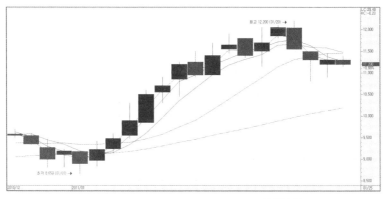

(그림 7-8) 해덕파워웨이 일봉

12월 27일 9,550원에서 최고 1만 2,200원까지 치솟았다가 잠시 조정을 받는 모습이다. 기관의 꾸준한 매수세로 주가가 올랐다고 볼 수 있다. 혹시 의심이 간다면 HTS로 주가 도표와 외국인과 기관, 개인의 보유 수량 현황을 함께 보면 더 분명해진다. (그림 7-9)

최저점인 6,300원(2010년 9월)부터 개인의 보유 수량이 슬슬 늘어나면서 주가가 상향한 것을 확인할 수 있다. 그러다 개인은 10월 말부터 점차 매도하면서 시세 차익을 남겼다. 반면에 기관은 그때부터 주식을 사 모으기 시작했다. 그리고 12월 중순부터는 좀 더 노골적으로 순매수에 가세했다. 외국인도 기관보다는 한발 늦었지만, 매수에 동참하고, 주가는 완연한 상승세를 보여줬다. 반면에 개인은 매도로 대응했다.

결론적으로 주가 상승 초기에는 개인, 그리고 본격적인 주가 상승에는 기

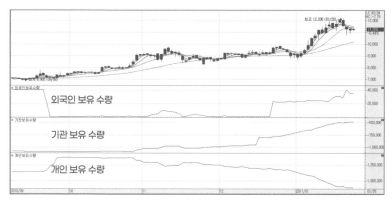

그림 7-9 해덕파워웨이 외국인·기관·개인 보유 수량

관과 외국인이 주포였던 셈이다. 이 도표를 보면 개인들은 짧게 먹고 나가지만 기관과 외국인은 저평가된 주식을 지속적으로 사 모으면서 수익률을 극대화한다는 점을 엿볼 수 있다.

특히 중요하게 볼 점은 거래량이다. 거래량은 주가조작 세력도 쉽게 속일 수 없는 부분이다. 만약 주가를 끌어올리는 주체 세력이 집중적으로 사들인 날에 거래량이 전날보다 2배 이상 늘면서 주가가 상승했다면 긍정적인 신호이다. 그리고 주가가 조정을 겪을 때 거래량이 별로 없었다면 2보 전진을 위한 1보 후퇴다. 그러나 주체 세력이 집중적으로 매도한 날 거래량이 터지면서 주가가 하락했다면 매도 사인이다. 이처럼 시장 참여자의 동향을 파악하는 게 주식투자 방법의 첫걸음이다.

## 애널리스트 리포트는 참고만 하라

개인 투자자에게 가장 요긴한 투자 길라잡이 중의 하나는 애널리스트(종목 분석가)의 리포트다. 증권사 애널리스트는 업체를 직접 탐방하거나 각종 자료를 토대로 기업을 분석해 일반 투자자가 투자에 참고할 수 있는 리포트를 작성한다. 이후에 매수, 보유, 매도 등의 투자 의견과 목표 주가를 제시한다. 펀드를 운용하는 자산 운용사도 애널리스트를 보유하고 있다. 이들의 기업분석 보고서는 펀드매니저가 투자 종목을 선정하는 기초 자료가 된다.

하지만 애널리스트의 리포트는 참고 사항으로 삼을 뿐 절대적인 가치를 둬선 안 된다. 특히 애널리스트가 제시하는 목표 주가는 여섯 달 내지는 1년 동안의 목표치다. 때문에 애널리스트의 긍정적인 리포트가 나왔어도 주가는 하락할 수 있다. 심지어 애널리스트의 리포트가 쏟아지는 날 엄청난 매도 물량이 터져 나오기도 한다. 리포트를 보고 개인 투자자의 투자가 몰릴 것으로 보고 개인을 총알받이로 활용하는 것이다. 영화 〈작전〉에서 주가 조작 세력이 물량을 받아줄 개인 투자자를 끌어들이기 위해 애널리스트와 공모하는 것은 결코 허구라고 볼 수 없다. 이런 구조가 가능한 것은 얽히고 설킨 기관 투자자의 관계 때문이다.

기관 투자자라고 하면 보험, 증권, 자산 운용(투자신탁)사, 연기금 등을 말한다. 이 중에서 증권사와 자산 운용사가 다소 헷갈릴 수 있다. 일단 자산 운용사는 펀드를 만들고 운용하는 곳이라고 보면 된다.

미래에셋 디스커버리와 같은 펀드는 미래에셋 자산 운용의 펀드매니저가 운용한다. 다만, 이 펀드를 자산 운용사에서 직접 판매하는 게 아니라 증권사와 은행에 판매를 맡긴다. 따라서 미래에셋 디스커버리 펀드라고 해서 미래에셋증권에서만 판매하는 게 아니라 미래에셋 자산 운용에서 판매 위탁을 맡긴 증권사와 은행에서 모두 취급한다.

증권사와 은행에 펀드 계좌를 만들어 자금을 투입하면 이 돈은 자산 운용사로 흘러들어 가게 된다. 그리고 펀드매니저들은 이 자금을 어떤 주식에 투입할지 결정한다. 100억 원의 자금이 들어왔다면 삼성전자에 40%, LG화학에 30%, 현대차에 10%, 그리고 나머지 20%는 현금 보유처럼 투자 명세와 비율을 정하는 포트폴리오를 구성한다.

포트폴리오를 구성했으면 자산 운용사는 주식 매입을 증권사에 의뢰한다. 이때 자산 운용사는 증권사에 투자금 중 얼마를 배분할지 결정한다. 만약 미래에셋 자산 운용이라면 미래에셋증권에 더 많은 투자금을 의뢰할 것이다. 이런 자산 운용사의 자금을 유치하려고 증권사에는 법인 영업팀이 존재한다. 증권사 법인 영업팀 직원들에게 펀드매니저는 갑 중의 갑이라고 할 수 있다. 법인 영업팀 직원들은 펀드매니저에게 조금이라도 더 돈을 유치하려고 펀드매니저의 술 시중은 물론, 골프장까지 운전을 대신해주기도 한다.

애널리스트도 펀드매니저 앞에서는 항상 작아진다. 애널리스트는 주식 매수 추천을 했는데, 주가가 오르지 않으면 자존심이 상하는 일이다. 문제는 주가를 올릴 수 있는 주체가 기관, 달리 말하면 포트폴리오를 구성하는 펀드매니저라는 것이다.

또한 애널리스트의 능력을 측정하는 데 펀드매니저의 평가가 큰 부분을 차지한다. 매년 많은 언론사가 펀드매니저의 평판을 토대로 각 분야 최고의 애널리스트를 선정한다. 문제는 펀드매니저의 평가가 절대적이어서 인기투표로 변질되고 있다는 점이다. 애널리스트 입장에서는 펀드매니저에게 잘못 보이면 좋을 게 없다.

이러다 보니 일부 애널리스트는 펀드매니저와 아예 짜고 치기도 한다. 애널리스트를 통해 기업 실적이 좋아질 것이라는 정보를 들은 펀드매니저는 미리 그 회사의 주식을 사놓는다. 이후 애널리스트의 보고서가 나오면서 개인의 추격 매수가 잇따른다. 그러면 펀드매니저는 일정 수익을 내고 유유히 빠져나간다. 매도할 때도 마찬가지다. 펀드매니저는 매도 적기를 잰다. 그러면 애널리스트는 이 회사의 전망이 좋다는 리포트를 내고, 개인은 리포트만 믿고 매수한다. 그 순간이 기관이 털고 나가는 타이밍이다. 증권사도 애널리스트의 리포트를 믿지 않는다는 설문 조사 결과가 있다는 것은 난센스.

한국 애널리스트의 리포트에는 매도 의견이 없는 것으로 유명하다. 매도 의견을 냈다 하면 기존 투자자들의 노골적인 협박을 감당해야 하는 까닭도 있겠지만, 그만큼 소신이 없다는 것을 뜻하기도 한다.

특히 증권사의 추천 종목을 무작정 믿어서는 안 된다. 그 이유를 구체적으로 들어보겠다. 2010년 11월 26일 3개의 증권사는 삼성전기를 매수 추천했다. 이구동성으로 다음과 같은 이유를 댔다.

전방 산업 성장 둔화에도 MLCC가 지속적인 성장과 함께 20% 이상의 영업 이익률을 유지. LED TV 재고 감소에 따른 가동률 상승과 본격적인 LED 조명 시장 확대로 말미암은 삼성 LED의 재성장도 기대.

하지만 기관과 외국인이 매도 물량을 내놓으면서 주가는 −6.34%나 급락했다. 애널리스트는 신이 아니다. 그들이 제시하는 목표 주가도 장기적인 수치다. 애널리스트의 리포트가 나왔다고 기업에 대한 자체 분석 없이 덥석 물면 수익률이 높을 리 없다.

## 작전 세력을 이기는 주식투자 비법 ⑦

1. 원금을 보장하면서 높은 수익률을 내는 투자 상품은 없다. 기대 수익률이
   10%가 넘는데도 원금을 확실히 보장한다고 홍보하는 것은 사기다.

2. 각종 메신저나 인터넷 주식동호회에서 추천하는 종목을 피하라. 주가조작 세
   력들이 미리 사놓고 추천하는 경우가 많다.

3. 주가조작이 적발되려면 최소 반년은 걸린다. 정부의 주가조작 소탕 작전이 미
   흡하다고 탓하기 전에 자신의 욕심이 과하지 않았는지 돌아보라.

4. 증시의 큰손인 기관과 외국인의 매매 동향을 항상 체크하라. 그들이 특정 종
   목을 지속적으로 매입하는 이유를 생각해봐라.

5. 애널리스트의 리포트는 참고 자료일 뿐이다. 누구도 미래를 예언할 수 없고,
   미래의 주가를 맞추는 건 신의 영역이다.

# 시간을 내 편으로 만들어라!

이 책을 읽고 어떤 생각이 들었는가. 주식투자하라는 소리인지, 하지 말라는 소리인지 모르겠다며 볼멘소리를 할 수도 있다. 그렇다. 이왕이면 주식투자를 하지 않는 게 좋다고 말하고 싶다.

시중에 유동자금은 많고 부동산은 각종 규제로 투자가 쉽지 않은 판국에 주식이 유일한 대안 아니냐고 반문해도 대답은 마찬가지다.

개인 투자자는 지루한 시간과의 싸움에서 나가떨어진다. 특히 사회 초년생이 주식투자로 결혼 비용을 마련하겠다는 생각은 어리석기 짝이 없는 판단이다. 전문가들은 주식시장은 장기적으로 우상향 곡선을 그었다고 말한다. 맞는 말이다. 하지만 그 와중에 속수무책으로 쳐다보기만 해야 하는 변수는 수두룩하다. 외환 위기, 카드 대란, 세계 금융 위기 등 거대한 파고 앞에서 개인 투자자는 무릎을 꿇을 수밖에 없다.

결혼을 앞둔 20~30대라면 주식에 돈이 묶여 결혼 날짜도 제대로 못 잡는 지경에 이를지도 모른다. 최소 5년은 바라보고 주식에 투자해야 한다. 그렇지 않다면 차라리 은행에 차곡차곡 적금을 넣어 돈을 불리는 게 돈 버는 길이다.

그래도 정 하겠다면 펀드와 랩 어카운트 등 간접 투자 상품을 권한다. 직장 생활이나 사업을 하면서 주식투자를 하기는 쉽지 않다. 미국 증권시장, 세계 경제, 환율, 유가 등 고려해야 할 것도 매우 많다. 차라리 2~3%의 수수료를 내더라도 시장 변화에 새빠르게 대응할 수 있는 전문가에게 맡기는 게 바람직하다. 장기 투자한다고 우량주에 수천만 원에서 수억 원을 넣었다가 2~3년 만에 수익률을 확인했는데도 마이너스라면 얼마나 분통 터지는 일인가.

삼성전자라고 미래에도 지금처럼 성장성이 담보되는 건 아니다. '다이내믹 코리아'라는 말처럼 우리 기업의 흥망성쇠는 파란만장하다. 1955년 100대 기업에 올랐던 회사 중에 현재까지 명맥을 유지하는 기업은 10개도 채 안 된다.

간접 투자도 싫다면 우량주 투자를 추천한다. 특히 유가증권시장 50위권 내에 있는 종목으로 포트폴리오를 구성하는 게 바람직하다. 잠시 주가 도표를 보자.

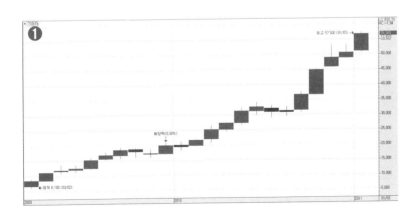

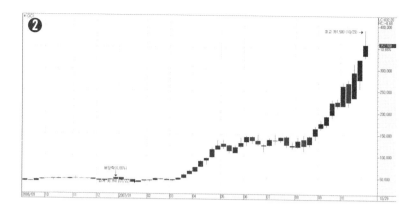

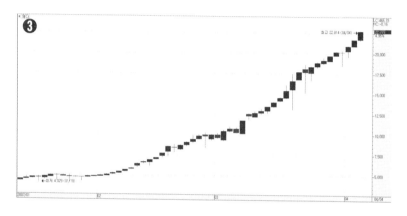

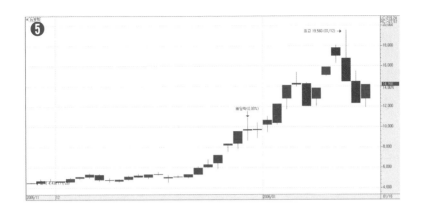

이 중에서 작전 종목은 어떤 것일까? 3번과 5번 도표다. 3번은 루보, 5번은 뉴보텍 도표다.

그렇다면 나머지는 어떤 종목일까? 첫 번째는 기아자동차, 두 번째는 OCI, 네 번째는 LG화학이다. 모두 우량주다. 기아자동차는 5,000원에서 5만 원까지, OCI는 1만 4,000원대에서 44만 원까지, LG화학은 3만 원에서 40만 원대까지 올랐다. 물론 이렇게 오르는데 기아자동차는 2년, OCI는 1년, LG화학은 2년이 걸렸다. 루보와 뉴보텍이 저점에서 고점까지 올라가는 데 각각 반년과 두 달이 걸린 점을 감안하면 긴 시간이다. 하지만 시간을 생각하지 않는다면 우량주의 상승률은 세상을 떠들썩하게 했던 작전 주와 별반 다르지 않다. 특히 잡주는 개인 투자자에게 어마어마한 손실을 주고 다시 제자리로 돌아왔지만 이들 종목은 일정 부분 조정은 거쳤어도 주가는 크게 훼손되지 않았다. 시간을 내 편으로만 만들 수 있는 여유가 있다면 우량주 투자도 할 만하다.

우량주 투자는 성에 안 차고 비밀스런 정보를 얻어 단기에 대박을 내겠다는 마음을 조금이라도 품고 있다면 컴퓨터에서 HTS를 지워라. 이런 사람은 주식투자를 하지 말아야 한다.

잡주를 하는 사람에게 주식시장은 지뢰밭이다. 한번 발을 잘못 디디면 생명까지 위험하다. 하지만 시간과의 싸움에서 이길 만한 배포를 지닌 투자자에게는 화수분 같은 곳이 주식시장이다. 잡주에 투자해놓고 매일 애끓고, 급기야 큰 손실로 인생의 항로를 조정해야 하는 불상사는 없어야 한다. 그러려면 아예 잡주는 쳐다보지 않는 게 상책이다. 만약 잡주의 유혹에 빠질 것 같으면 다시 한 번 이 책을 펼쳐 작전 세력의 비열함과 악랄함을 되새겼으면 좋겠다.

부록

# 1-1 <상장 요건>

유가증권시장 상장 요건

| 상장요건 | | 일반회사 | 지주회사 |
|---|---|---|---|
| 규모<br>요건<br>(모두) | 기업규모 | 자기자본 300억원 이상 | 좌동 |
| | 상장주식수 | 100만주 이상 | 좌동 |
| 분산<br>요건<br>(모두) | 주식수 | 다음 중 하나만 충족하면 됨<br>① 일반주주소유비율 25%이상 또는 500만주 이상<br>　(다만, 상장예정주식수 5천만주 이상 기업은 상장예정<br>　주식수의 10% 해당 수량)<br>② 공모주식수 25% 이상 또는 500만주 이상<br>　(다만, 상장예정주식수 5천만주 이상 기업은 상장예정<br>　주식수의 10% 해당 수량)<br>③ 자기자본 500억이상 법인은 10%이상 공모하고 자기<br>　자본에 따라 일정규모이상 주식 발행<br>　- 자기자본 500억~1,000억원 또는 기준시가총액<br>　　1,000억~2,000억 : 100만주 이상<br>　- 자기자본 1,000억~2,500억원 또는 기준시가총액<br>　　2,000억~5,000억 : 200만주 이상<br>　- 자기자본 2,500억원 이상 또는 기준시가총액<br>　　5,000억 이상 : 500만주 이상<br>④ 국내외동시공모법인은 공모주식수 10% 이상 & 국내<br>　공모주식수 100만주이상 | 좌동 |
| | 주주수 | 일반주주 700명 이상 | 좌동 |
| | 양도제한 | 발행주권에 대한 양도제한이 없을 것 | 좌동 |

| | | | |
|---|---|---|---|
| 경영 성과 요건 (택1) | 매출액 및 수익성 | • 매출액 : 최근 1,000억원 이상 및 3년 평균 700억원 이상 &<br>• 최근 사업연도에 영업이익, 법인세차감전계속 사업이익 및 당기순이익 각각 실현 &<br>• 다음 중 하나 충족<br>① ROE : 최근 5% & 3년 합계 10% 이상<br>② 이익액 : 최근 30억원 & 3년 합계 60억원 이상<br>③ 자기자본 1천억원 이상 법인 :<br>최근 ROE 3% 또는 이익액 50억원 이상이고 영업현금흐름이 양(+)일 것 | 좌동 |
| | 매출액 및 기준시가총액 | • 최근 매출액 1,000억원 이상 &<br>• 기준시가총액 2,000억원 이상<br>※ 기준시가총액 = 공모가격 x 상장예정수식수 | 좌동 |
| | 기준시가총액 및 이익액 | • 기준시가총액 2,000억원 이상 &<br>• 최근 이익액 50억원 이상 | 좌동 |
| | 기준시가총액 및 자기자본 | • 기준시가총액 6,000억원 이상 &<br>• 자기자본 2,000억원 이상 | 좌동 |
| 안정성 및 건전성 요건 | 영업활동기간 | • 설립후 3년 이상 경과 & 계속적인 영업활동<br>(합병 등이 있는 경우 실질적인 영업활동기간 고려) | 좌동<br>(주요자회사의 실질적인 영업활동기간 고려) |
| | 감사 의견 | • 최근적정, 직전2년 적정또는한정 (감사범위 제한에 따른 한정의견 제외) | 좌동<br>(개별 및 연결 재무제표) |
| | 매각제한 (보호예수) | • 최대주주등 소유주식 & 상장예비심사신청전 1년 이내 최대주주등으로부터 양수한 주식 : 상장후 6월간<br>• 상장예비심사신청전 1년 이내 제3자배정 신주 : 발행일로부터 1년간. 단, 그날이 상장일로부터 6월 이내인 경우에는 상장후 6월간 | 좌동<br>(금융지주회사의 경우 최대주주등 소유주식 매각제한 제외) |

## 코스닥 시장 상장 요건

| 구분 | 일반기업(벤처 포함) | | 기술성장기업* | |
|---|---|---|---|---|
| | 수익성·매출액 기준 | 시장평가·성장성 기준 | 기술평가 특례 | 성장성 추천 |
| 주식분산 (택일) | ① 소액주주 500명&25%이상, 청구후 공모 5% 이상(소액주주 25% 미만시 공모 10%이상)<br>② 자기자본 500억 이상, 소액주주 500명 이상, 청구후 공모 10%이상 & 규모별 일정주식수 이상<br>③ 공모 25% 이상 & 소액주주 500명 | | | |
| 경영성과 및 시장평가 등 (택일) | ① 법인세차감전계속 사업이익 20억원[벤처: 10억원] & 시총 90억원<br>② 법인세차감전계속사업이익 20억원[벤처: 10억원] & 자기자본 30억원[벤처: 15억원]<br>③ 법인세차감전계속 사업이익 있을것 & 시총 200억원 & 매출액 100억원[벤처: 50억원]<br>④ 법인세차감전계속사업이익 50억원 | ① 시총 500억 & 매출 30억 & 최근 2사업연도 평균 매출증가율 20% 이상<br>② 시총 300억 & 매출액 100억원이상[벤처50억원]<br>③ 시총 500억원 & PBR 200%<br>④ 시총 1,000억원<br>⑤ 자기자본 250억원 | ① 자기자본 10억원<br>② 시가총액 90억원 | |
| | | | • 전문평가기관의 기술 등에 대한 평가를 받고 평가결과가 A등급 이상일 것 | • 상장주선인이 성장성을 평가하여 추천한 중소기업일 것 |
| 감사의견 | 최근사업연도 적정 | | | |
| 경영투명성 (지배구조) | 사외이사, 상근감사 충족 | | | |
| 기타 요건 | 주식양도 제한이 없을 것 등 | | | |
| 질적 요건 | 기업의 성장성, 계속성, 경영의 투명성 및 안정성, 기타 투자자 보호, 코스닥시장의 건전한 발전, 업종별 특성, 고용창출효과 및 국민경제적 기여도 등을 종합 고려 | | | |

* 기술성장기업 : 전문기관 기술평가(복수) 결과 A & BBB 등급 이상인 기업

## 1-2 <상장폐지 요건>

유가증권시장 관리종목지정 및 상장폐지 기준

| 구분 | 관리종목 지정<br>(유가증권시장 상장규정 제47조) | 상장폐지 기준<br>(유가증권시장 상장규정 제48조) |
|---|---|---|
| 정기보고서<br>미제출 | • 법정제출기한(사업연도 경과 후 90일) 내 사업보고서 미제출<br>• 법정제출기한(분·반기 경과 후 45일 이내) 내 반기·분기보고서 미제출 | • 사업보고서 미제출로 관리종목 지정 후 법정제출기한부터 10일 이내 사업보고서 미제출<br>• 반기·분기보고서 미제출로 관리종목 지정 후 사업·반기·분기보고서 미제출 |
| 감사인 의견<br>미달 | • 감사보고서상 감사의견이 감사범위 제한 한정인 경우(연결감사보고서 포함)<br>• 반기 검토보고서상 검토의견이 부적정 또는 의견거절인 경우 | • 최근사업연도 감사보고서상 감사의견이 부적정 또는 의견거절인 경우(연결감사보고서 포함)<br>• 2년 연속 감사보고서상 감사의견이 감사범위 제한 한정인 경우 |
| 자본잠식 | 최근사업연도 사업보고서상 자본금 50% 이상 잠식<br>※ 자본잠식률 = (자본금-자본총계) / 자본금<br>※ 종속회사가 있는 경우 연결재무제표상 자본금, 자본총계(외부주주지분 제외)를 기준으로 함 | • 최근사업연도 사업보고서상 자본금 전액 잠식<br>• 자본금 50% 이상 잠식 2년 연속 |
| 주식분산 미달 | • 최근사업연도 사업보고서상 일반주 주수 200명 미만 또는<br>• 최근사업연도 사업보고서상 일반주 지분율 5% 미만. 다만, 200만주 이상인 경우 해당되지 않는 것으로 간주 | • 일반주주수 200명 미만 2년 연속<br>• 지분율 5% 미만 2년 연속. 다만, 200만주 이상인 경우 해당되지 않는 것으로 간주 |
| 거래량 미달 | 반기 월평균거래량이 반기말 현재 유동주식수의 1% 미만 | 2반기 연속 반기 월평균거래량이 유동주식수의 1% 미만 |

| | | |
|---|---|---|
| 지배구조 미달 | • 사외이사수가 이사 총수의 1/4 미만 등 (자산총액 2조원이상 법인의 경우 사외이사 3인 이상, 이사 총수의 과반수 미충족)<br>• 감사위원회 미설치 또는 사외이사수가 감사 위원의 2/3 미만등(자산총액 2조원이상 법인만 해당) | 2년 연속 사외이사수 미달 또는 감사위원회 미설치 등 |
| 공시의무 위반 | 최근 1년간 공시의무위반 누계벌점 15점 이상 | • 관리종목 지정 후 최근 1년간 누계벌점이 15점 이상 추가 (상장적격성 실질심사)<br>• 관리종목 지정 후 고의, 중과실로 공시의무 위반 (상장적격성 실질심사) |
| 매출액 미달 | 최근사업연도 50억원 미만(지주회사의 경우 연결매출액 기준) | 2년 연속 매출액 50억원 미만 |
| 주가/시가 총액 미달 | • 주가가 액면가의 20% 미달 30일간 지속<br>• 시총 50억원 미달 30일간 지속 | 관리종목 지정 후 90일 이내 관리지정사유 미해소 |
| 회생절차 | 회생절차 개시신청 | • 회생절차기각, 취소, 불인가 등 (상장적격성 실질심사)<br>• 기업의 계속성 등 상장법인으로서의 적격성이 인정되지 않는 경우 (상장적격성 실질심사) |
| 파산신청 | 파산신청 | 법원의 파산선고 결정 |
| 기타 즉시퇴출 사유 | | • 최종부도 또는 은행거래정지<br>• 법률에 따른 해산사유 발생<br>• 주식양도에 제한을 두는 경우<br>• 당해법인이 지주회사의 완전자회사가 되고 지주회사의 주권이 신규상장되는 경우<br>• 우회상장시 우회상장 기준 위반 |

| | |
|---|---|
| 상장적격성<br>실질심사 | • 주된 영업이 정지된 경우(분기 매출액 5억 원 미달)<br>• 주권의 상장 또는 상장폐지와 관련한 제출 서류의 내용 중 중요한 사항의 허위기재 또는 누락내용이 투자자보호를 위하여 중요하다고 판단되는 경우<br>• 기업의 계속성, 경영의 투명성, 기타 공익과 투자자보호 등을 종합적으로 고려하여 상장폐지가 필요하다고 인정되는 경우<br>  - 유상증자나 분할 등이 상장폐지요건을 회피하기 위한 것으로 인정되는 경우<br>  - 당해 법인에게 상당한 규모의 재무적 손실을 가져올 것으로 인정되는 횡령·배임 등과 관련된 공시가 있거나 사실 등이 확인된 경우<br>  - 국내회계기준을 중대하게 위반하여 재무제표를 작성한 사실이 확인되는 경우<br>  - 주된 영업이 정지된 경우<br>  - 자본잠식에 따른 상장폐지기준에 해당된 법인이 자구감사보고서를 제출하여 상장폐지사유를 해소한 경우<br>  - 거래소가 투자자보호를 위해 상장폐지가 필요하다고 인정하는 경우 |

## 코스닥시장 퇴출요건

| 구분 | 관리종목 | 퇴출 |
|---|---|---|
| 매출액 | 최근년 30억원 미만 (지주회사는 연결기준)<br>※ 기술성장기업, 이익미실현기업은 각각 상장후 5년간 미적용 | 2년 연속<br>[실질심사] 이익미실현기업 관련, 관리종목 지정 유예기간 중 최근 3사업연도 연속으로 매출액이 5억원 미만이면서 전년 대비 100분의 50 이상의 매출액 감소가 공시 등을 통해 확인되는 경우 |
| 법인세비용<br>차감전계속<br>사업손실* | 자기자본50%이상(&10억원이상)의 법인세비용차감전계속사업손실이 최근3년간 2회 이상(&최근연도계속사업손실)<br>※ 기술성장기업 상장후 3년간 미적용, 이익미실현 기업 상장후 5년 미적용 | 관리종목 지정후 자기자본50%이상(&10억원이상)의 법인세비용차감전계속사업손실 발생<br>[실질심사] 이익미실현기업 관련, 관리종목 지정 유예기간 중 최근 3사업연도 연속으로 매출액이 5억원 미만이면서 전년 대비 100분의 50 이상의 매출액 감소가 공시 등을 통해 확인되는 경우 |
| 장기영업손실 | 최근 4사업연도 영업손실(지주회사는 연결기준)****<br>※ 기술성장기업(기술성장기업부)은 미적용 | [실질심사] 관리종목 지정 후 최근 사업연도 영업손실 |
| 자본잠식/<br>자기자본** | • (A)사업연도(반기)말 자본잠식률 50%이상<br>• (B)사업연도(반기)말 자기자본 10억원미만<br>• (C)반기보고서 제출기한 경과후 10일내 반기검토(감사)보고서 미제출 or 검토(감사)의견 부적정·의견거절·범위제한한정<br>※ 자본잠식율 = (자본금 - 자기자본) / 자본금 X 100 | • 최근년말 완전자본잠식<br>• A or C 후 사업연도(반기)말 자본잠식률 50%이상<br>• B or C 후 사업연도(반기)말 자기자본 10억원미만<br>• A or B or C 후 반기말 반기보고서 기한 경과후 10일내 미제출 or 감사의견 부적정·의견거절·범위제한한정<br>[실질심사] 사업보고서 또는 반기보고서의 법정제출 기한까지 당해 상장폐지 기준 해당사실을 해소하였음을 입증하는 재무제표 및 이에 대한 감사인(정기재무제표에 대한 감사인과 동일한 감사인에 한함)의 감사보고서를 제출하는 경우 |
| 감사의견*** | 반기보고서 부적정, 의견거절, 감사범위 제한으로 인한 한정 | 감사보고서 부적정·의견거절·범위제한한정 |

| | | |
|---|---|---|
| 시가총액 | 보통주시가총액 40억원미만 30일간 지속 | 관리종목 지정후 90일간 "연속10일 & 누적 30일간 40억원이상"의 조건을 미충족 |
| 거래량 | 분기 월평균거래량이 유동주식수의 1%에 미달<br>※ 월간거래량 1만주, 소액주주 300인이상이 20%이상 지분 보유 등은 적용배제 | 2분기 연속 |
| 지분분산 | 소액주주200인미만or소액주주지분 20%미만*****<br>※ 300인이상의 소액주주가 유동 식수의 10%이상으로서 100만주 이상을 소유하는 경우는 적용배제 | 2년 연속 |
| 불성실공시 | - | [실질심사] 1년간 불성실공시 벌점 15점 이상 |
| 공시서류 | 분기, 반기, 사업보고서 법정제출기한 내 미제출 | • 2년간 3회 분기, 반기, 사업보고서 법정제 출기한 내 미제출<br>• 사업보고서 제출기한 후 10일내 미제출<br>• 분기, 반기, 사업보고서 미제출상태유지 후 다음 회차에 미제출 |
| 사외이사등 | 사외이사/감사위원회 요건 미충족 | 2년 연속 |
| 회생절차/파산신청 | • 회생절차 개시 신청<br>• 파산신청 | [실질심사] 개시신청기각,결정취소,회생계획 불인가등 |
| 기타 (즉시퇴출) | 기타 상장폐지 사유 발생 | • 최종부도 또는 은행거래정지<br>• 해산사유(피흡수합병, 파산선고)<br>• 정관 등에 주식양도제한 두는 경우<br>• 유가증권시장 상장의 경우<br>• 우회상장시 우회상장관련 규정 위반시 (심사종료전 기업결합완료 및 보호예수 위 반 등) |

* 연결재무제표 작성대상법인의 경우, 연결재무제표상 법인세비용차감전계속사업손실 및 자기자본 기준
** 연결재무제표 작성대상법인의 경우, 연결재무제표를 기준으로 하되 자기자본에서 비지배지분을 제외
*** 연결재무제표 작성대상법인의 경우, 연결재무제표에 대한 감사의견을 포함
**** 기술성이 있고 연구개발 투자가 많은 연구개발기업에 대해 장기영업손실로 인한 관리종목 지정을 한시 적으로 면제
***** 자진상장폐지를 위한 공개매수시 분산기준 미달로 인한 관리종목 지정 등 유예

## 1-3 <상장폐지 실질심사 주요기준>

종합적 요건

| 심사항목 | 심사기준 | 세부심사항목 |
|---|---|---|
| (1) 영업, 재무상황 등 기업경영의 계속성 | 가. 영업의 지속성 | |
| | 매출의 지속 가능성 | • 매출액 또는 이익규모, 추이 등 영업활동 악화로 인한 매출의 계속성 여부<br>• 신규사업 진출시 사업성격, 투자규모, 수익창출시기 등을 고려한 매출 지속성 여부<br>• 영업활동 개선 계획으로 인한 매출 회복 가능성 여부 |
| | 수익성 회복 가능성 | • 최근 3년간 영업활동의 현저한 악화로 발생한 손실규모 및 향후 손실 지속여부<br>• 대여금, 타법인주식 등 영업외 손실에 따른 수익성 악화 가능성<br>• 영업활동 개선계획으로 인한 수익성 회복 가능성 여부 |
| | 나. 재무상태 건전성 여부 | |
| | 재무상태 취약 여부 | • 부채비율, 차입금 규모, 만기구조, 유동성 상황 등을 감안한 채무불이행이나 부도발생 가능성 여부<br>• 영업활동으로 인한 현금흐름의 규모 및 추이 등을 감안한 유동성의 악화 가능성 여부<br>• 자본잠식이 있는 경우 잠식의 정도, 추이 등에 비추어 유상증자 또는 이익의 발생 등으로 인한 재무구조 개선 가능성 여부 |
| | 경영진의 불법행위에 의한 재무상태 악화 여부 | • 횡령·배임 등이 재무상태에 미치는 영향<br>• 횡령·배임등의 발생금액에 대한 구상권 행사 및 회수 가능성<br>• 분식회계가 최근 사업연도의 재무상태에 미치는 영향 |
| | 우발채무의 실현으로 재무상태 악화 여부 | • 최대주주 및 경영진에 대한 불법적인 지급보증, 담보제공 등 우발채무의 실현에 따른 재무상태 악화 가능성 여부<br>• 특허, 경영권 등 기업에 중대한 영향을 미치는 소송이나 분쟁으로 인한 재무상태에 미치는 영향 |

334

| | | |
|---|---|---|
| **(2) 지배구조 내부통제제도, 공시체제 등 경영투명성** | **가. 지배구조의 중대한 훼손 여부** | |
| | 최대주주 및 경영진의 불법행위 여부 | • 최대주주 및 경영진의 횡령·배임 관련여부, 횡령·배임 금액의 크기<br>• 최대주주 및 경영진의 조직적인 분식회계 관여 여부<br>• 최대주주 및 경영진의 기타 불법행위 전력 여부 |
| | 경영의 안전성 위협 | • 최대주주의 안정적 지분 보유 여부<br>• 최대주주 및 경영진의 빈번한 교체 및 경영권 분쟁 등으로 인한 기업경영의 연속성 유지 여부 |
| | 나. 내부통제제도의 중대한 훼손 여부 검토 | • 최대주주 및 경영진의 횡령·배임 등으로 인한 내부통제제도 훼손여부<br>• 이사회운영규정, 감사규정, 회계규정 등 내부 통제제도의 구축 및 운영 여부<br>• 내부통제제도 개선 가능성 여부 |
| | **다. 공시체계의 중대한 훼손 여부** | |
| | 회계처리 불투명성 | • 회계처리기준 위반행위에 대한 중대성 여부<br>• 최근 3년간 회계감사 및 세무조사 결과 등에 따른 중대한 오류 및 특이사항 여부<br>• 분식회계 재발 방지를 위한 내부회계관리제도 구축 및 개선 가능성 여부 |
| | 공시위반 행위의 악의·상습성 여부 | • 공시위반 행위의 반복성 및 위반 내용의 중요성 여부<br>• 공시위반 행위 재발 방지를 위한 공시체계 개선가능성 여부 |
| **(3) 기타** | 가. 투자자 보호 및 증권시장 건전한 발전 저해 | • 기업경영의 계속성 및 경영투명성에 준하는 사유로서 투자자 보호 및 증권시장의 건전한 발전 저해로 상장적격성 인정 곤란한 경우 |

## 개별적 요건

| 심사항목 | 주요 심사기준 |
|---|---|
| 시가총액 | • 회생절차 개시신청 기각 등의 사유<br>• 해당 법인의 계속기업 가능성 유무 |
| 상장관련 허위 서류 제출 | • 허위신고 내용이 상장심사에 미치는 중요성<br>• 허위신고 내용이 투자판단에 미치는 영향<br>• 당해 기업의 고의, 중과실 여부 등 |

## 즉시 상장폐지 기준

| 상장폐지 기준 |
|---|
| 최종부도 또는 은행거래정지 |
| 법률규정에 의한 해산사유발생 |
| 최근사업연도말 자본전액잠식 |
| 감사보고서상 부적정,의견거절,범위제한한정*<br>※ 계속기업불확실성에 의한 경우 사유해소 확인시 반기말까지 퇴출 유예 |
| 2년간 3회 분기,반기,사업보고서 미제출 |
| 사업보고서 제출기한후 10일내 미제출 |
| 정관 등에 주식양도제한 두는 경우 |
| 유가증권시장 이전 상장의 경우 |
| 우회상장시 우회상장 기준 위반 |

\* 감사의견 비적정시 차기년도 감사를 통해서도 상장폐지 사유를 해소할 수 있도록 허용
 (코스닥시장상장규정 '19.4.17. 기준)